설계하Go! 실천하Go! 수업하Go!

수석교사가 콕 짚어 주는

중등수업 설계

이론과 실행

정일화 · 강미선 · 강승태 · 김선녀 · 김신혜 · 김종혜 · 박선옥 · 윤인선 · 이태구 · 지윤경 · 진숙희 공저

학지사

펴내며

교수자는 학습자의 경험과 동기를 자극하여 시각을 넓히고 생각의 깊이를 더하며 성장할 수 있도록 도와야 합니다. 이를 실현하기 위해 필수적인 수업 설계는 끊임없는 성찰과 개선이 필요한 전문적 작업이며 과정입니다. 이 책은 예비 교사와 새내기 교사가 수업 설계 및 적용 과정에서 겪는 궁금증을 덜고, 더욱더 훌륭한 교수자로 성장하는 데 도움이 되고자 합니다.

수업 설계는 아름답고 튼튼하며 생활의 효율과 만족을 높이는 건축물을 짓기 위해 시공 이전에 여러 절차를 거치는 건축 설계와 공통점을 가집니다. 건축의 청사진은 전체 방향을 제시하는 학습 목표에 해당하며, 시방서는 구체적인 교수 방법과 자료와 상통합니다. 조감도는 학습 경험의 전체적인 모습을 그려 내고, 설계도는 이를 실현하기 위한 세부적인 활동 계획이고, 시공은 실제 수업 운영에 해당한다고 볼 수 있습니다.

이 책에 초등과 중등을 함께 싣고자 했으나, 분량과 가독성을 고려해서 교수·학습과정안 예시 부분만 차이를 둔『생각한 대로 펼쳐지는 초등 수업 설계 이론과 실행』을 별도로 출간하게 되었습니다. 다른 학교급의 수업 설계를 살피는 것도 색다른 아이디어를 구하는 데 유용하리라 생각합니다. '수업 설계의 이론과 실행' 영역의 씨앗을 뿌린 이 책이 훌륭한 교수자로 성장하는 여정에 디딤돌이 되기를 소망합니다.

2025. 11.

저자를 대표하여 정일화

차례

제4부 수업의 성찰

제5부 교수 · 학습과정안

제1부 수업의 이해

교수자는 학습자를 포용하고 인격적 성장을 제공하며 학습자의 경험과 새로운 지식을 연결하는 통로를 열어야 한다. 이를 통해, 학습자의 흥미와 동기를 자극하고, 다양한 상황에 전이될 수 있는 경험을 제공하고, 현실적으로 필요하다고 느끼는 의미 있는 지식을 제공하며, 배움을 지속하려는 태도를 고양해야 한다. 이를 위해 교수자의 역할, 학습자의 발달과 수준, 학습자가 습득할 내용에 관한 명확한 목표와 방향 설정 및 수업 설계에 대한 이해가 필요하다.

01 교수자의 역할

교수자가 제대로 가르치려면 다음과 같은 요소가 필수적이다. 즉, ① 학습, ② 권위, ③ 윤리, ④ 질서, ⑤ 상상, ⑥ 연민, ⑦ 인내, ⑧ 끈기, ⑨ 인격, ⑩ 즐거움 같은 자질이다(Banner & Cannon, 2017). 여기에 하나를 더하면 '열의'나 '열정'일 것이다. 그리고 이 모든 것을 포괄하는 덕목은 학습자가 체감하는 교수자의 **인격**일 것이다. 교수자는 단순히 지식 전달자가 아니라 학습자에게 드러나 보이는 생활의 모범이고, 궁극적으로는 삶의 스승으로 비치어야 한다. 이러한 점을 주의 깊게 새기면, 좋은 수업의 수준을 뛰어넘어 훌륭한 인생의 스승으로서 학습자의 기억에 길이 남게 될 것이다. 교수자의 주요 역할은 다음과 같다.

- 배움의 방향을 제시하고 목표를 향해 나아가도록 이끄는 **안내자**
- 학습과정을 관찰하며 피드백과 평가를 통해 성장을 지원하는 **조력자**
- 효과적인 학습 경험을 설계하고 맞춤형 학습을 제공하는 **설계자**
- 배움의 동기를 자극하고 학습 의욕을 높이는 **동기부여자**
- 안전하고 편안한 학습 환경을 가꾸는 **환경 조성자**
- 학습자에 모범을 보이고 신뢰를 형성하는 **솔선수범자**
- 최신 기술과 창의적 방법으로 학습을 더욱 풍부하게 하는 **혁신적 선도자**
- 교육의 사회적 · 문화적 가치를 전하는 **가치 전달자**
- 지속 가능한 학습 문화를 조성하고 촉진하는 **평생 학습자**
- 학습자와 함께 배우며 성장하는 **공동 학습자**

02 학습자의 특성

좋은 수업을 설계하려면 학습자의 발달 단계와 특성을 깊이 이해해야 한다. 개별 학습자의 특성을 정확히 파악하면 핵심 개념을 중심으로 내용을 체계적으로 구성하고, 학습량을 적절히 조절하여 교수 · 학습의 질을 높일 수 있다. 이를 통해 학습자의 잠재력을 최대한 끌어내고, 더욱 의미 있고 효과적인 학습 경험을 제공할 수 있다.

예를 들어, 모든 새로운 학습의 약 98%는 주로 시각과 청각과 같은 감각 경험을 통해 뇌로 전달된다(Jensen, 1997). 학습자는 청각적 · 시각적 · 운동감각적 양식을 모두 활용하여 정보를 기억하지만, 개인마다 특정 양식을 선호하는 경향이 있다. 이로 인해 각 학습자는 서로 다른 선호도에 따라 학습과정에서 다양한 행동을 보일 수 있다(Sousa, 1995). 또한 교수자는 자신의 학습 방법을 기반으로 수업을 설계하는 경향이 있어, 학습에 어려움을 겪거나 쉽게 적응하는 등 학습자 간의 차이가 발생할 수 있다(Tileston, 2007: 36). 따라서 교수자는 학습자의 개별적 특성을 충분히 고려해 수업을 설계할 필요가 있다.

학습에 영향을 미치는 학습자의 수준 및 학습 능력, 학습의욕, 학습양식(청각적 · 시각적 · 운동감각적), 자아개념, 친구관계, 가정환경 등을 고려하여 학습 목표, 학습내용 및 교수방법, 학습자료 등을 선택해야 한다. 이러한 것들을 고려하는 것이 학습자를 존중하는 수업 설계이다(Borich, 2011: 126). 교수자가 계획한 학습 목표를 학습자가 효과적으로 달성하도록 도우려면, 교수자는 학습자의 발달과 수준을 바탕으로 그에 적합한 교수 · 학습 전략을 구상하고 수업을 설계해야 한다. 적용할 때 주의할 점은 학습자의 인지적 · 사회적 · 정서적 발달 단계의 일반성과 더불어서 학습자마다 경험과 발달 상태에 따라 다소 차이가 있기 때문에 개별화된 접근도 고려해야 한다.

학습자 발달 단계의 예로는 매슬로(Maslow)의 '욕구단계이론'과 에릭슨(Erikson)

의 '사회성발달이론'이 있다. 매슬로는 인간의 욕구를 ① 생리적 욕구, ② 안전·안정의 욕구, ③ 애정과 소속감의 욕구, ④ 존경의 욕구, ⑤ 자아실현의 욕구로 구분하고, 각 단계가 결핍하면 해당 단계에서 성장을 멈춘다고 주장한다. 또한 에릭슨에 따르면, 6~12세 때는 자신이 해낼 수 있는 일에 대한 관심이 높아지고, 12~20세 때는 자신의 정체성을 찾아가는 시기에 해당한다.

따라서 발달 단계별 욕구를 충족시키면서, 초등학교 때는 작은 성취감을 느낄 수 있는 기회를 자주 제공할 필요가 있고, 중·고등학생 때는 사회적 관계 속에 존재감을 찾도록 돕는 것이 중요하다(정일화 외, 2024). 6~12세 아동은 논리적 사고의 발달과 구체적인 문제해결 능력이 증가하기 시작하지만 추상적 사고는 제한적이다. 이 시기에는 성취감과 자기 효능감의 형성, 그리고 또래 관계의 구축이 중요하다. 교수자는 협력을 촉진하는 학습 활동을 마련하고, 구체적인 예시를 제시하며 학습자가 직접 탐색하고 조작할 수 있도록 유도해야 한다. 또한 결과보다 과정과 노력에 초점을 맞춰 칭찬과 피드백을 제공함으로써 성취감을 높이는 것이 필요하다.

12~18세 청소년기는 추상적 사고와 논리적 사고가 발달하는 시기로, 비판적 사고가 가능해지고 독립성과 자율성을 중시하는 경향이 강해진다. 따라서 교수자는 비판적 사고를 촉진하는 수업을 설계하고, 자율성을 발휘할 수 있는 모둠 학습과 프로젝트 기반 문제해결 과제를 제시하는 것이 바람직하다.

03 교과 전문성

학교 교육과정 운영의 핵심은 '무엇을 가르칠 것인가?' 그리고 '왜 가르칠 것인가?'에 대한 근본적인 질문과 맞닿아 있다(이미숙, 2014). 교육과정을 최종적으로 실현하는 교사는 '왜 가르치는가?' '무엇을 가르칠 것인가?' '어떻게 가르칠 것인가?' '어떻게 평가할 것인가?' 등의 질문에 대해 끊임없이 고민해야 한다(정일화, 2020).

[그림 1-1]에서 볼 수 있듯이, 교사가 가르칠 교수 내용은 위계에 따른 다층적인 교육과정과 연결된다. 특히 법령에 근거하지 않은 '교사 교육과정'은 국가 교육과정 등 상위 교육과정을 바탕으로 학습자의 학습 역량을 고려하여 교과서 및 내용을 재구성하고 단원을 계획하는 과정에서 교사의 교과 전문성이 요구됨을 의미한다. 따라서 교수자는 국가 교육과정에 대한 충분한 이해를 갖추고, 담당 교과의 내용과 함께 국가 수준에서 제시된 학습자의 성취 수준도 숙지해야 한다.

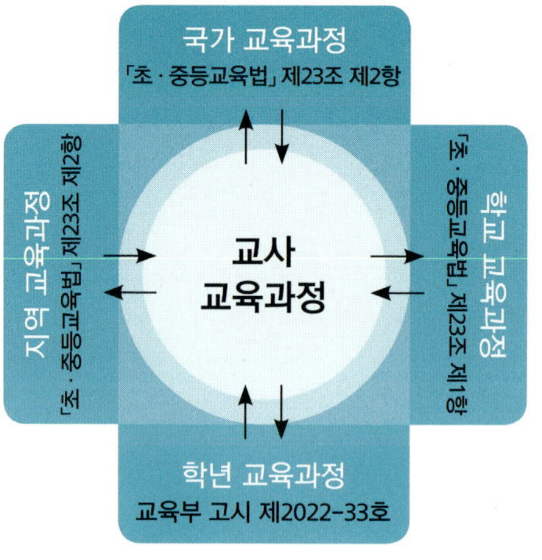

[그림 1-1] 교사 교육과정의 개념

출처: 경상북도교육청연구원(2023), p. 48 수정; 정일화 외(2024)에서 재인용.

교사는 가르칠 교과의 내용 전반을 꿰뚫어야 한다. 중학교에서 가르치더라도 초등학교와 고등학교의 교육과정과 교과 내용 및 성취 수준에 대한 윤곽을 알아야 한다. 전공 교과의 전문성과 관련해서 학교급 간, 학교급별, 학년별 내용이 어떤 체계로 이루어져 있는지, 가르칠 내용, 즉 학습자가 학습할 내용의 부분이 전체와 어떤 관계를 갖는지, 내용의 위계는 어떠한지, 주제 간의 차이는 무엇인지, 어떤 내용이 더 중요하고 덜 중요한지를 알고 어떤 것을 먼저 혹은 나중에 가르칠지도 정해야 한다. 이럴 때, 교육 자료, 교과서, 교육과정 해설서 등에 제시된 체계는 수업 내용을 선정하고 수업 차시의 계획을 세우는 데 좋은 참고 자료이다(Borich, 2011: 126).

04 수업의 설계

수업 설계는 교수자가 의미 있는 배움의 기회를 학습자에게 제공하기 위한 지침이자 설계도이다. 교수자는 학습자가 깊이 있는 학습을 통해 핵심역량을 함양할 수 있도록 교수 · 학습을 설계하여 운영해야 한다. 메이어(Meyer, 2011)는 좋은 수업의 열 가지 특징으로, ① 수업의 명료한 구조화, ② 학습에 집중하는 시간의 높은 비율, ③ 학습을 촉진하는 분위기, ④ 내용적인 명료성, ⑤ 의미 생성적 의사소통, ⑥ 다양한 교수 방법 활용, ⑦ 개별적인 맞춤형 촉진, ⑧ 지능적 반복 연습, ⑨ 분명한 성취 기대, ⑩ 충분히 준비된 학습 환경을 제시했다(주소정, 유수연, 2023에서 재인용). 이러한 요소를 고려하여 교수자는 학습자의 몰입과 성장을 효과적으로 지원할 수 있는 수업을 구성해야 한다.

연구에 따르면, 초등교사는 좋은 수업을 '교수자-학습자 중심'의 학습 측면과 '수업 전략-설계'의 수업 방법 측면에서 '교육주체의 상호작용과 학습자 참여가 활발한 수업' '학습자에게 필요한 역량을 길러 주는 수업' '학습자의 흥미와 준비도를 고려한 수업' '명료하고 구조화된 체계적인 수업' '교수 효능감이 높은 안정된 수업' '융통성과 다양성이 있는 수업'으로 인식한다(박희진, 2024). 한편, 중등 예비 교사는 좋은 수업을 '학습자가 수업 내용을 잘 이해하도록 교과 지식을 전달하는 수업' '학습자의 적극적 참여 활동이 포함된 수업' '학습자의 흥미를 이끌 수 있는 방식의 수업' '다양한 생각이나 의견을 낼 수 있는 질문이 있는 수업' '학습자에게 학습 목표를 갖도록 교육하는 수업' '교수자와 학습자 간에 상호작용이 이루어지는 수업'으로 인식한다(김진아, 2023).

현직 교사와 예비 교사를 대상으로 한 연구에 따라 수업관찰과 분석의 수업컨설팅에 사용되는 좋은 수업의 준거로는, ① 짜임새 있는 설계(Good Design), ② 효과적인 언어적 의사소통(Good Telling), ③ 효과적인 비언어적 의사소통(Good Showing), ④ 학습자의 적극적인 참여와 상호작용(Good Involving), ⑤ 수업 내용의 이해와 성장(Good Understanding)이다. 이는 체계적인 좋은 수업 설계에 맞춰, 교수자의 효과적인 설명과 시연 및 교수자와 학습자 간의 활발히 상호작용을 통해 학습동기와 참여를 자극해서 배움과 이해가 일어나는 수업을 좋은 수업으로 바라본 기준이다(조규진, 김도기, 김명수, 2011; 김도기 외, 2016).

한때는 '수업지도안'으로, 지금은 '교수 · 학습과정안'이라고 불리는 수업 설계는 학습 목표를 효과적으로 달성하기 위해 교수자와 학습자의 상호작용을 체계적으로 계획하고 조직하는 과정이다. 발달 단계에 따른 학습자의 필요와 수준을 분석하여 학습 내용과 방법을 선택하고, 이를 실현할 실행 가능한 형태로 구조화하는 것이다. 수업 설계는 왜 이 수업을 하는지를 되짚어 보는 수업 목적의 확인에서 출발한다. 그다음에 수업 목표 설정, '학습자 분석' '동기부여 방법' '교수 · 학습 전략 수립' 등 수업 활동 설계, 자료 개발 및 매체 선정, '피드백 제공' '평가 도구 개발' 등의 평가 계획, 그리고 수업 실행이 순환적으로 맞물리는 단계로 이루어진다.

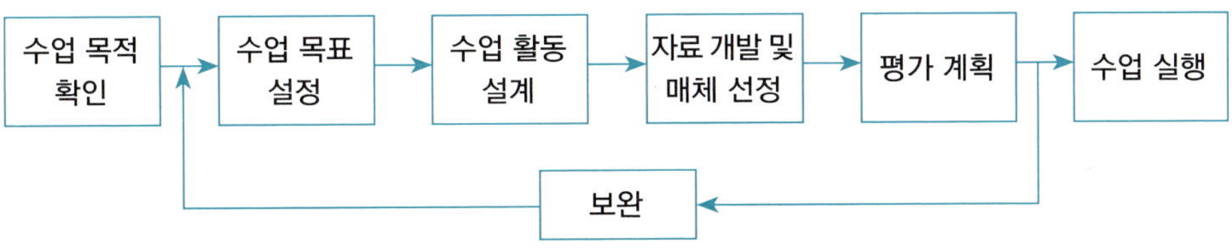

[그림 1-2] 수업 계획의 과정

출처: Reiser & Dick (1995), p. 15 수정.

수업은 학습자의 성취와 성장에 초점을 맞추어야 하고, 교수 · 학습의 내용에 따라 학습자 중심 및 교수자 중심의 활동이 적절하게 이루어져야 한다. 수업을 설계할 때는 다음의 사항을 고려한다. ① 교육과정의 성취 기준, ② 핵심 학습 목표, ③ 선수 학습의 요소, ④ 학습자의 수준과 요구, ⑤ 전시-본시-차시, 즉 이전 시간-이번 시간-다음 시간의 연계, ⑥ 적합한 교수 · 학습 모형, ⑦ 교수 · 학습의 흐름, ⑧ 학습자 활동, ⑨ 에듀테크 등 필요한 기기 및 자료의 활용, ⑩ 평가 요소와 기준, ⑪ 피드백, ⑫ 판서 계획 등이다. 다음의 질문은 수업 설계의 효과성을 높이는 데 유용하다(Kronowitz, 2009: 부록 47; 정일화 외, 2024: 162에서 재인용).

- 이 수업을 '왜' 하는가?
- 무엇을 성취하고자 하는가?
- 수업 계획을 위해 알아야 할 것은 무엇인가?
- 학습자의 수준과 문화적 다양성은 어떠한가?
- 시간 계획은 어떠한가?
- 주의 집중을 끄는 시작을 어떻게 할까?
- 어떤 자원 및 자료가 필요한가?
- 학습자는 어떤 활동을 어떻게 할 것인가?
- 평가와 피드백은 어떻게 할 것인가?
- 마무리를 어떻게 할 것인가?
- 숙제나 심화활동을 제시해야 하는가?
- 수업이 성공적인지 어떻게 확인할 수 있는가?
- 다음 수업과 어떻게 연결될 것인가?

수업을 설계할 때는 학습자의 출발점이자 도착점인 성취 가능한 학습 목표가 명확해야 한다. 수업 설계는 학습 목표 달성을 위해 교수자와 학습자 간의 효과적인 상호작용을 순차적으로 담아야 한다. 학습할 내용에 따라 교수자 중심과 학습자 중심의 적합한 안배, 다양한 학습자를 고려하는 교수 방식의 조정, 다양한 학습 방식의 적절한 적용, 학습자의 참여와 흥미를 지속하는 질문과 발문이 시기적절하게 제시해야 한다. 학습 내용이 학습자가 지닌 기존 지식 또는 현실과 동떨어지면 학습자의 흥미를 끌지 못하고 지루하게 흐르기 쉽다. 따라서 학습자가 혼자 해결하기는 어렵지만, 약간의 자극으로 해결이 가능하게 하는 근접발달영역(ZPD)을 자극하는 비계(scaffolding)로서의 교사의 역할 및 또래 협력 학습의 설계가 필요하다. 또한 학습 내용을 효과적으로 전달할 멀티미디어 등 시각적 자료 등의 활용에 관한 계획도 포함한다. 수업의 설계에서 즉각적인 피드백과 과정과 성장 중심의 평가 계획도 포함되어야 한다.

학습 목표는 세 가지로 분류하면, ① 포괄적 목표인 일반적 학습 목표, ② 측정 가능하거나 구체화된 목표인 명세적 학습 목표, 그리고 ③ 자신의 관심, 필요, 동기, 역량 수준 등을 반영하여 학습자 스스로 설정하는 개인적 목표로 나눌 수 있다. 특히 개인적 학습 목표는 학습자의 자기 주도적 학습을 강화하고 학습에 대한 동기를 지속하게 하는 역할을 한다. **일반적 학습 목표**의 예를 들면, '~을 이해할 수 있다' '~을 감상할 수 있다' '~을 함양할 수 있다' 등과 같이 진술 내용과 표현이 포괄적이다. **명세적 학습 목표**의 예로는, '~을 설명할 수 있다' '~을 구별할 수 있다' '~을 조립할 수 있다' 등처럼 학습 후에 발현하는 행동을 기술한다. 블록 타임이나 여러 차시의 프로젝트 수업에서는 활동의 단계에 따른 학습 목표를 설정할 수 있다. **개인적 학습 목표**의 예는 〈표 1-1〉과 같다. 학습 목표를 제시할 때는 다음과 같은 점에 유의한다(정일화 외, 2024: 163).

- 구체적 · 행동적 용어로 진술한다.
  예) 발표할 수 있다, 비교할 수 있다, 조작할 수 있다.
- 교수 행위가 아니라 학습자가 도달할 행동 · 결과를 진술한다.
  예) 학습자에게 현미경을 통해 식물 세포를 관찰시킨다. (×)
  예) 관찰한 식물 세포의 특징을 말할 수 있다. (○)
- 하나의 학습 목표에 하나의 학습 요소를 진술한다.
  예) 민주주의의 특징과 다수결의 효과를 발표할 수 있다. (×)
  예) 다수결의 역기능을 말할 수 있다. (○)
- 학습의 내용과 도착점의 행동 · 결과를 진술한다.
  예) 경우의 수를 구할 수 있다.
- 학습의 내용과 도착점의 행동 · 결과를 진술한다.
  예) 경우의 수를 구할 수 있다.
  (학습 내용) (학습 결과)
- 조건 · 상황, 수락 기준, 성취 행동을 진술한다.
  예) 온라인 플랫폼에서 이미지 5개를 활용하여 나의 미래를 표현할 수 있다.
  (조건 · 상황) (수락 기준) (성취 행동)

<표 1-1> 개인적 학습 목표의 예시

학습 주제	날씨의 힘
학습 목표	1. 나는 엘니뇨에서 다루는 중요 사항이 무엇인지를 이해하도록 노력하겠다. 엘니뇨는 내가 사는 곳에 어떻게 영향을 미치는가. 모든 이들이 이것에 관해 말하지만, 나는 받아들이지 못한다. 2. 나는 토네이도가 파괴한 사례에 관해 더 공부하겠다. 허리케인이 덮친 후의 흔적과는 다르다고 생각한다. 나는 영화 〈Twister〉를 아주 좋아한다. 이 영화를 본 후 토네이도에 관심을 갖게 되었다.
이 단원을 배우고 나면, 나는	**단원 학습 목표 1: 과학** 다음과 같은 핵심적인 기상에 관한 용어를 이해할 수 있다. 기단 / 대기 / 허리케인 전선(한랭, 온난, 정체) / 증발 / 토네이도 강수량 / 엘니뇨 / 권운, 적운, 층운 기압계 / 습도 / 기압 **단원 학습 목표 2: 과학** 기단이 바다와 육지를 이동하며 어떻게 전선을 형성하고 이 전선이 어떻게 강풍을 동반하는 뇌우, 토네이도와 허리케인을 발생시키는지를 이해할 수 있다. **단원 학습 목표 3: 과학** 구름의 주요 종류를 알고, 이것들이 어떻게 형성이 되고, 어떤 날씨와 관련이 있는지를 이해할 수 있다. **단원 학습 목표 4: 과학** 날씨에 관한 자료를 수집하고, 분석하고, 해석하기 위해 기압계와 온도계를 사용할 수 있다. **단원 학습 목표 5: 지리** 자연지리학적 요인인 날씨가 어떻게 인간 행동과 역사적 사건에 영향을 미치는가를 이해할 수 있다. **단원 학습 목표 6: 언어** 문학의 요소, 특별히 무대의 일부로서 날씨가 어떻게 줄거리에 영향을 미치는지를 이해할 수 있다.

개인적 학습 목표	이 단원을 공부하면서, 나는 ……

출처: Marzano, Pickering, & Pollock (2001), pp. 172-173 수정.

대부분의 초임교사는 대학에서 교과내용과 수업방법에 대해 충분히 공부했다고 생각하지만 실제는 다르다. 경험과 성찰과 시행착오를 통해서 새로운 변화가 일어난다. 시간이 지나면서 직접적인 경험을 통해 생기는 능력인 '묵시적 지식'이 쌓이기 시작한다(Borich, 2011: 127-128).

아무리 촘촘하게 설계된 수업이라도, 수업은 기계적으로 흘러가지 않으며 역동적이다. 따라서 예기치 못한 상황이 발생하더라도 유연하게 대처할 수 있는 대비책과 적응력이 필요하다. 학습자의 반응에 따라 사전 계획을 탄력적으로 조정할 수 있는 대응력이 요구된다.

꼼꼼한 수업 설계는 철저한 준비에서 비롯된 자신감을 바탕으로 이루어진다. 탄탄한 학습 설계와 함께, 학습자의 예상치 못한 발상이나 돌발 상황을 긍정적으로 받아들이고 교실 분위기를 밝게 만드는 유머 감각은 수업을 더욱 활기차고 효과적으로 만드는 숨은 비타민이자 필수 상비약이다. 훌륭한 교사는 교실에 온기를 불어넣고 웃음꽃을 피게 한다. 웃음은 성실함보다 훨씬 더 많이 가르칠 수 있다(〈브라우닝 버전〉, 1951; 정일화, 2025).

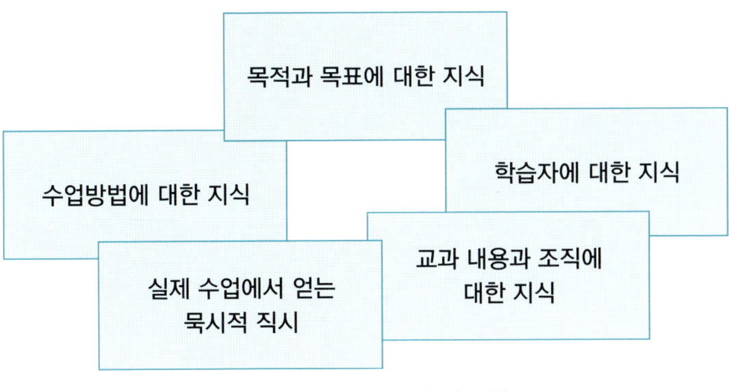

[그림 1-3] 수업 설계에 필요한 요소

출처: Borich (2011), p. 128.

제2부 수업의 설계

수업 단위와 수업 차시의 계획은 학습자의 성취를 자극하기 위해 교수자가 만든 과정안이다. 사전 작업을 통해 수업에 대한 구체적인 계획을 세우고, 나아가 이 계획을 실제 수업에서 실행으로 옮기기 위해서 '교수 · 학습계획안' 또는 '교수 · 학습과정안'의 작성은 필수적이다(주소정, 유소연, 2023: 94). 수업 설계는 학습 목표를 효과적으로 달성하기 위해 학습자의 필요와 수준을 고려한 교수 방법, 학습 활동, 교수 · 학습 자료, 평가 방식을 체계적으로 계획하는 과정이다. 이는 수업 전략과 긴밀하게 연결되어 있다. 수업 설계는 수업의 전체적인 계획을 수립하는 과정이며, 수업 전략은 그 계획을 효과적으로 실행하는 구체적인 방법이다.

01 수업 설계의 구성과 단계

수업 설계는 교수 · 학습 활동의 방향성을 제시하는 청사진으로, 학습자 분석, 목표 설정, 학습 내용 선정, 교수법 결정, 평가 계획 수립 등 수업의 전체적인 구조를 마련하는 과정이고, 수업 전략은 학습자가 목표를 효율적으로 달성할 수 있도록 다양한 교수법을 적용하여 수업을 실행하는 방식이다. 훌륭한 수업 설계를 실제로 구현하려면, 학습 목표에 적합한 수업 전략이 뒷받침되어야 한다. 즉, 체계적인 설계와 효과적인 전략이 조화를 이룰 때, 의미 있고 성과 있는 학습 경험이 완성된다.

가르치기 위해 수업 설계를 할 때, 무엇을 왜 가르치려고 하고, 가르치려는 목표는 무엇이고, 학습자는 무엇을 배우기를 원하고, 학습 목표의 성취를 어떻게 확인할 수 있고, 교수자는 곤란을 겪는 학습자를 어떻게 도울 것인가를 고심해야 한다. 이러한 사고 과정을 통한 수업 설계는 체계적인 단계를 밟아 학습 목표를 효과적으로 달성하도록 돕는 사전 준비 활동이다. 더 나은 수업 설계를 위해서는 개선 과정을 지속적으로 거듭해야 한다.

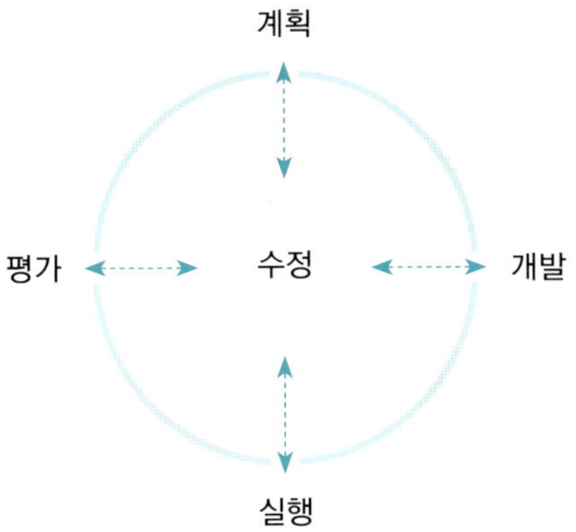

[그림 2-1] 지속적인 개선의 순환

출처: Dick, Carey, & Carey (2022), p. 5.

수업 설계 과정에 필요한 기본 요소는, ① 교육목표와 수업목표에 대한 이해, ② 학습자에 대한 이해, ③ 학습 내용에 대한 이해, ④ 교수방법에 대한 이해가 있어야 하고(Borich, 2011: 127), 이를 넓히기 위해서는, ① 학급관찰, 교육실습, 수업경험과 같은 실제적 경험하기, ② 유능한 교사와 그렇지 못한 교사에 대한 사례 논문 읽기, ③ 수업에 관한 개념이나 패러다임 변화에 대한 기사 읽기, ④ 교과내용과 교수방법에 대한 연구 논문을 읽어야 한다(Shulman, 1992; Borich, 2011: 127에서 재인용). 다음은 수업 설계 때의 주요 단계와 유의점이다. 수업 설계를 잘하려면 체계적이고 반복적인 과정이 필요하다. 다음의 사항을 고려하면서 손에 익도록 각 단계를 철저히 반복하면 정형화된 수업 설계에서 창의적인 수업 설계로 발전하게 된다.

핵심 아이디어 중심의 수업 설계 단편적인 지식의 암기를 지양하고 각 교과목의 핵심 아이디어를 중심으로 지식 · 이해, 과정 · 기능, 가치 · 태도의 내용 요소를 유기적으로 연계하여 학습자의 발달 단계에 따라 학습 경험의 폭과 깊이를 확장할 수 있도록 수업을 설계한다.

교과 내 영역 간, 교과 간 내용의 연계성 교과 내 영역 간, 교과 간 내용 연계성을 고려하여 수업을 설계하고 지도함으로써 학습자가 융합적으로 사고하고 창의적으로 문제를 해결하는 능력을 함양할 수 있도록 한다.

삶과 연계한 의미 있는 학습 학습 내용을 실생활 맥락 속에서 이해하고 적용하는 기회를 제공함으로써 학교에서의 학습이 학습자의 삶에 의미 있는 경험이 되도록 한다.

탐구 방법의 학습 및 학습에 대한 성찰 학습자가 여러 교과의 고유한 탐구 방법을 익히고 자신의 학습과정과 학습 전략을 점검하며 개선하는 기회를 제공하여 스스로 탐구하고 학습할 수 있는 자기주도 학습 능력을 함양할 수 있도록 한다.

기초소양학습 교과의 깊이 있는 학습에 기반이 되는 언어 · 수리 · 디지털 기초소양을 모든 교과를 통해 함양할 수 있도록 수업을 설계한다.

학습자 분석 학습자의 발달 단계, 수준, 사회문화적 배경, 학습 유형, 학습 환경, 관심사 등을 파악하고 학습자의 다양성과 개인차를 고려한다.

목표 설정 단원을 통해 학습자가 무엇을 배우고 성취해야 하는지를 명확히 한다. 목표는 학습자의 동기를 유발할 수 있도록 현실적으로 달성 가능하며, 명확하고 구체적으로 제시되어야 한다. 또한 객관적으로 측정할 수 있어야 하며, 학습자의 필요와 단원의 전체 목표와 연관성이 있어야 한다. 또한 목표를 달성할 구체적인 시간의 범위가 설정되어야 한다. 위긴스와 맥타이(Wiggins & McTighe, 1998)는 광범위한 목표와 수업의 주요 아이디어를 결정하는 데 도움이 되는 다음과 같은 질문을 제시한다(Isecke, 2016에서 재인용). “이 정보는 얼마나 중요한가?” “어떻게 하면 학습한 바를 가장 잘 활용할 수 있는가?” “이 학습이 교실 너머에서 얼마나 큰 가치를 지니는가?”

학습 내용 선정 및 조직 학습 목표를 달성하기 위해 선정한 내용을 학습자의 배경지식과 연계성을 고려하여 체계적으로 배열하고, 내용의 중요도와 난이도를 고려하여 흐름을 설계한다. 의욕이 앞서서 많은 내용을 넣지 않도록 유의하고 핵심에 초점을 맞춘다.

교수 방법 설계 학습 목표와 내용에 맞는 강의, 토론, 실습 등의 교수 방법을 정한다. 학습자의 활동을 활성화하도록 다양한 교수법을 시기적절하게 적용한다.

수업자료 및 도구 준비 학습 목표를 달성하기에 적절하고 학습자의 수준에 맞는 필요한 수업자료 및 도구를 준비한다. 인터넷 등 디지털 학습자료와 기술적 환경을 사전에 점검한다.

학습 활동 계획 학습 목표와 교수 내용에 따른 교수자와 학습자 활동의 적절한 시간 안배를 고려해서 학습 목표를 달성하기 위한 활동을 구체적으로 설계한다. 교수 · 학습 활동이 학습자의 흥미와 동기를 자극하고, 학습 목표에 도달하는 효과적인 단계별 활동으로 구성한다.

피드백 학습자가 수업 도중 또는 학습 결과 등 학습 활동에 대해 제공되는 구체적이고 즉각적인 교수자의 반응이다. 수업의 효과성과 학습자의 성취 목표를 달성하기 위해서 교수자의 성찰과 학습자의 의견 등을 바탕으로 수업 설계와 실행 과정을 개선한다.

판서 계획 교사의 판서는 학습의 핵심 내용을 조직적으로 담는다. 중요한 내용만을 골라 뽑은 내용이기 때문에 간결해야 한다. 판서를 할 때는 내용을 구조화하고, 필요하다면 판서 도구의 색을 달리하는 등 학습자가 기억하는 데 용이하고 쉽게 정리할 수 있도록 한다. 중요한 내용만을 선정하여 판서하되 모든 학생이 학습 내용을 한 눈에 파악할 수 있도록 한쪽에 몰리지 않도록 균형있게 구조화한다. 또한 게시할 자료가 있다면 차지할 공간을 참작한다. 판서한 내용은 가능한 삭제하지 않는다.

<표 2-1> 판서 활용의 분석 예시

평가 요소	평정				
학습 목표의 달성을 위한 핵심을 짚어서 판서하는가?	①	②	③	④	⑤
내용을 함축하여 간결하게 판서하는가?	①	②	③	④	⑤
시각적 효과와 구조화된 판서를 하는가?	①	②	③	④	⑤
글씨의 크기와 모양을 알아보기 쉽게 정확하게 판서하는가?	①	②	③	④	⑤
학생들과 등을 지거나 몸으로 글씨를 가리지 않고 판서하는가?	①	②	③	④	⑤
학생들에게 판서한 내용을 적을 적절한 시간을 주는가?	①	②	③	④	⑤
종합 의견					

※ ① 매우 미흡 ② 미흡 ③ 보통 ④ 우수 ⑤ 매우 우수

발문 계획 질문은 주로 사실이나 지식을 확인하고, 발문은 학습자의 다양한 반응을 수용하면서 확산적 사고를 자극하는 데 초점을 둔다. 적절한 시점에 확인, 이해, 성찰을 위해 적절한 형태로 제기되는 발문은 학생들에게 긍정적인 기능을 한다(이상균, 2014; 조미영, 장지영, 유정숙, 김성원, 이현주, 2010). 발문을 계획하면 학습자의 참여와 생각의 깊이를 단계적으로 유도하고 이해도를 점검하고 탐구의 영역을 확장할 수 있다. 〈표 2-2〉에 따르면, '발문'은 '개방적 질문'에 해당한다.

<표 2-2> Blosser의 질문의 분류

유형		특성
폐쇄적 질문	인지 · 기억적	• 기억: 반복, 복사, 기억된 정의 포함 • 변별 또는 명명 관찰

	수렴적	• 연결, 구성, 분류 • 재구성 • 적용: 전에 습득한 정보를 새롭거나 다른 문제해결에 적용 • 종합 • 폐쇄적 예측: 조건 또는 증거에 대해서 한계가 주어져 있음 • 비판적 판단: 학생들에게 일반적으로 알려진 기준의 사용
개방적 질문	확산적	• 의견 제시 • 개연적 예측 반응을 제한하는데 증거가 불충분 • 추론 또는 시사
	평가적	• 정당화: 행위, 행동의 계획, 입장 선택 • 계획: 새로운 방법, 가설의 구성, 결론 • 판단: 가치의 문제, 정의적 행동과 연결, 인지적 행동과 연결

출처: Blosser (1987); 백소영, 김도현, 이경언(2014), p. 402. 원저에 따라 '발문'을 '질문'으로 수정.

<표 2-3> 수업의 단계별 발문의 예

단계	구분	예
도입	전시의 상기 및 본시의 연결	• 지난 시간에 어떤 내용을 배웠고, 그 가운데 가장 인상 깊은 점은 무엇일까요? • 이번 시간에 배울 내용은 지난 시간에 배운 것과 어떤 연결점이 있을까요?
	경험의 상기 및 동기의 유발	• 오늘 배울 주제와 관련한 경험을 해 본 적이 있나요? • 이 사진은 이번 시간과 어떤 관련이 있을까요? • 이와 비슷한 상황을 실제로 본 적이 있나요?
	학습 문제의 인식 및 소개	• 왜 이런 상황이 생기고, 어떻게 하면 해결할 수 있을까요? • 이 자료를 보고 오늘 학습 목표(또는 학습 주제)는 무엇일지 짐작할 수 있을까요?
전개	비교 · 예측 · 제안 및 문제해결을 위한 사고의 자극	• 이 둘의 비슷한 점과 다른 점은 무엇일까요? • 어느 방법이 더 효과적일까요? 이유는? • 왜 이런 선택을 했을까요? 이유는? • 이 문제를 해결하기 위해 필요한 단계는? 이유는?
정리	학습내용의 확인 및 확산	• 우리가 다룬 중점 내용은 무엇인가요? • 오늘 배운 개념(원리)을 설명해 볼까요? • 오늘 배운 내용이 왜 중요한지 설명해 볼까요?

	차시 예고	• 다음 시간에는 오늘 배운 개념(원리)이 실제 생활에서 어떻게 활용되는지를 공부할 겁니다. • 다음 시간에는 오늘 배운 시를 이용해서 여러 장르의 AI 노래로 작곡해 보겠습니다.

평가 계획 평가는 학습자가 학습 목표를 달성하는 과정에서 겪는 어려움을 해소하고 성장을 지원하는 데 초점을 맞추어야 한다. 학습 활동을 관찰하며 시기적절하게 즉각적인 피드백을 제공하면서 학습 목표 달성 여부를 확인하기 위한 평가 방식을 선정하고, 이에 따른 평가 도구는 학습 목표의 달성을 확인하는 데 타당해야 한다. 학습과정에서 학습 상태를 점검하는 형성 평가 및 학습이 끝난 후 목표 달성 여부 평가하는 총괄 평가와 같은 학습 목표 달성 여부를 확인하기 위한 평가 방법과 도구로 인지적, 정의적 또는 행동적 목표에 대한 평가가 포함된다.

실행 및 관리 수업 전 자료와 기술을 충분히 점검하고 나서 수업을 실행한다. 학습자와 활발한 상호작용을 유지하며, 예상치 못한 상황이 닥쳐도 침착하고 유연하게 대처한다.

02 수업 설계의 이론과 모형

수업 설계 이론은 수업의 구성 요소만을 고려하는 단계에서 요소들 간의 관계를 고려하는 단계로 변화하고, 그 후에는 전체를 통합적으로 구성하는 수업이론으로 발전해 왔다(김재건, 이홍숙, 2008). 수업 설계에 참고할 이론과 주요 모형의 예는 다음과 같다.

오수벨(Ausubel) 유의미 언어 학습 이론 새로운 정보가 학습자의 기존 지식과 연관될 때 학습이 효과적으로 이루어진다는 관점으로, 이는 '포섭'과 '선행조직자'로 설명된다. **포섭**에는 단순히 암기하는 것이 아니라 새로운 개념이 기존 지식과 기존 지식의 일부로 포함되거나, 기존 개념이 새로운 개념에 의해 확장되거나, 새로운 개념이 기존 개념과 연관이 되지만 완전히 포함되지 않는 세 유형이 있다. **선행조직자**는 학습 전에 제시되는 개념이나 정보로 학습자가 새로운 내용을 기존 지식과 연결하는 데 도움을 준다.

브루너(Bruner) 교수 이론 학습자가 지식을 능동적으로 구성하도록 조장하는 데 중점을 둔다. 이 이론의 핵심 개념은 **지식의 구조, 발견 학습, 학습의 나선형 구조**이다. '지식의 구조'는 학습자가 지식을 효과적으로 이해하고 기억하는 중핵(中核)이다. 구조에 대한 이해와 학습을 통해, 사물이나 현상이 어떻게 관련되고, 그 현상에 대한 기본적인 원리는 어떤지를 이해함으로써 학습자는 학습 이외의 일반적인 사태에도 적용할 수 있다(한경혜, 2004). '발견 학습'은 학습자 스스로 탐구하고 발견하고 문제를 해결해 가는 과정에서 학습이 가장 효과적으로 이루어진다고 본다. '나선형 구조'는 학습 내용을 반복적으로 다루면서 내용의 깊이를 더하고 난이도를 증가시키는 방법이다.

캐롤(Carroll) 학교학습모형 학습에 필요한 시간과 그것에 사용한 시간으로 학습의 정도를 설명하면서 학습의 5대 변인으로 '수업의 질' '학습 기회' '학습자의 적성' '수업 이해력' '학습의 지속력'을 주장한다. 학습을 최적화하기 위해서는 이러한 요소들이 서로 잘 조화를 이루고, 학생의 특성과 상황에 맞춘 학습 환경의 조성이 중요하다.

> 학습의 정도 f(학습에 사용한 시간/학습에 필요한 시간)
> = f(학습 기회, 학습의 지속력/수업의 질, 학습자의 적성, 수업 이해력)

[그림 2-2] 캐롤 학교학습모형의 방정식

글레이저(Glaser) 수업 모형 수업의 효과성과 효율성을 높이려는 체계적 설계의 일반적 모형으로, ① 수업목표 선정, ② 출발점 행동의 진단, ③ 수업의 실제 수행, ④ 학습 결과의 평가로 설계 과정을 밟는다. 각 단계마다 성과에 대한 분석과 평가를 통해 제공된 정보가 피드백되면서 순환적으로 이루어진다.

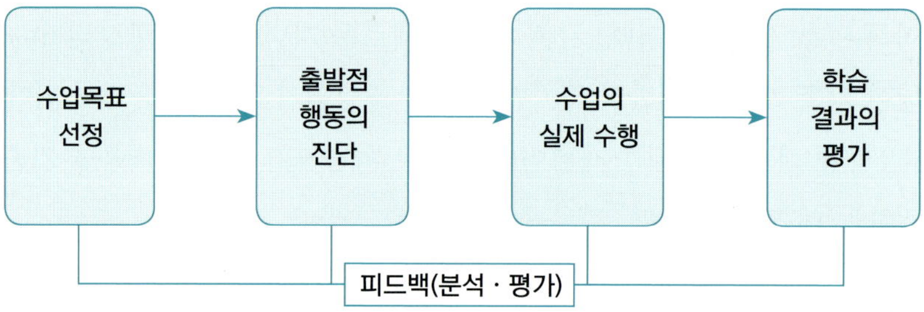

[그림 2-3] 글레이저 교수 체제의 구성 요소

출처: Glaser (1962), p. 5.

ADDIE 모형 학습 효과를 극대화하고자 교수 설계 절차이다. ① 분석(Analyze), ② 설계(Design), ③ 개발(Develop), ④ 실행(Implement), ⑤ 평가(Evaluate)의 5단계를 거치면서 각 단계마다 평가 및 분석의 피드백이 반영되는 순환적 모형이다.

<표 2-4> ADDIE 모형의 단계별 요소의 예시

단계	내용 요소
분석	학습자, 요구, 환경, 과제 내용

설계	학습 목표 및 수업 내용, 학습자 수준 및 인원 등에 따른 교수 전략 및 교수법, 교수 매체, 판서 구조화, 평가
개발	교수 · 학습 자료, 학습자 지원 방안 등 구체적 수업 전략
실행	개발한 자료 등을 학습자 실행 수준 및 학습 내용을 전략적으로 적용
평가	이전 단계별 활동, 학습 결과물 등 성취도, 교수자 및 학습자 만족도

가네(Gagné) 모형 학습과정에서 일어나는 아홉 가지 수업 이벤트를 통해 학습자의 인지적 활동을 체계적으로 지원하는 모형이다. 9단계의 절차는, ① 분석, ② 설계, ③ 개발, ④ 실행, ⑤ 평가의 순서로 ① 주의 집중, ② 학습 목표 제시, ③ 선수 학습의 회상 자극, ④ 학습 자료 제시, ⑤ 학습 안내 제공, ⑥ 연습 및 수행 유도, ⑦ 수행의 정확성에 대한 피드백 제공, ⑧ 수행 평가, ⑨ 파지 및 전이이다.

<표 2-5> 가네의 교수 절차와 학습과정과의 관계

교수 절차	학습과정과의 관계	내용
1. 주의 집중 (gain attention)	신경자극의 패턴 인식	동영상, 사진 등을 제시하여 학습 흥미를 유발하고, 주의 집중을 위한 질문을 통해 학습자의 사전 지식 활성화를 유도한다.
2. 학습 목표 제시 (inform learners of objectives)	정보처리 과정의 활성화	학습자가 보여 주어야 하는 수행의 측면과 단계를 제시하고 하위 과제 목록을 나열하여 보여 줌으로써 학습자가 학습 완료 후 획득할 지식을 파악할 수 있게 한다.
3. 선수 학습의 회상 자극 (stimulate recall of prior learning)	작업기억에 대한 선행 학습 회상	자신의 부족한 바를 인지하게 하여 새로운 지식을 받아들일 수 있는 준비를 하게 하고, 주로 질문과 학습자의 대답, 피드백 방식으로 전개한다.
4. 학습 자료 제시 (present the content)	선택적 지각을 위한 기능 강조	학습 내용의 정의, 필요성, 구성, 하위 지식 등이 설명되며, 학습과제의 유형에 따라 설명 방법 혹은 교수전략을 달리한다.

5. 학습 안내 제공 (provide learning guidance)	의미적 부호화, 회상을 위한 신호	학습자가 새로운 개념, 원리, 절차 등의 지식을 효과적으로 획득하는 데 도움을 줄 수 있는 추가적인 사례의 제시, 관련된 맥락 정보의 제공, 대안적인 멀티미디어 자료의 제시 등을 제시한다.
6. 연습 및 수행 유도 (elicit performance practice)	반응 조직의 활성화	'자극자료 제시'와 '학습 안내 제공'를 통하여 일차적으로 획득한 지식을 실제 적용해 보는 단계로 연습 혹은 실습하여 학습자의 참여 촉진을 유도한다.
7. 피드백 제공 (provide feedback)	강화	학습자의 결과물에 대하여 구체적이면서 즉각적으로 제공하는 것이 중요하다. 사전에 피드백 방식과 절차에 대하여 학습자에게 안내한다.
8. 수행 평가 (assess performance)	회상 활성화	교육 후 실제 접하게 되는 상황에서 보여 주는 행동/수행을 평가/시험하는 방식으로 구성되며, 학습한 것을 시연할 기회를 주어 학습자의 이해가 이루어졌는지를 점검한다.
9. 파지 및 전이 촉진 (enhance retention and transfer)	회상을 위한 전략과 신호 제공	기본적으로 수업 시간에 다루었던 내용을 다시 한번 상기하면서 새로운 지식이 제대로 획득되었는지 확인하는 과정이며, 대체로 요약 형태로 제시한다.

출처: Gagné, Briggs, & Wager (1990), p. 190; 천세영 외(2020), p. 147; 우지현, 김미리, 김길선(2024), p. 110.

백워드 설계 학습 목표와 평가의 일관성을 중시하여 심층적 이해와 전이를 촉진하기 위해 결과부터 역으로 수업을 계획하여 설계하는 방식이다. '이해 중심 교육과정'을 구현하는 백워드 설계의 절차는, ① 바라는 결과 확인하기(내용 성취 기준, 주요 아이디어 혹은 영속적 이해, 본질적 혹은 유도 질문, 구체적 이해, 가능한 오해, 학습자의 목표, 학습 목표, 최종적 활동), ② 수용 가능한 증거 결정하기(학습 목표와 평가 증거), ③ 학습경험과 수업 계획하기(활동, 선행되어야 할 기능, 제재, 차별화)의 과정으로 이루어진다.

<표 2-6> 백워드 설계의 단계

단계	세부 요소	내용
1. 바라는 결과 확인하기: 학습자가 무엇을 알고, 이해하고, 할 수 있어야 하는가? 무엇이 이해할 만한 것인가? 무엇이 바라는 영속적 이해인가?	내용 성취 기준	가르치려는 주제나 과목에 대한 국가, 주, 지역 수준의 성취 기준은 무엇인가?
	주요 아이디어 혹은 영속적 이해	주제에 대한 주요 아이디어나 조직 원리를 열거하라. 끊임없이 관련될 보편적 개념은 무엇인가?
	본질적 혹은 유도 질문	학습자의 탐구를 안내할 대단히 중요한 질문을 3~5가지 열거하라. 학습자가 시간이 지나도 지식을 효과적으로 사용하도록 도울 질문은 무엇인가?
	구체적 이해	학습자를 학습 단원의 주요 아이디어나 본질적 목표로 이끌 구체적 이해를 열거하라. 학습자가 이들 주요 아이디어를 중심으로 어떤 구체적 이해를 얻길 원하는가? 사실적 정보를 통해 개념적 이해를 구축하는 틀을 잡는 데 있어 이들 일반적 원리가 어떤 역할을 하는가?
	가능한 오해	학습을 방해할 수 있는 가능한 오해를 열거하라.
	학습자의 목표	당신이 평가할 수 있도록 설정한 목표와 관련하여 관찰 가능하고 측정 가능한 결과를 열거하라.
	학습 목표-가능하게 하는 '지식' 활성화	학습자가 단원의 주요 아이디어를 중심으로 개념적 틀을 형성하도록 도울 사실, 개념, 원리를 열거하라.
	학습 목표-가능하게 하는 '기능' 활성화	학습자가 효과적으로 수행하기 위해 사용할 수 있어야 할 절차, 전략, 방법을 열거하라.
	최종적 활동	학습자가 어떻게 학습 목표 성취를 증명할 것인가? 그들이 어떻게 그들의 작품을 발표할 것인가? 그들의 실제적 청중은 누구인가?
2. 수용 가능한 증거 결정하기	학습 목표와 평가 증거	왼쪽 열에 학습 목표를 열거하라. 그 학습 목표 각각에 대한 성취 여부를 판단하는 데에 어떤 수행과 서술 평가 증거가 사용될 것인지를 오른쪽 열에 명세화하라. 평가는 결과물이나, 저작물, 수행, 혹은 이해의 다른 증거를 모두 포함할 수 있다.
3. 학습경험과 수업 계획하기	활동	학습자가 부합해야만 하는 벤치마크에 대한 시간표나 일정표를 간략하게 작성하라.* 그들이 학습 목표에 도달하도록 준비시킬 지원 활동도 포함하라.

	선행되어야 할 기능	어떤 기초적 기능이 수업을 지휘할 필요가 있고 어떤 것이 학습자 탐구에 가담할 것인가? 학습자는 어떻게 자신이 배운 것을 적용할 것인가?
	제재	단원에 필요할 만한 특정 제재가 있는가?
	차별화**	모든 학습자의 요구를 충족시키기 위해 과정, 결과, 내용 면에서 수업을 어떻게 차별화할 것인가? 학습자의 요구, 흥미, 학습 방식에 기초하여 수업을 차별화하는 데 있어 어떤 자료, 자원 활용이 유용할 것인가?

* 〈표 2-7〉은 관련 예시임. ** '개별화'를 의미함.
출처: Isecke (2016), pp. 185-187의 내용을 표로 재구성.

<표 2-7> 학습자가 부합해야 하는 벤치마크에 대한 단원 개관표의 예시

	1일	2일	3일	4일	5일
1주	• 생태계 균형과 천연자원 도입하기	• 지역 분수령으로 견학하기 • 발견한 것 토의하기	• 해결되어야 할 문제에 대해 토의하기 • 모둠 활동: 문제에 대한 해결책 브레인스토밍하기	• 해결할 지역사회 문제 선택이 문제에 기초하여 연구보고서를 쓸 주제 선택하기	• 연구 과정 시작 짝을 지어 답해야 할 문제와 사용할 연구 자료 결정하기
2주	• 실험 설계에 대해 논의하기	• 지속할 수 없는 방식으로 자원을 사용하는 것에 대한 실험하기	• 실험 계속하기	• 실험 결과 보고하기	• 재생 가능하다 할 만한 자원에 대해 포스터 게시하기
3주	• 공익 토론회 초대장 보내기 (궁극적 활동) • 연구보고서 만들기	• 연구보고서 만들기 작업 계속하기	• 학습자 연구보고서 초안 쓰기 • 학습자들의 동료 교정 집단 구성하기	• 동료 교정과 보고서 검토 계속하기	• 연구보고서 작업을 수정하고 편집 시작하기
4주	• 보고서 최종원고 작업하기	• 매거진 모으기	• 발표 연습하기	• 교사 및 지역사회 구성원들에게 매거진 배부하기	• 궁극적 활동: 지역사회 구성원들과의 공익 토론회하기

출처: Isecke (2016), p. 189.

개념 기반 수업 설계 지식의 핵심 개념과 원리를 중심으로 학습 내용을 조직하는 방식이다. 개념, 원리, 포괄하는 아이디어를 이해하고 이를 새로운 상황에 적용하도록 돕는다. 핵심 개념의 탐구, 전이 학습, 깊이 있는 사고, 문제해결 능력, 학습한 내용과 실생활과의 연계를 강조한다.

<표 2-8> 개념 기반 단원 설계를 위한 단계

	단계	설명
1	단원명 정하기(초점 혹은 맥락): 단원의 중심 주제 설정하기	학습의 초점이 무엇인지 알려 주고, 중심이 되는 소재나 맥락을 정해 준다.
2	개념적 렌즈 파악하기	학습에 초점과 깊이를 제공하며, 낮은 수준과 높은 수준의 사고 간 시너지를 내는 사고를 보장한다.
3	단원 스트랜드(strand) 파악하기	단원명을 책에서 장(chapter)으로 보면, 스트랜드는 그 장을 구성하는 소제목들이다.
4	스트랜드 안에서 단원 소재와 개념 엮기	단원의 내용과 개념을 개괄적으로 보여 준다.
5	학생들이 단원 학습으로부터 도출하기를 기대하는 일반화(학습자들이 개념적으로 반드시 이해해야 하는 것) 작성하기	일반화는 학습자들이 단원 학습의 결과로 보다 깊은 수준에서 이해해야 할 중요한 개념적 아이디어다.
6	안내 질문 만들기	학습자들의 사고를 촉진하여 일반화로 향하게 한다.
7	중요한 내용(학습자들이 알아야만 하는 것) 파악하기	일반화의 기초를 다지고 단원 내용의 지식을 깊이 있게 하며, 핵심 과정 및 기능과 관련해서 알아야 할 지식을 정의하는 데 필요한 사실적 지식이다.
8	핵심 기능(학습자들이 할 수 있어야만 하는 것) 파악하기	성취 기준이나 국가 교육과정에서 원문 그대로 가져올 수 있다. 이것은 과정 및 기능의 측면에서 학습자들이 학습을 마친 후 할 수 있어야만 할 것을 의미한다.
9	최종 평가와 채점 가이드 또는 루브릭 작성하기	최종적인 단원 평가는 하나 혹은 두 개(만약 두 개 모두 함께 이루어질 수 있다면)의 일반화와 중요한 내용 및 핵심 기능에 대한 학습자들의 이해를 드러낸다.

10	학습 활동 설계하기	학습자들이 최종 평가에 요구되는 것을 준비할 수 있게 하고, 학습자들이 단원을 마칠 때까지 이해하고, 알고, 할 수 있어야 하는 것을 반영한다.
11	단원 개요 작성하기	학습자들에게 학습할 단원을 소개할 때 학습자들과 함께 나눌 이야기를 담는다.

출처: Erickson, Lanning, & French (2019), pp. 84-93의 내용을 표로 재구성.

딕과 캐리(Dick & Carey)**의 체제적 수업 설계 모형**(Systematic Design of Instruction) 이론과 실제를 통해 정립된 이 수업 설계 모형은 교수·학습의 과정을 하나의 체계적인 시스템으로 보고, 수업 목적을 효과적으로 달성하기 위한 단계에 따라 설계하는 방법이다. 다음은 각 단계에 대한 간략한 설명이다.

- **수업 목적 확인**(Identify Instructional Goals): 학습자가 학습을 통해 무엇을 성취해야 할지 의미를 돌아보며 정의하고, 구체적이고 측정 가능한 수업 목표를 설정한다.
- **수업 분석**(Conduct Instructional Analysis): 수업 목적과 목표를 달성하기 위해 필요한 하위 기술과 지식의 구조를 분석하고, 학습의 흐름을 단계별로 논리적으로 설계한다.
- **학습자 및 맥락 분석**(Analyze Learners and Contexts): 학습자의 배경 지식, 동기, 학습 유형 및 환경 등을 분석하여 학습자 특성에 맞는 교수 전략을 수립한다.
- **수행 목표 작성**(Write Performance Objectives): 학습자가 무엇을 할 수 있는지를 조건, 수행, 기준(criterion)으로 구분해서 세부적이고 명확하게 기술한다.
- **평가 도구 개발**(Develop Assessment Instruments): 학습 목표와 일치하는 형성 평가와 총괄 평가를 설계한다.
- **수업 전략 개발**(Develop Instructional Strategy): 학습 내용을 효과적으로 전달하기 위해 동기 유발, 정보 제시, 피드백 제공 등의 교수·학습 전략을 선정하고 적용을 설계한다.
- **수업 자료 개발 및 선정**(Develop and Select Instructional Materials): 기존 자료의 적용 또는 새로운 제작 및 수업 매체 선정 등 교수·학습 활동의 자료를 개발하

거나 결정한다.

- **형성 평가 설계 및 실행**(Design and Conduct Formative Evaluation): 평가하고자 하는 것에 부합하는 문항을 선정 및 방법을 적용한다.
- **수정**(Revise Instruction): 형성 평가 결과를 바탕으로 학습자의 성취 수준을 파악해서 교수·학습의 전략과 적용할 자료를 수정한다.
- **총괄 평가 설계 및 실행**(Design and Conduct Summative Evaluation): 수업 설계가 학습 목표를 얼마나 효과적으로 달성했는지 분석하고 판단하여, 수업 목표의 도달 정도, 수업의 질 및 개선을 위한 정보를 파악한다.

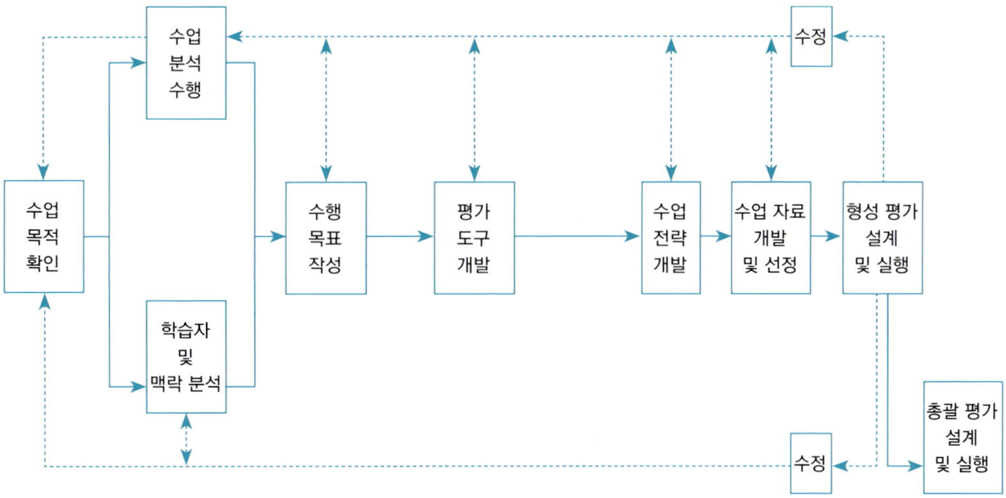

[그림 2-4] 딕과 캐리의 체제적 수업 설계 모형

출처: Dick, Carey, & Carey (2022), pp. 2-3.

03 교수·학습과정안의 요소와 내용

교수 · 학습과정안은 계획적인 수업의 운영, 학습 목표를 달성하는 데 초점이 맞추어진 수업의 일관성 유지 및 시간의 효과적 배분과 관리가 가능하도록 수업의 구체적인 진행 과정을 설계한 문서이다. 교수자는 교수 · 학습과정안을 작성하고 다듬어가면서 유비무환의 자신감을 가지게 된다.

교수 · 학습과정안은 세안과 약안으로 구분한다. **본시**는 단원 가운데 특정 시간인 한 차시의 학습 목표 달성을 위한 수업 활동의 단위로 교수 · 학습과정안에서 실제 수업을 실행하고자 계획하는 차시이다. 이 본시에 대한 계획을 교과목표, 학습자 실태 분석, 대단원 학습계획, 소단원 학습계획, 그리고 수업 활동의 단계별 계획을 구체적으로 수립한 교수 · 학습과정안을 **세안**이라고 한다. 이 **세안**에서 수업할 한 차시 분의 '도입–전개–정리'를 떼어 낸 것을 **약안**이라고 한다. 때로는 본시의 '도입–전개–정리'의 흐름을 간략히 간략히 작성한 것을 **약안**이라고 하고, 이에 비해 비교적 상세히 작성된 것을 **세안**이라 부르기도 한다.

수업을 설계하는 교수자의 필요에 따라, 단원과 연계한 상세한 설계인 **세안**에는 [그림 2–5]와 같은 흐름의 '도입–전개–정리' 단계별 계획을 포함하여 교육관, 수업 목적, 내용 지식, 수업 개선의 방향과 노력, 단원과 수업 차시의 선정 이유, '학습자의 흥미' '학습 환경' '학습자의 학습 능력' '지도 대책' '학습지도의 주안점' 등과 관련한 실태 분석 및 사전조사의 결과, 평가 내용 및 방법 등의 계획, 수업 자료, 교육과정의 재구성, 수업모형, 교수 · 학습이론, 기대효과 등이 선택적으로 포함된다.

단계	도입	전개	정리
학습과정과 활동	• 수업 준비 확인 • 전시학습 상기 • 동기 유발 • 학습 목표 제시	• 탐구 활동 • 교과 · 진로 활동 • 모둠 활동 • 조별 · 개별 발표	• 학습한 내용 정리 • 형성 평가 • 차시 학습 예고

[그림 2-5] 교수 · 학습과정의 일반적 흐름

출처: 정일화 외(2024), p. 162.

〈표 2-9〉는 본시의 교수 · 학습과정 약안의 예시 양식이다. 교수 · 학습과정안의 구성 요소는 학교마다 또는 시대적 강조에 따라 가감되기도 한다. 따라서 교수자는 재량 범위 내에서 선택적으로 사용할 수 있다. 다음은 구성 요소별 작성을 돕기 위한 설명이다.

① **단원**: 동일 계통의 학습 목표를 중심으로 관련 내용을 체계적으로 묶은 학습의 기본 단위이다.

② **연계 단원**: 학습할 단원과 전후로 연결되거나 확장 또는 심화되는 단원이다. 때로는 다른 교과의 단원과도 연계될 수 있다. 교사의 연계 단원에 대한 이해는 수업의 흐름을 자연스럽고 더 깊이 있게 이끈다.

③ **학습 주제**: 학습 활동의 중심이 되는 핵심 내용 또는 탐구할 문제이다.

④ **수업 모형**: 수업 목적, 학습 목표, 학습 내용, 학습자 특성과 수준, 학습자 참여 촉진, 수업환경과 자원, 평가 방법, 교수자의 적용의 수업 모형에 대한 숙달 정도 등을 고려해서 선택한다.

⑤ **학습자 특성**: 성취 기준과 학습 목표 달성과 관련하여 학습자의 발달 단계, 수준, 배경지식, 학습유형과 관련한 사항을 기록한다.

⑥ **수업 목적**: 왜 이 수업을 하는지, 이 수업이 학습자의 삶에 왜 필요하고, 어떠한 영향 변화를 미치기 위한 것인지에 대한 성찰에 비추어 기록한다.

⑦ **학습 목표**: 구체적이고(Specific), 측정 가능하고(Measurable), 달성 가능하고(Achievable), 관련성이 있고 현실적인(Relevant & Realistic), 시간을 고려하는(Time-bound) 원칙하에 명시적으로 제시한다.

⑧ **창의 · 인성목표**: 학습자의 창의적 사고와 바람직한 인성을 함양하기 위해 설

정된 목표이다.

⑨ **성취 기준**: 학습자가 배워야 할 내용 또는 수업을 마치면 할 수 있거나 할 수 있기를 기대하는 능력을 결합해서 제시한 평가의 기준이다.

⑩ **핵심 역량**: 학습자가 삶을 주도적이고 성공적으로 살아가기 위해 갖추어야 할 지식, 기능, 태도의 종합적 능력이다.

⑪ **단계**: 학습 목표를 효과적으로 달성하기 위해 수업의 과정을 논리적이고 체계적으로 구분한 흐름이다.

⑫ **시간**: 학습 목표를 달성하기 위해 도입-전개-정리 단계별로 요구되는 해당 차시의 배분이다.

⑬ **도입**: 수업의 목표와 내용을 안내하여 학습자가 학습의 목적과 필요성을 이해하고 학습할 내용에 흥미와 호기심을 불러일으키는 초기 단계로, 수업준비 확인, 전시(前時), 즉 이전 시간에 배운 핵심 내용의 상기, 학습 목표와 관련한 학습동기 유발, 학습 목표 제시의 학습과정이 이루어진다.

⑭ **전개**: 다양한 교수 전략을 활용하여 학습 내용의 전달과 학습자의 참여를 활성화하여 학습 목표를 실현하는 수업의 핵심적인 단계로, 주로 학습할 주제의 분절 또는 난이도를 높여 가는 교수 · 학습 활동이 펼쳐진다. 이런 과정에서 탐구 활동, 개별 활동, 모둠 활동, 발표, 과정 평가 및 피드백 등이 이루어진다.

⑮ **정리**: 학습한 내용을 요약하고 질문이나 평가 등을 통해 학습 목표 달성 여부를 점검하여 학습자의 이해를 재확인하고, 다음 시간에 다룰 차시(次時) 학습 예고하는 마무리 단계이다.

⑯ **학습과정/학습 내용**: 학습 목표의 달성을 위해 설정된 구체적인 단계와 그에 따른 주요 학습 활동 및 학습 요소이다.

⑰ **교수 · 학습 활동**: 학습자의 참여를 높이고 학습자 간 협력을 촉진하는 상호작용 및 활동의 구체적 과정을 시계열로 작성한다. 교수 활동과 학습 활동은 어떤 활동이 학습주제와 내용에 적합한지를 고려해서 배분한다.

⑱ **유의점 및 학습자료**: 학습 목표 달성의 효과를 높이기 위해 고려할 사항 및 학습 활동의 지원을 위해 사용하는 다양한 자료와 도구가 기록된다. 예를 들면, 출석 확인, 바닥이나 쓰레기통 주변 등의 교실 청결 및 책걸상 정리정돈과 같

은 학습 분위기의 조성에 관한 사안부터, 학습 활동 중의 안전사고 예방, 단계별로 교수 · 학습 자료의 사용 시기와 방법과 단계별 중점 강조 사항, 구상한 발문한 관한 간단한 메모, 형성 평가 방법, 학습 목표의 달성을 자극하는 확산적 발문, 흥미를 높이는 실생활의 사례, 구조화된 판서, 피드백과 총괄 평가 계획 등이 간략하게 담길 수 있고, 준비한 유인물, 프레젠테이션, 워크시트, 멀티미디어 자료, 실험 장비 등 수업에 활용되는 자료나 도구 등을 기록한다. 내용이 많다면 별지(別紙)를 활용할 수 있다.

⑲ **수업 성찰**: 수업을 다 마친 후에 학습자의 반응, 수업 방법, 성취 결과 등 교수 · 학습 전반을 돌아보고 개선점을 모색하는 과정이다.

<표 2-9> 교수 · 학습과정 약안의 구성 요소 예시

<table>
<tr><td>일시</td><td></td><td>차시</td><td></td><td>장소</td><td></td><td>대상</td><td></td><td>지도교사</td><td></td></tr>
<tr><td>① 단원</td><td colspan="4"></td><td colspan="2">② 연계 단원</td><td colspan="3"></td></tr>
<tr><td>③ 학습 주제</td><td colspan="4"></td><td colspan="2">④ 수업 모형</td><td colspan="3"></td></tr>
<tr><td>⑤ 학습자 특성</td><td colspan="9"></td></tr>
<tr><td>⑥ 수업 목적</td><td colspan="9"></td></tr>
<tr><td>⑦ 학습 목표</td><td colspan="6"></td><td colspan="2">⑧ 창의 · 인성목표</td><td></td></tr>
<tr><td>⑨ 성취 기준</td><td colspan="9"></td></tr>
<tr><td>⑩ 핵심 역량</td><td colspan="9">□자기관리 □지식 정보 처리 □창의적 사고 □심미적 감성
□협력적 소통 □공동체 □기타 (　　　　)</td></tr>
<tr><td>⑪ 단계
(⑫ 시간)</td><td>⑯ 학습과정/
학습 내용</td><td colspan="7">⑰ 교수 · 학습 활동</td><td>⑱ 유의점
및 학습자료</td></tr>
<tr><td>⑬ 도입
(시간)</td><td></td><td colspan="7"></td><td></td></tr>
<tr><td>⑭ 전개
(시간)</td><td></td><td colspan="7"></td><td></td></tr>
<tr><td>⑮ 정리
(시간)</td><td></td><td colspan="7"></td><td></td></tr>
<tr><td>⑲ 수업
성찰</td><td colspan="9"></td></tr>
</table>

〈표 2-10〉은 교수 · 학습과정안의 평가 계획과 관련한 예시 양식이다. 이는 일반적인 교수 · 학습과정 약안에서는 생략하는 편이지만, 작성하여 덧붙이면 학습 목표의 제시 및 달성 기준을 구체화하는 데 도움이 된다. **성취 기준, 평가 준거 성취 기준, 평가 기준, 과정 중심 평가**에 대한 설명은 다음과 같다(정일화 외, 2024: 221). 이러한 기준은 '학생 평가 지원포털(https://stas.moe.go.kr)'과 '국가교육과정정보센터(https://ncic.re.kr)'에서 확인할 수 있다.

성취 기준 학생들이 배워야 할 내용과 수업을 마치고 할 수 있거나 할 수 있기를 기대하는 능력을 결합하여 제시한 평가의 기준이다. 학교의 교과협의회는 학생의 수준, 특성, 학교 여건, 지역사회의 조건 등의 고려에 따른 교육과정 및 교과서 내용을 분석해서 성취 기준을 재구조화할 수 있다.

평가 준거 성취 기준 실제 평가의 상황에 적합한 준거로 제시한 성취 기준이다. 학생은 무엇을 공부하고 성취해야 하는지, 교사는 무엇을 가르치고 평가해야 하는지에 대한 보다 명료한 안내이다.

평가 기준 학생이 성취 기준에 도달한 정도를 상중하의 세 단계로 구분하고, 각각의 범주에서 무엇을 알고 있고 무엇을 할 수 있는지에 대한 기준이다. 학교에서 채점 기준표를 작성할 때는 문항의 특성에 따라 단계를 보다 세분화한 채점이 가능하다.

과정 중심 평가 교육과정의 성취 기준에 기반한 평가 계획에 따라 학생이 교수 · 학습의 과정에서 수행한 바를 관찰하고, 변화와 성장에 관한 다각적인 자료를 수집하고, 적절한 피드백을 제공하는 평가이다(교육부, 한국교육과정평가원, 2017). 교수 · 학습-평가-피드백-성취 개선'이 수업에서 분리되지 않는 동시적인 것을 지향한다.

<표 2-10> 교수 · 학습과정 약안의 평가 관련 요소 예시

<table>
<tr><td>평가 내용</td><td colspan="7"></td></tr>
<tr><td rowspan="3">평가 방법</td><td>유형</td><td colspan="6">□논술 · 구술 □토론 · 토의 □관찰 □프로젝트 □실험 · 실습
□포트폴리오 □체크리스트 □기타 ( )</td></tr>
<tr><td>주체</td><td colspan="6">□자기 평가 □동료 평가 □교사 평가 □혼합 평가 ( )</td></tr>
<tr><td>시기</td><td colspan="6">□도입 □[활동 1] □[활동 2] □[활동 3] □정리</td></tr>
<tr><td colspan="2">성취 기준</td><td colspan="2">평가 준거 성취 기준</td><td colspan="4">평가 기준</td></tr>
<tr><td colspan="2" rowspan="3"></td><td colspan="2" rowspan="3"></td><td>상</td><td colspan="3"></td></tr>
<tr><td>중</td><td colspan="3"></td></tr>
<tr><td>하</td><td colspan="3"></td></tr>
<tr><td rowspan="2">과정 중심
평가 영역</td><td colspan="4">세부 기준</td><td colspan="2">배점</td><td>평가 유형</td></tr>
<tr><td colspan="4"></td><td colspan="2"></td><td></td></tr>
</table>

전통적인 수업 설계 단계에 더하여 2022 개정 교육과정에서 강조하는 개념 기반 탐구학습의 특성을 반영한 수업 설계도 고려해야 한다. 개념 기반 탐구학습은 학습자들의 깊이 있는 이해와 전이 가능한 지식 형성을 목표로 한다.

개념 기반의 탐구학습 수업 설계는 핵심 개념을 중심으로 학습 내용을 구조화하여, 학습자가 개념을 깊이 이해하고 이를 다양한 상황에 적용할 수 있도록 돕는 데 초점을 맞춘다. 이러한 접근은 학습자의 비판적 사고력과 문제해결 능력을 향상시키는 데 효과적이며, 다음과 같이 나열한 단계를 통해 구현될 수 있다.

- **단원명 정하기:** 학습 내용의 핵심을 반영하는 제목을 선정한다.
- **개념적 렌즈 파악하기:** 단원의 핵심 개념과 주요 아이디어를 식별한다.
- **단원 주제 파악하기:** 단원에서 다룰 주요 주제를 명확히 한다.
- **단원 소재와 개념 재구성:** 학습 내용을 개념 중심으로 재조직한다.
- **일반화하기:** 학습을 통해 도출될 핵심 원리나 결론을 정리한다.
- **안내 질문 작성하기:** 학습자의 사고를 자극하는 질문을 개발한다.
- **사실적 지식 파악하기:** 단원에서 다룰 구체적인 사실과 정보를 정리한다.
- **핵심 기능 파악하기:** 학습자가 습득해야 할 주요 기술과 능력을 식별한다.
- **평가에 대한 안내 작성하기:** 학습 목표 달성을 측정할 평가 방법을 계획한다.

- **학습 활동 설계하기:** 학습 목표 달성을 위한 구체적인 활동을 계획한다.
- **단원 개요 작성하기:** 전체 단원의 구조와 흐름을 요약한다.
- **수업 실시 차시 작성하기:** 각 수업 시간별 세부 계획을 수립한다.
- **과정 중심으로 평가하기:** 학습과정 전반에 걸쳐 지속적인 평가를 실시한다.

교수·학습과정안의 작성 기준 및 작성한 후에 자기 확인이나 동료 검토를 의뢰할 때, 체크리스트를 활용하면 도움이 된다. 체크리스트의 장점은 빠진 부분은 없는지 보완하거나 개선할 점은 무엇인지를 일목요연하게 살필 수 있다. 동료 검토 때는 확인 사항별로 의견 제시와 근거를 적을 수 있게, 그리고 특정 사항 또는 종합적으로 좋은 점과 개선할 점을 기록할 수 있도록 양식에 변화를 줄 수 있다. 〈표 2-11〉은 교수·학습과정안을 작성할 때 기준으로 삼을 수 있는 일반적인 확인 사항이다. 이를 기준으로 학교급의 특성을 반영하여 가감 등 수정할 수 있다.

<표 2-11> 교수·학습과정안 작성의 체크리스트 예시

구분	확인할 사항	V
배경 지식	가르칠 내용에 대한 개념, 원리, 법칙, 용어 등의 교수학적 지식은?	
	학습자의 특성(학습 유형, 수준, 오류 개념 등)을 파악하고 적용할 전략은?	
	본시와 관련한 전후 학습 간의 연계점 및 계열이나 위계는?	
	가르칠 내용의 기본 개념 및 필수 선행 학습 내용은?	
목표 설정	교육과정의 성취 기준과 연계된 학습 목표의 설정은?	
	학습자의 수준과 필요를 고려한 목표의 명확한 제시는?	
	학습자가 이해하기 쉽고 도전 의욕을 자극하는 학습 목표의 제시는?	
내용 구성	학습 내용의 명확한 구성과 핵심 개념의 강조는?	
	전후 차시와의 연결성은?	
	(필요하다면) 다른 교과의 학습 주제와의 융합은?	
	다른 학습 내용으로의 전이 가능성은?	

교수 · 학습 활동	학습의 흥미를 높이고 동기를 유발하기 위해, 학습자의 기존 지식 및 실제 생활과의 연계는?	
	학습 목표에 도달하는 도입, 전개, 정리의 단계는 자연스러운 연결과 효과적인 시간의 배분은?	
	단계별 또는 활동별로 적절한 교수 · 학습 전략의 적용은?	
	다양한 감각을 활용한 학습 자료 제공 등 학습자의 흥미와 참여의 활성화는?	
	교수자와 학습자의 상호작용 및 학습자 간 협력의 촉진은?	
	학습자의 탐구 활동의 격려와 촉진은?	
	논리적 사고, 학습자 주도성의 문제해결, 긍정적 태도 등의 함양은?	
	학습자의 확산적 사고를 촉진하는 질문 및 발문은?	
	적절한 칭찬과 격려는?	
	활동 단계별로 학습한 내용의 정리는?	
평가 및 피드백	학습 목표의 성취에 대한 명확한 평가 기준과 방법은?	
	성취 기준에 근거한 과정 중심 평가 계획은?	
	진단 평가, 형성 평가, 총괄 평가 계획은?	
	학습자의 성장을 위한 피드백은?	
	성취 과정 및 결과에 대한 개별화 지도는?	
	학습자 스스로의 성찰은?	
학습 자료	학습 목표의 달성에 적합한 매체 등 자료 및 도구를 선정 및 활용은?	
	수업 중에 유의할 사항은?	
유의점	안전사고 예방은?	

04 교수·학습과정안의 피드백 사례

교수 · 학습과정안은 단순히 형식을 갖추는 것이 목적이 아니라, 교육과정의 실질적 해석과 적용을 통해 수업의 질을 높이는 과정이다. 이를 달성하기 위해서는 다음의 사항을 고려해야 한다.

- 해당 교과의 핵심 개념과 일반화된 지식을 명확히 파악해야 하며, 이를 중심으로 수업 내용을 조직해야 한다. 성취 기준과 학습 요소를 연결할 때는 학생의 발달 단계와 선행 경험을 고려한 교육과정 재구성이 필요하다.
- 2022 개정 교육과정은 '미래 역량'과 '학생 맞춤형 교육'을 중심 가치로 삼는다. 따라서 수업 설계 시 단원 목표가 미래 사회에서 요구되는 자기관리, 지식 정보 처리, 창의적 사고, 심미적 감성, 협력적 소통, 공동체 역량 등과 어떻게 연결되는지를 고민해야 한다. 교수 · 학습 활동은 학생의 자율성과 선택권을 보장할 수 있도록 다양하게 제시해야 하며, 개별 학생의 학습 속도와 관심사를 반영한 유연한 수업 설계가 요구된다.
- 디지털 전환 시대에 맞추어 에듀테크와 인공지능 기반 도구의 활용이 강조된다. 예를 들어, 피드백 제공에는 AI 기반 문법 교정 도구나 디지털 포트폴리오 플랫폼 등을 활용할 수 있다. 이러한 기술 활용은 학습자의 자기주도성과 성찰 능력 향상에 기여한다. 또한, 평가는 단순한 결과 측정이 아닌, 과정 중심으로 학습의 성장 경로를 진단하고 지원하는 수단으로 설계되어야 한다.
- 효과적인 교수 · 학습과정안은 목표–내용–방법–평가가 논리적으로 연결될 때 실현된다. 학습 목표는 수업 활동 전반의 방향을 제시하며, 학습 내용과 방법 및 평가가 이를 일관되게 뒷받침해야 한다. 교수 · 학습과정안을 작성한 뒤, 교육과정 해석의 적절성, 학습자 중심 수업 설계의 수준, 평가 계획의 타당성 등을 점검하고 성찰하는 과정이 필요하다.

- 교수 · 학습과정안은 단일 수업의 설계를 넘어, 교사로서의 전문성과 교육철학을 드러내는 문서임을 인식해야 한다. 수업 설계 과정을 통해 스스로의 교사 정체성과 교육관을 성찰하는 기회를 가질 수 있다.

[그림 2-6]은 교수 · 학습과정안을 작성할 때 나타나는 세안의 요소별 오류 및 개선 방향의 예시다. 〈표 2-12〉는 이와 관련한 구체적인 유형과 사례 및 개선 방향의 예시다. 이를 참고하면, 수업 설계의 맥락과 2022 개정 교육과정의 철학과 방향성에 부합하고 학생의 배움이 드러나는 교수 · 학습과정안을 작성하는데 도움이 될 것이다.

단원 선정의 이유: 성취 기준과 시의성의 균형

자주 보이는 오류		개선 방향
• 교과서 단원 그대로 선정 • 교육과정 해석력 부족 • 학습자 수준 · 관심 고려 미흡 • 사회적 맥락 반영 부족	→	• 성취 기준 분석 기반 주제 선정 • 맞춤형 주제, AI · 탄소중립 등 사회 쟁점 반영 • 학생 삶과 연결된 주제 구성

이론적 배경: 이론은 설계의 근거

자주 보이는 오류		개선 방향
• 이론의 나열 • 수업과의 연계 미흡 • 이론 개념 오용 • 인용 출처 미표기	→	• 구성주의 · ZPD · 협동학습 등 구체적 이론 반영 • 학습자 중심 수업, 자기주도 학습 이론과 연결 • AI 기반 맞춤형 학습 설계 고려

대단원의 개관: 흐름 있는 학습 구조

자주 보이는 오류		개선 방향
• 수업 활동 나열 • 차시 간 연계 부족 • 단원 구조 및 목표 전개 흐름 부재	→	• 백워드 설계 활용 • 학생 선택권 및 자기 주도성 반영 • 디지털 활용을 통한 교사 · 학생 간 피드백 설계

본시 지도계획: 활동에서 목표 중심으로

자주 보이는 오류	개선 방향
• 학습 목표와 상관없는 흥미 위주의 활동 • 성취 기준과의 불일치 • 시간 배분 불균형, 활동 과중	• 교수·학습 목표–활동–평가 일관성 확보 • 구글 클래스룸, Padlet 등 AI 기반 자기주도 활동 설계 • 도입–전개–정리 흐름 구조화 • 수업 목표에 알맞은 학생 활동 설계

평가 계획: 과정과 피드백 중심

자주 보이는 오류	개선 방향
• 인지적 내용에 대한 평가 중심 • 단일 평가 방식 • 평가 기준 모호, 피드백 계획의 부재	• 루브릭 기반 수행 평가, 자기/동료 평가 반영 • 형성 평가 및 디지털 기반 실시간 피드백 설계 • 형성–총괄–환류 평가 체계의 확립

교수·학습과정안: 학습자 중심과 디지털 전환

자주 보이는 오류	개선 방향
• 교사 중심의 수업 활동 설명 및 구성 • 수업 방법적 측면의 피상적 설명 • 학습자 선택권 및 상호작용 부족 • 학습자의 실제 의미있는 학습 활동 시간에 대한 이해 부족 • 다양한 학습자의 수준과 흥미에 대한 학습 방법 차이의 이해 부족	• 구글 클래스룸, Canva 등 디지털 협업 도구 활용 • 디지털 문해력·정보윤리 등 미래 역량 포함 • 학생 주도 프로젝트·토의·문제해결형 수업 구성 • 교사의 일방적인 수업 진행보다 학생의 배움의 과정을 우선하여 설계 • 느린 학습자를 고려한 수업 설계

학습자료 · 참고문헌: 신뢰성과 다양성 확보

자주 보이는 오류		개선 방향
• 학생들의 수준을 고려 하지 않은 자료 • PPT 및 학습지의 교사 설명 위주의 제시 • 참고문헌의 누락 • 형식 오류	➡	• 보충 · 심화 자료, 다양한 디지털 컨텐츠 제시 • 학습자가 배움을 정리하고 확장할 수 있는 학습자료 제작 • 정책자료(KICE 등) 및 학술자료 활용 • 정확한 인용 형식에 관한 교육 필요

[그림 2-6] 교수 · 학습과정 세안의 요소별 오류 및 개선 방향의 예시

<표 2-12> 교수 · 학습과정안 오류 유형의 사례 및 개선 방향의 예시

오류 유형	구체 사례	개선 방향
성취 기준 기계적 나열	복사 붙여넣기 수준으로 제시	성취 기준은 단순히 나열하는 것이 아니라, 핵심 개념을 도출하고 학습자의 삶과 연결 지어 의미 있게 재구성한다. 예 '비판적 사고력 기르기'를 '지역 뉴스 읽고 의견 나누기' 활동과 연계한다.
목표-활동 불일치	고차 목표에 단순 활동	학습 목표에 부합하는 활동을 설계한다. 예 분석 능력을 목표로 한다면 단답형 문제 풀이가 아닌 비교 · 대조 활동, 마인드맵으로 작성한다.
핵심 개념 누락	개념보다 내용 위주 전개	단원마다 제시된 핵심 개념이 교육과정 설계의 중심이 되게 한다. 예 수업의 흐름 속에서 해당 개념이 반복적으로 등장하고 활동에 자연스럽게 스며들게 한다.
활동 위주 구성	게임 · 퀴즈 중심 설계	흥미 위주의 활동이 아니라 교육적 목표 달성에 기여하는 활동이 중심이 되도록 한다. 예 활동 전 · 후 학습 목표와의 연결 고리를 명시적으로 설명한다.
학생 수준 미고려	전 학급 동일 활동	학습자가 몰입하도록 수준과 흥미를 고려한다. 예 사전 진단, 인터뷰 등을 통해 수준을 파악하고, 과제와 자료를 수준별로 변형하여 제시한다.
디지털 도구 무목적 사용	무작정 기술 활용	디지털 도구는 수업 목표 달성에 기여할 수 있을 때 사용한다. 예 패들렛은 의견 수렴, 플립은 개별 발표 등 수업의 일부로 기능하도록 설계한다.
결과 중심 평가	정답 위주 채점	결과만 평가하지 말고, 과정에서 드러나는 학습 전략, 협력 태도, 자기 성찰 등도 함께 평가한다. 예 루브릭, 관찰 기록표, 학습자의 저널 등을 활용한다.

평가-활동 불일치	평가 기준과 활동 단절	학습 활동을 기반으로 평가를 구성한다. 예 활동 중 생성된 결과물이나 과정 자체를 평가 항목과 연결한다.
수업 흐름 단절	도입-전개 연결 미흡	도입-전개-정리의 단계를 자연스럽게 연결한다. 예 다음 활동으로 넘어가는 전환 질문이나 브릿지 자료를 활용해 수업의 흐름을 부드럽게 한다.
자율성 결여	일방적 과제 제시	학습자가 자신의 학습 방식을 선택할 기회를 제공한다. 예 주제 선택형 과제나 에세이, 발표, 포스터 등의 결과물 형식을 선택할 수 있게 한다.
설명 중심 수업	교수자만 말함	교수자의 전문 용어보다는 학습자의 일상 언어로 개념을 쉽게 풀어 설명하고, 학습자에게 자신의 언어로 이해하고 표현할 수 있도록 유도한다.
성찰 기회 부재	끝난 후 종료	수업을 마칠 무렵에 학습자에게 성찰의 기회를 제공한다. 예 오늘 배운 내용, 어려웠던 점, 다음 수업에서 바라는 점 등을 적게 하는 성찰 일지를 제공함으로써 메타인지 향상을 돕는다.
협력학습 오용	명확한 역할 없음	단순 조별 활동이 아닌, 역할 분담과 상호 의존 구조로 설계한다. 예 Jigsaw 구조를 활용하여 각자 맡은 부분을 전체에게 설명하는 수업 모형을 설계한다.
교육과정 철학 무시	단원 내용 위주 구성	교과 교육과정에 담긴 철학을 수업 목표, 활동, 자료에 구체적으로 반영한다. 예 의사소통 역량, 세계 시민성 함양 등을 담는다.
문화적 편향	특정 시각만 제시	수업 자료와 사례는 다양한 문화와 배경을 반영하며, 특정 시각이나 문화만 강조하지 않도록 조심한다. 예 한국과 외국의 표현 문화를 비교한다.
질문 편중	닫힌 질문만 사용	개방형 질문, 반문, 학생의 질문 만들기 등 다양한 질문 전략을 통해 사고 수준을 다양화한다.
형식주의 문서	형식 채우기에 급급	문서 형식 맞추기에만 급급하면 실제 수업이 형식에 가려진다. 현장 수업에서 구현 가능성과 학습자 반응을 우선 고려해 설계한다.
자료 출처 생략	자료 근거 미제시	제시하는 텍스트나 이미지, 영상의 출처를 명확히 하고, 저작권을 고려해 공공 교육자료 또는 직접 제작 자료를 활용한다.

모호한 피드백	"잘했어요"만 반복	"잘했어요" "조금 더 노력하세요" 같은 단순한 칭찬에서 그치지 말고 성취 기준에 따른 피드백과 개선 방향을 제시한다.
수업 후 교사성찰 부재	수업 종료 후 성찰 없이 다음 활동 연속	교수 · 학습과정안에 수업 후 교사의 성찰 및 학생 반응 분석 내용을 포함하여 수업을 지속적으로 개선한다.
수업의 일방성	교사 발표식 구성	강의식 수업을 지양하고, 학생 주도 탐구, 질문 유도, 의견 나눔 중심으로 구성한다.
타 교과와 연계 부재	국어, 진로 등 무관심	사회 · 진로 · 과학 등과 연결 가능한 주제를 찾아 융합 수업을 시도해 보면 학습의 확장성과 현실감을 높일 수 있다.
미래 역량 반영 부족	단기 지식 전달	2022 개정 교육과정이 강조하는 협업, 비판적 사고, 디지털 활용 등을 수업 속 활동과 평가에 녹인다.
활동-자료 불일치	활동은 협동, 자료는 개별	협동 활동을 하면서 자료는 개별 읽기용일 경우 효과가 떨어진다. 활동 성격에 맞는 자료를 재구성한다.
수업 내용의 인지 수준 파악 미흡	고차와 저차 수준 혼용	고차 목표에 저차 질문만 반복되면 인지 부조화가 발생한다. 인지 수준에 맞는 활동과 질문을 연결한다.
목표 진술 불명확	추상적 목표 진술	'이해한다' '알게 된다'는 표현 대신, '비교한다' '요약한다' '설명한다'처럼 명확하고 측정 가능한 진술을 사용한다.
수업 자료 과잉	PPT, 영상 과다 사용	영상, PPT, 텍스트가 많을 경우 핵심이 흐려진다. 학습 목표에 꼭 필요한 자료만 엄선해 사용하는 것이 좋다.
성취 기준 누락	성취 기준 언급 없이 설계	수업 흐름 속에 성취 기준이 자연스럽게 드러나야 하며, 활동이나 과제에도 기준이 반영되도록 설계 한다.
교사 중심 자료 해석	학습자가 자료 해석 없음	교사만 자료를 해석하지 말고, 학생이 먼저 분석해 보고 토론할 수 있도록 기회를 제공한다.
학습시간 고려 부족	한 차시 내 과다한 학습 내용 제시	과도한 활동이나 평가 계획은 실제 수업 시간에 실행 불가능하다. 적정 활동량을 고려해 설계한다.
학습 활동 단절	활동 간 논리 흐름 없음	활동이 단편적으로 나열되지 않도록 하고, 이전 활동이 다음 활동으로 이어지도록 전환 질문과 정리 활동을 활용한다.

실제 수업 고려 미흡	이론 중심 설계	수업 설계가 실제 교실 상황(학생 수, 수업 시간, 공간 제약 등)에 맞지 않으면 실현 불가능하다. 맥락 기반 설계가 필요하다.
과제 명확성 부족	수행 과제 조건 불분명	과제 지시문에는 목적, 방법, 분량, 평가 기준 등을 명확히 제시하여 학생들이 혼동 없이 수행할 수 있게 한다.
모둠 편성 미비	협동 학습에 임의 조 편성	임의로 편성된 모둠은 협업 효과를 낮출 수 있다. 역할, 기능, 성격 등을 고려한 의도적 편성이 중요하다.
평가 시기 미표시	언제 평가할지 불명확	평가가 언제 어느 단계에서 이루어지는지 명시하여 학생이 기대할 수 있게 한다.
단원 목표 누락	활동만 있고 단원 목표 없음	단원 전체 목표가 없는 수업은 방향이 불분명해진다. 단원 차원의 목표와 본시 목표 간 계층 구조를 설계한다.
정의적 영역 무시	인지적 요소만 설계	학습자의 태도, 동기, 가치 등을 고려한 수업 설계가 필요하다. 감정 이입, 공감, 책임 등의 요소를 포함한다.
실제 맥락 부재	교실 밖 사례 부족	학습자에게 의미가 있도록 실생활 사례와 연결한다. 예 뉴스, 현장 영상, 경험 사례 등을 활용한다.
지필 중심 평가 고정	쓰기 · 시험 중심	다양한 표현과 수행 방식을 반영한 평가를 도입해 학습 다양성을 존중한다.
학습자 의견 미반영	학습자 요구 반영 없음	사전 설문, 관심 조사 등을 통해 학습자의 요구와 흥미를 반영한 수업 설계가 효과적이다.

제3부 • 수업의 실연

수업 실연은 예비 교사의 교수 · 학습 역량을 강화하고 전문성을 신장하는 데 중요한 교육적 활동이다. 이는 단순히 모의수업을 진행하는 차원을 넘어, 실제 교육 현장과 유사한 환경에서 교사로서의 전문적 능력을 개발하고 점검하는 과정이다. 수업 실연을 통해 예비 교사는 교과 내용에 대한 깊은 이해를 쌓고, 다양한 수업 기술을 연습하며, 학습자의 반응에 유연하게 대처할 수 있는 능력을 향상시킬 수 있다(정은이, 2010).

01 수업 실연의 기술

실제 수업 상황을 모의 체험함으로써 교직 과정에 대한 몰입도가 유의미하게 향상된다(정은이, 2010). 이를 통해 예비 교사는 자신의 교육적 역량을 점검하고 개선할 수 있는 기회를 얻는다. 수업 실연에서 소통 전략은 예비 교사의 교수 기술 향상에 중요한 역할을 한다. 학습자와의 효과적인 소통은 수업을 원활하게 진행하고, 학습자의 참여를 유도하며, 교수자로서의 신뢰를 쌓는 데 중요한 요소로 작용한다. 효과적인 소통을 위해 다음과 같은 전략을 활용할 수 있다.

- 명확하고 간결한 언어 사용
- 적절한 비언어적 표현(몸짓, 표정 등) 활용
- 학습자와 상호작용 증진을 위한 질문 기법 사용
- 학습자의 이해도를 확인하는 피드백 제공

효과적인 소통을 위해 명확하고 간결한 언어 사용은 학습자가 내용을 쉽게 이해하고 기억할 수 있도록 도와준다. 또한 적절한 비언어적 표현은 교수자의 의도를 더욱 잘 전달하고 학습자의 관심을 끌어내는 데 기여한다. 교수자가 질문 기법을 활용하여 학습자와의 상호작용을 증진하면, 학습의 능동성을 높이고 학습자가 주체적으로 참여하도록 유도할 수 있다. 마지막으로, 학습자의 이해도를 확인하는 피드백 제공은 학습과정에서 발생할 수 있는 오해를 바로잡고 지속적인 개선을 촉진하는 데 중요한 역할을 한다. 이러한 전략들은 모두 수업에서 효과적인 소통을 이루는 데 기여한다. 소통 전략과 더불어, 학습자의 학습 동기를 유발하고 흥미를 지속시키는 것 또한 효과적인 수업 실연을 위해 필수적이다. 다음은 학습 동기와 흥미 유발을 위한 주요 방법이다. 예비 교사는 이를 통해 효과적인 수업 실연을 할 수 있으며, 학습자의 학습 동기와 참여도를 높일 수 있을 것이다.

- ARCS 동기 유발 모형 활용
  - 주의 집중(Attention): 호기심과 흥미 유발
  - 관련성(Relevance): 학습 내용과 실생활의 연관성 제시
  - 자신감(Confidence): 성공 경험 제공
  - 만족감(Satisfaction): 학습 결과에 대한 보상 제공

<표 3-1> ARCS 동기 유발 모형의 네 가지 요소에 대한 하위 범주 내용

요소	하위 범주	내용
주의 집중 (A)	지각적 각성	흥미를 끌기 위해 무엇을 할 수 있을까?
	탐구적 각성	탐구하는 태도를 어떻게 유발할까?
	변화성	주의 집중 유지를 위해 적절한 변화를 어떻게 줄 수 있을까?
관련성 (R)	목적지향성	학습자의 요구를 어떻게 최적으로 충족시킬 수 있을까? (내가 그들의 요구를 아는가?)
	모티브 일치	최적의 선택, 책임감, 영향을 언제, 어떻게 제공할 수 있을까?
	친밀성	수업과 학습자의 경험을 어떻게 연결시킬까?
자신감 (C)	학습 요건	성공에 대한 긍정적 기대감을 어떻게 키울 수 있을까?
	성공 기회	자신의 능력에 대한 믿음을 향상시킬 수 있는 학습경험을 어떻게 제공할까?
	개인적 통제	학습자가 자신의 성공이 스스로의 노력과 능력에 의한 것이라고 어떻게 알 수 있는가?
만족감 (S)	내재적 강화	새로 배운 지식/기능을 사용하도록 의미 있는 기회를 어떻게 제공할까?
	외재적 보상	학습자의 성공에 대해 외적 강화를 어떻게 제공할 수 있을까?
	공정성	학습자가 자신의 성취에 대해 긍정적인 느낌을 가지도록 어떻게 도와줄 수 있을까?

출처: Keller (1987); 켈러, 송상호(1998), p. 25; 편은영, 박미정, 채정현(2009), p. 162.

- 다양한 동기 유발 방법
  - 흥미로운 시청각 자료 활용
  - 다양한 수업 방법 적용
  - 실생활 관련 사례 제시

– 학습자의 참여 기회 제공

- 내적 동기 유발 전략
  – 자율적 선택과 결정 기회 제공
  – 격려와 칭찬 활용
  – 학습 내용의 실제 적용 가능성 설명

동기 유발에서 중요하게 기억해야 할 점은 학습 목표와 연결되어야 한다는 것이다. 학습자의 흥미를 이끈다고 해서 그 시간에 학습할 내용과 거리가 먼 것을 재료로 삼아서는 안 된다. 학습의 목표 및 학습할 내용과 관련해서 학습자의 도전을 자극할 수 있는 동기 유발이 바람직하다.

<표 3-2> 적절한 동기 유발과 발문

동기 유발	발문
• 학습 목표에 대한 호기심을 자극한다. • 목표 달성에 대한 기대감을 자극한다. • 경험 및 지식과 결부시킨다. • 자발성과 협동심을 활성화한다. • 수업의 단계별로 성취감을 부여한다. • 다양한 교수 · 학습 방법을 적용한다. • 긍정적인 피드백으로 의욕을 고취한다.	• 전달이 분명하다. • 열린 사고를 자극한다. • 점진적으로 난이도를 높여 간다. • 전체의 참여를 촉진한다. • 학생들의 다양한 반응을 수용한다. • 즉문즉답이 아닌 여유를 가진다. • 자유롭게 말할 분위기를 조성한다.

출처: 정일화 외(2024), p. 161.

수업을 실연할 때 소통을 원활히 하고 학습동기를 유발하기 위한 전략과 더불어서 유의해야 할 교수자의 언어적 · 비언어적 행동은 다음과 같다. 자신도 모르는 습관적 상투어의 사용 등을 확인하여 수정하려면 수업을 녹화해서 살피거나 동료 또는 전문가에게 수업관찰 등의 도움을 요청해야 한다.

- 학습자를 별명으로 부른다거나, 하대해도 괜찮다는 생각에 막 부르지 않도록 주의한다. 특히 학습자와 친밀하지 않은 관계에서는 물론, 학습자가 원하지

않는 별명도 사용해서는 안 된다. 친근한 분위기라 하더라도, 별명은 긍정적이고 희망적이며 유쾌한 것이어야 하며, 학습자가 좋아하고 기꺼이 받아들일 수 있어야 한다.

- 부정적이거나 모호한 표현을 피해야 한다. 예를 들면, "뛰지 마라." "그렇게 하면 안 돼."라는 표현보다는 "천천히 걸어가는 게 좋겠지?" "이렇게 하면 더 낫지 않을까?"라는 식의 긍정적 표현이 바람직하다.
- 습관적으로 사용하는 "음" "아" "에 또" 등과 같은 불필요한 반복어는 학습자의 신경을 거슬러 집중력을 산만하게 할 수 있다. 설명과 소통에 필요한 적절한 의성어 등 연결어를 사용하도록 해야 한다.
- 지나치게 높은 억양이나 지나치게 느리거나 빠른 속도로 말하지 않아야 한다. 계속해서 높은 톤이나 빠른 속도의 말은 학습자를 피로하게 만들 수 있다. 단조롭지 않게 적절한 말의 억양과 속도를 유지하면서 필요할 때 강약과 고저의 변화를 주고, 필요하다면 때로는 잠깐의 침묵, 때로는 심지어 속삭임이 필요하다.
- 시선을 특정 학습자 또는 특정 방향에 고정하거나 회피해서는 안 된다. 교실 전체를 고르게 바라보며 학습자와 눈을 맞추는 것은 학습자의 집중을 유도하며 학습자에게 교수자의 관심을 전달하는 중요한 메시지다. 학습자와 골고루 시선을 맞추면서 반응을 살피면, 학습자의 집중도와 이해도를 가름해서 그에 따른 수업의 속도와 강도를 조절해야 한다.
- 판서를 할 때, 학습자를 등져서는 안 된다. 판서의 위치에 따라 방향을 바꿔 가면서 학습자를 향하는 자세를 취해야 한다. 때로는 학습자를 등지는 상황이 있을 수 있지만, 영화 〈론 클락 스토리(The Ron Clark Story)〉(2006)의 선생님은 "내 뒤에도 눈이 있다."라고 학생들에게 말한다(정일화, 2025). 이 정도는 되어야 학습자를 등지고 판서를 해도 되지 않을까.
- 무의미하게 이리저리 움직이면 학습자의 시선이 산만해질 수 있다. 교수자의 동선은 교수·학습의 효과를 높이기 위한 명확한 의도를 가져야 한다. 학습자와 상호작용하거나 시각 자료의 활용 등 필요할 때 위치에 변화를 준다.
- 불필요하게 지나친 손짓과 몸짓을 삼가야 한다. 학습자의 이목을 끌려고 하는 의도일지라도 바람직한지를 살펴야 한다.

- 무표정이거나 지나치게 엄격한 표정을 피한다. 영화 〈브라우닝 버전(The Browing Version)〉(1951)의 원로 교사는 초보 교사에게 자신이 지내던 교실을 물려주면서 "웃음은 성실함보다 훨씬 더 많이 가르칠 수 있습니다."라고 조언한다. 교수자는 교실에 온기를 불어넣고 웃음꽃이 피게 해야 한다(정일화, 2025).
- 학습자의 질문이나 대답을 끊지 않아야 한다. 학습자의 의견을 경청하고 존중하는 친근한 태도로 허용적이고 밝은 분위기를 조성하고, 학습자의 대답과 반응에 맞춰 공감과 이해를 표현하도록 해야 한다.
- 자신감이 없는 태도를 보이지 않아야 한다. 영화 〈스탠드 앤 딜리버(Stand and Deliver)〉(1988)의 수학 교사는 첫 시간에 학생들에게 "나는 수학의 챔피언이다!"라고 선포한다(정일화, 2025). 이처럼 담당 교과의 권위자로서 자신 있게 가르쳐야 한다. 자심감이 떨어지는 언어적 · 비언어적 표출은 교수 · 학습의 효과를 저하시킨다.

02 수업 실연의 전략

수업의 다양성에 기여하기 위해서는 수업 전략이 필요하고 수업 전략이 성공적인 수업으로 이끈다. 바람직한 수업 전략을 세우기 위해 살펴볼 기본적인 사항은 다음과 같다. ① 명확한 학습 목표의 제시와 이를 달성하는 학습자 중심의 접근, ② 학습자와의 정서적 유대 관계 형성과 협력, ③ 학습자의 참여 촉진을 위한 내적 동기를 활성화, ④ 수업 상황에 따른 전체, 모둠, 개별 맞춤형의 구성, ⑤ 학습자의 흥미와 이해도를 높이도록 시각 미디어나 학습의 형태 등 다양한 교수 방법의 활용, ⑥ 즉각적인 피드백의 제공과 학습의 과정과 결과를 확인하는 평가 등이다.

계획이란 생각의 지도이며 종점을 염두에 두고 그 목표를 향해 길을 따라 발걸음을 옮기는 것이다. 단원에는 적어도 교수 단원과 통합 단원을 고려해야 한다. 경험을 쌓아가는 단계에서는, 먼저 교육과정 영역 한두 개만 선택하여 숙달한 후에 점차 교육과정을 통합하며 확장해 나가는 것도 하나의 전략이 될 수 있다. 블룸(Bloom)의 분류법에 따르면, 교사는 다양한 사고 수준을 고려하여 계획하고, 질문하고, 과제를 주어야 한다(Kronowitz, 2009: 213). 수업 전략을 세울 때 떠올릴 질문의 예시는 〈표 3-3〉과 같다.

<표 3-3> 『수업예술과 수업과학』(Marzano, 2011)에서 나온 질문

1. 학습 목표를 설정하고 이를 중심으로 의사소통하고, 학생의 진보를 추적하고, 성공을 축하하기 위하여 나는 무엇을 할 것인가?
2. 학생들이 새로운 지식을 가지고 효과적으로 상호작용하도록 돕기 위하여 나는 무엇을 할 것인가?
3. 새로운 지식에 대한 이해를 연습하고 더욱 심화하도록 학생들을 돕기 위하여 나는 무엇을 할 것인가?
4. 학생들이 새로운 지식에 대한 가설을 설정하고 검증하도록 돕기 위하여 나는 무엇을 할 것인가?

5. 학생들을 학습에 몰두시키기 위하여 나는 무엇을 할 것인가?
6. 교실의 일상성을 정하고 유지하기 위하여 나는 무엇을 할 것인가?
7. 수업 규칙과 절차를 준수하거나 준수하지 않는 것을 인식하고 인정하기 위하여 나는 무엇을 할 것인가?
8. 학생들과 효과적인 관계를 수립하고 유지하기 위하여 나는 무엇을 할 것인가?
9. 모든 학생에게 높은 기대를 하고 있다는 것을 전달하기 위하여 나는 무엇을 할 것인가?
10. 견고한 단원으로 조직된 효과적인 학습 과(課)를 개발하기 위하여 나는 무엇을 할 것인가?

출처: Marzano, Frontier, & Livingston (2015), p. 72.

큰 계획을 달성 가능한 작은 단위로 쪼개고 난이도를 높여 가며 단계별로 성취할 수 있게 하는 것도 학습자의 성취감을 높이고 성취도를 높일 수 있는 좋은 방법이다. 학습할 내용을 학습자의 실생활 문제와 연결시켜 흥미를 높이면 학습자의 참여를 촉진할 수 있다. 학습자의 참여를 높이는 구체적인 방법으로는 학습자 간에 질문을 주고받거나, 모둠에서 진행한 토론이나 활동 결과를 다른 모둠과 공유하는 방식이 있다. 이러한 '하브루타 수업' 방식은 수업 분위기를 활기차게 유지하는 데 유용하다. 연구에 따르면, 학습자의 성취를 높이는 구체적인 수업 전략은 다음과 같다(Marzano, Pickering, & Pollock, 2001). 교실에서 이러한 전략들을 효과적으로 적용하려면, 교사는 반드시 연습과 시연을 통해 충분히 숙달해야 한다. 학습자의 성취를 높이는 구체적인 수업 전략은 다음과 같다.

- **유사점과 차이점 확인**: 개념이나 아이디어를 비교하고 대조함으로써 학습자가 공통점과 차이점을 명확히 이해하도록 돕는다.
- **체계적인 요약과 노트**: 학습 내용의 이해를 높이고 핵심 사항에 대한 기억을 강화하는 데 효과적이다.
- **노력 강화와 인정**: 학습자의 자신감을 향상시켜 학습에 대한 긍정적인 태도를 형성하는 데 도움을 준다.
- **숙제와 연습**: 학습 내용을 실제로 적용하고 복습할 기회를 제공하여 장기적인 기억을 증진시킨다.

- **비언어적 표현**: 적절한 시각 자료, 몸짓, 표정 등은 학습자의 관심과 이해를 높이는 데 유효하다.
- **협동학습**: 학습자 간 상호작용을 통해 의사소통 능력과 문제해결 능력 등 사회적 역량을 향상시킨다.
- **명확한 목표 설정과 즉각적인 피드백 제공**: 학습의 방향을 제시하고 학습자의 성취를 높인다.
- **가설 설정과 검증**: 학습 내용을 실제로 경험하는 과정을 통해 논리적 사고력과 문제해결 능력을 제고한다.
- **단서, 질문 및 선행조직자**: 학습자가 이미 알고 있는 사전 지식을 활용하면 새로운 주제에 효과적으로 접근하는 데 도움이 된다.

이러한 아홉 가지 전략을 체계적으로 사용하려면 교수자는 단원 계획을 수립할 때, ① 단원의 도입 단계에서 분명한 학습 목표 설정을 위한 전략, ② 단원의 전개 단계에서 학습 목표 달성을 위한 진보 과정 관찰, 새로운 지식 소개, 지식의 연습, 복습 및 적용에 대한 전략, ③ 단원의 정리 단계에서 학습자가 자신의 목표를 얼마나 잘 달성했는지를 알 수 있게 하는 전략을 고려해야 한다. 현대 교육 환경과 최신 연구 동향을 반영하여, 다음과 같은 추가적인 수업 전략도 고려해 볼 수 있다.

- **디지털 기술 활용**: 테크놀로지를 수업에 통합하여 학습자의 디지털 역량 강화
- **자기주도적 학습 능력 개발**: 학습자가 자신의 학습과정을 계획하고 관리하는 능력 향상
- **메타인지 접근법**: 학습자의 사고 과정 인식 및 조절 능력 향상
- **맞춤형 학습**: 개별 학습자의 특성과 요구를 고려한 개인화된 학습 경험 제공
- **실제적 문제해결 학습**: 프로젝트 기반 학습을 통한 비판적 사고력과 문제해결 능력 증진
- **학습자 중심 교육**: 학습자에게 더 많은 선택권과 책임 부여

이러한 전략들은 기존의 교육 방식을 보완하며, 현대 사회의 요구에 맞는 교육 환경을 조성하는 데 중요한 역할을 한다. 효과적인 수업 전략의 적용은 학습자의

학습 경험을 풍부하게 하고, 그들이 가진 잠재력을 최대한 발휘할 수 있도록 지원하는 핵심 요소가 된다. 이를 통해 학습자는 보다 깊이 있는 이해와 능동적인 참여를 경험하며, 변화하는 사회에 적응하고 성장할 수 있다.

<표 3-4> 수업의 단계별 전략의 예시

단계	수업 전략	교수자 행위
도입	학습 목표 세우기	• 학습 목표를 분명하게 제시하고 설명한다. • 학습자에게 자신이 공부할 학습 목표를 확인하고 기록하게 한다. • 학습자가 개인적인 학습 목표와 자신의 흥미를 끄는 좀 더 구체적인 목표를 찾게 한다. • 학습자가 찾은 개인적 목표를 공책에 적어 보게 한다. • 학습자들을 짝을 짓게 하고 서로의 목표를 함께 살펴보게 하고 이를 달성하는 방법에 대해 브레인스토밍하게 한다.
전개	학습 목표 모니터링하기	• 피드백하면서 학습자가 학습 목표 달성하는 자신의 진보를 모니터링하게 하고 척도 등을 이용해서 자기 평가할 수 있게 한다. • 학습자가 지속적으로 학습 목표 달성을 기억하고 학습 목표 달성을 위한 노력을 견지하게 한다. • 학습자가 구체적인 학습 목표와 개인적 목표에 집중하는지를 확인시키는 질문을 주기적으로 한다. • 학습자가 스스로의 행동을 확인하여 잘해 온 사항을 간단히 적게 하고, 더 잘하기 위해 바꿀 필요한 행동에 대해서도 점검하고 때로는 설명하게 한다. • 학습 목표를 달성하는 데 들인 노력과 진보를 주기적으로 칭찬한다.
	새로운 지식 소개하기	• 학습자가 주제에 대해 이미 알고 있는 것을 확인하고 분명히 밝히도록 안내한다. • 학습자가 미리 주제에 대해 생각할 방법을 제공한다. • 학습자에게 알고 있는 것과 새로운 지식을 비교하게 요청한다. • 학습자가 단원에서 기술된 지식에 관해 노트를 계속하게 한다. • 학습자가 비언어적 방법으로 지식을 표현하게 하고 주기적으로 비언어적 표현을 공유하게 한다. • 학습자가 때때로 개인적으로 공부하고, 때로는 협동 모둠에서 활동하게 한다.

정리	학습 내용 연습하기, 복습하기 및 적용하기	• 학습자가 배운 것을 연습, 복습 및 적용하도록 숙제를 부과한다. • 반드시 숙제를 정확하게 해 왔는지에 대한 피드백을 명확하게 한다. • 가설을 생성하고 검증하는 장기 프로젝트에 학습자를 참여시킨다. • 학습자가 학습내용을 새롭게 이해하게 되면, 언어적 · 비언어적으로 학습내용에 대한 설명을 수정하게 한다.
	학습자가 목표를 얼마나 잘 달성했는지를 판단하게 하기	• 학습자에게 학습 목표별로 각자의 진보 상태를 평가하여 제공한다. • 학습자가 학습 목표별로 스스로 평가하게 하고 이를 교사의 평가와 비교하게 한다. • 학습자에게 학습내용에 관해 그리고 학습자로서 자신들에 관해 배운 것을 발표하게 한다.

※ 상세한 수업 단계별 전략과 예시는 원저를 참고 바람.
출처: Marzano, Pickering, & Pollock (2001), pp. 171–181.

교과별 교수 · 학습 전략의 예시를 들면 다음과 같다(www.teacherspayteachers.com; www.cultofpedagogy.com; Kramarski & Dudai, 2009; www.luminouslearning.com; 천세영 외, 2020: 156에서 재인용).

- 확장적으로 독서하도록 지도할 때 교사는 제목의 의미가 무엇인지, 과제 요구 사항이 무엇인지, 그리고 질문에 대한 답을 어떻게 찾을 것인지 계획을 세우도록 학습자에게 예시를 보여 준다.
- 수학 수업에서 학습자는 '큐 카드'를 이용하여 문제를 주의 깊게 분석하고, 필요한 계산 유형을 찾고, 계산 계획을 수립하고 실행한다.
- 과학 교수자는 답에서부터 시작하여 거꾸로 거슬러 올라가며, 학습자가 스스로 답이 맞는지 확인할 수 있는 방법을 보여 준다.
- 국어 교수자는 학생에게 비슷한 특성을 가진 단어를 그룹화하고 두 행으로 작성하여 정리하고 연습하는 과제를 부여한다.
- 지리 교수자는 학습자가 약어를 사용하여 사실을 기억할 수 있다고 설명한

다. 예를 들어, HOMES(Huron, Ontario, Michigan, Erie, Superior)라는 약어로 미국의 5대 호의 이름을 기억하게 하는 방법 등이다.

- 수학 교수자는 몸을 움직이며 소리 내어 연습하여 구구단을 외우는 방법을 학습자에게 보여 준다.
- 학습자가 짝을 지어 활동하고 주요 아이디어에 대해 서로 질문하도록 한다.
- 미술 교수자는 학습자가 미술 프로젝트를 할 때 도움이 필요함을 어떻게 알아챌 수 있는지, 그리고 이러한 경우에 무엇을 해야 하는지 설명한다.
- 역사 교수자는 본문을 읽는 동안 어떤 질문이 필요할지를 학습자에게 스스로 생각해 보라고 물어본다.
- 교수자는 '포스터'나 '큐 카드'를 사용하여 학습 전략 사용에 관해 학습자에게 상기시킨다([그림 3-1] 참조).

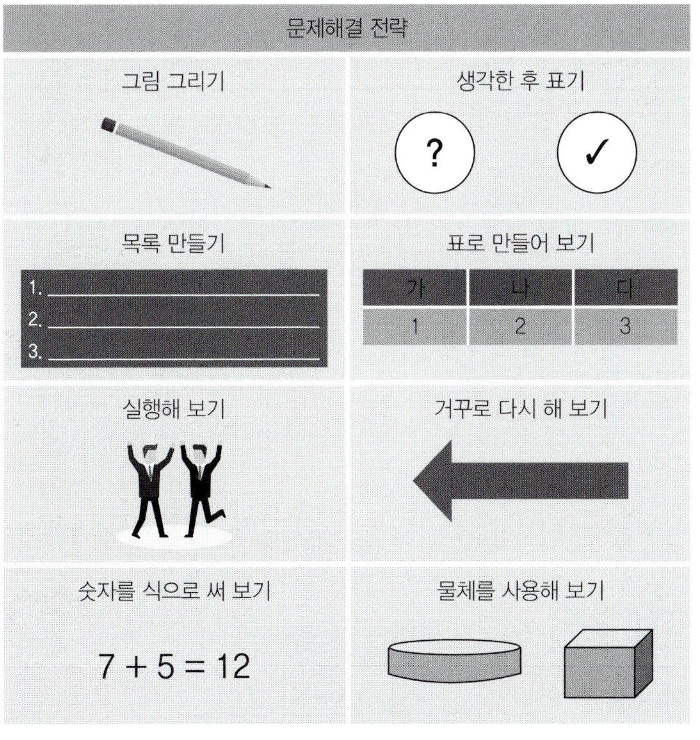

[그림 3-1] 학습 전략의 사용 예시

출처: University of Groningen (2018); 천세영 외(2020), p. 157에서 재인용.

03 수업 실연의 준비와 유의점

수업 실연에서 수업 계획은 목표를 명확히 설정하고, 교수 방법과 평가 방식을 체계적으로 정리하는 과정이다. 이 과정에서 학습자의 다양한 학습 스타일과 요구를 반영하여 수업 내용을 조정하고, 필요한 자료와 도구를 미리 준비하는 것이 중요하다. 또한 수업의 흐름을 구상하고 예상되는 문제 상황에 대비하는 방안을 마련하여 실제 수업에서 유연하게 대처할 수 있도록 한다. 이러한 준비는 수업을 원활하게 진행하고 예기치 못한 상황에 적절히 대응할 수 있는 능력을 높인다. 따라서 수업 실연에서의 수업 계획 설계는 예비 교사가 효과적인 교육을 제공하기 위한 필수적인 단계이다. 수업 계획에서 유의할 점은 다음과 같고, 〈표 3-5〉는 예비 교사가 수업할 때 도입 및 정리 단계에서 나타나는 문제 양상이다.

- **명확한 교육 목표 설정**: 수업의 목표를 구체적으로 정의해야 한다.
- **학습자의 특성 고려**: 학습자의 수준과 요구를 반영하여 계획을 수립해야 한다.
- **교수 방법 및 자료 선정**: 적절한 교수 방법과 자료를 선택하여 수업을 효과적으로 진행해야 한다.
- **시간 관리**: 수업 시간을 효율적으로 배분하여 모든 내용을 전달할 수 있도록 해야 한다.
- **평가 방법 계획**: 학습 목표 달성 여부를 확인할 수 있는 평가 방법을 미리 설정해야 한다.
- **유연성 유지**: 예상치 못한 상황에 대비하여 유연하게 대처할 수 있는 계획을 마련해야 한다.

<표 3-5> 예비 교사의 수업 시연 단계(과정)별 문제 양상

수업 단계	분석 범주	문제 양상
도입	학습 분위기 조성	• 교사 중심의 발화
	전시 학습 확인	• 교사 중심 전시 학습 확인 • 본 차시와 연계성 없는 전시 학습 확인 • 본시 학습에 비효율적인 전시 학습 확인
	수업 목표 제시	• 단순 지식을 유도하는 형태 구성 • 본시 학습 내용의 구체적인 제시 • 단순 흥미만을 고려한 매체(보조)자료 활용
마무리	수행의 평가	• 교수자 중심의 내용 점검 • 자기 및 동료평가 활동의 생략
	파지 및 전이 촉진	• 가정 학습 활동을 위한 활동지 활용 • 단원 또는 텍스트에 대한 단순 안내

출처: 고주환, 이상일(2021), p. 28.

수업 모형은 교육 목표에 맞춰 수업을 구성하는 체계적인 방법론으로, 다양한 교수·학습 전략을 포함한다. 일반적으로 사용되는 수업 모형에는 강의식, 탐구식, 협동 학습, 프로젝트 기반 학습 등이 있다. 각 모형은 학습자의 특성과 수업의 목적에 따라 선택되며, 효과적인 학습 경험을 제공하기 위해 적절히 조합하여 사용할 수 있다. 따라서 수업 모형의 선택은 교육적 목표를 달성하는 데 중요한 역할을 한다. 학습자의 수준과 수업의 특성에 맞는 모형을 선정하고, 필요에 따라 다양한 전략을 결합함으로써 학습 효과를 극대화할 수 있다.

수업 모형을 선택할 때는 먼저 교육 목표와 학습자의 학습 스타일을 고려해야 한다. 예를 들어, 학습자가 주도적으로 참여하고 문제해결 능력을 기르는 것이 목표라면 탐구식이나 협동학습 모형이 적합할 수 있다. 반면, 이론적인 내용을 전달하는 데 중점을 두고 있다면 강의식 모형이 유용할 것이다. 또한 수업 계획 단계에서 각 모형의 특성을 이해하고, 이를 바탕으로 수업 자료와 활동을 설계하여 적용하는 것이 중요하다. 따라서 적절한 수업 모형의 선택과 적용은 효과적인 교육을 위한 필수적인 요소이다.

수업 실연은 예비 교사와 새내기 교사가 교육 목표를 효과적으로 달성하기 위한 필수적인 준비 과정이다. 명확한 교육 목표 설정, 학습자 특성에 맞는 수업 계획 수립, 적절한 교수 방법과 평가 방식을 선택하는 것이 성공적인 수업 실연의 핵심이다. 특히 수업 모형을 적절히 선택하고 유연하게 적용하여 학습자에게 최적의 학습 경험을 제공할 수 있다. 이를 위해 예비 교사와 새내기 교사는 예상되는 문제 상황에 대비하고, 수업 흐름을 체계적으로 설계하며, 필요한 자료와 도구를 미리 준비해야 한다.

<표 3-6> 예비 교사 및 새내기 교사의 수업 실연 준비와 실행 절차

단계	설명
1. 교육 목표 설정	• 수업 목적을 명확히 정의 • 교육과정의 성취 기준 검토 및 학습자가 달성해야 할 구체적 학습 목표 설정 • 학습자의 수준과 요구를 반영하여 목표 조정
2. 학습자 특성 분석	• 학습자의 다양한 배경과 학습 스타일 파악 • 수업 내용을 학습자에게 적합하게 조정 • 학습자가 효과적으로 학습할 수 있는 환경 조성
3. 교수 방법 및 자료 선정	• 강의식, 탐구식, 협동학습 등 다양한 교수 방법 중 적합한 방법 선택 • 수업에 필요한 자료와 도구를 미리 준비
4. 시간 관리	• 수업 시간 내 모든 내용을 효율적으로 전달할 수 있도록 계획 • 시간 배분과 흐름을 조율하여 효과적인 수업 진행
5. 평가 방법 계획 및 유연성 유지	• 학습 목표 달성 여부를 확인할 수 있는 평가 방법 계획 • 예상하지 못한 상황에 대비할 수 있는 유연한 방안 마련

수업 실연 시 유의할 사항은 무엇인지를 확인하며 준비하는 반복적인 과정은 학습자에게 의미 있는 학습 기회를 제공하려는 교수자가 갖추어야 할 전문성을 키우는 출발점일 것이다. 〈표 3-7〉은 특히 임용을 준비하는 예비 교사로서 수업 실연을 계획하고 실행할 때, '수업 전반' 및 '도입' '전개' '정리' 단계에서 살펴야 할 예시 사항이다.

<표 3-7> 수업 실연의 계획과 실행과 관련한 확인 사항

수업 단계	실연의 내용 요소
수업 전반	가르치고자 하는 수업의 궁극적 목적을 드러내는가?
	성취 기준에 도달할 수 있는 학습 목표를 제시하는가?
	학습 주제는 성취 기준과 학습 목표를 달성하는 데 적절한가?
	학습 목표는 함양하려는 핵심 역량의 구현에 적절한가?
	'도입-전개-정리'의 과정이 잘 이어진 수업 설계인가?
	'도입-전개-정리'의 시간 배분은 학습 목표를 달성하는 데 적절한가?
	교수·학습의 분량은 한 차시 동안 다루기에 적절한가?
	교수·학습의 내용, 모형, 방법 및 단계별 전략은 학습 목표를 달성하는 데 적절한가?
	학습 내용, 학습 주제, 학습 목표 달성에 적합한 것은 교수자 중심, 학습자 중심, 또는 이 둘의 적절한 배합인가?
	교수 방법의 효과성과 내용 전달의 충실성은 어떠한가?
	학습자 활동 때 안전사고 예방 조처는 적절한가?
	교수 지도의 자신감 및 안정감은 어떠한가?
	의사소통과 비언어적 상호작용은 학습 활동과 관계 형성에 긍정적인가?
	교수 언어의 사용은 적절하고 명확한가?
	억양의 변화와 말의 속도는 적절한가?
	동작과 동선은 적절한가?
	눈에 거슬리는 행동 습관 또는 습관적인 상투어는 없는가?
	과도한 동작이나 어색한 억양의 사용은 없는가?
	교수자의 복장 및 태도가 학습자에게 긍정적인가?
	개별 학습자의 차이를 인정하고 조력하는가?
	학습자를 배려하고 골고루 기회를 부여하는가?
	학습자의 상호 협력을 촉진하는가?
	허용적 분위기 속에서 학습자는 주저함 없이 활발하게 발언하는가?

도입	질서 유지 등 안정적인 학습 분위기를 형성하는가?
	학습 목표에 대한 홍미, 호기심, 의욕을 불러일으킬 수 있는 학습자의 경험 및 실생활 등과 관련된 동기 유발인가?
	학습 목표를 명확하게 제시하는가?
	학습의 개요 및 과정을 간명하게 제시하는가?
	학습 목표 달성을 위한 세부 탐구 문제를 제시하는가?
	탐구 문제를 해결하는 다양한 방법 또는 방향을 분명하게 제시하는가?
	학습 목표 달성과 탐구 문제를 해결하는 데 학습자의 적극적인 반응 또는 참여를 이끄는가?
전개	학습 목표의 달성과 탐구 과제를 해결을 위한 매체와 자료의 활용은 적절한가?
	모둠 활동 때, 학생들 간 협력적 상호작용을 격려하는 전략은 적절한가?
	모둠 활동 때, 모둠 내의 수준별 활동을 위한 지원 전략이 적절하게 적용되는가?
	학생들의 확산적 사고를 촉진하는 발문은 적절한가?
	학생의 수준에 적절한 질문을 하는가?
	학습 목표 및 과제해결에 긴요한 질문을 하는가?
	질문과 발문 후, 생각하고 응답하는 데 필요한 시간적 여유를 두는가?
	질문과 발문의 응답 또는 반응에 대한 적절한 피드백과 보상은 적절한가?
	미진한 학생에 대한 개별적 지원이 이루어지는가?
	다른 학생들보다 일찍 과제를 해결한 학생에 대한 지원이 이루어지는가?
	학생들의 일상적 삶과 연계되는가?
	학습 단계별로 필요한 내용의 간략한 정리 및 피드백이 이루어지는가?
	과제해결 단계별로 필요한 형성 평가가 이루어지는가?
	수행 중인 과제에 대한 과정 중심의 피드백이 즉시적으로 이루어지는가?
정리	학습 목표 달성에 적합한 평가 방법이 적용되는가?
	수업을 통해 학생의 삶의 변화 및 성장에 영향을 미치는 피드백이 이루어지는가?
	본 수업과 연계된 차시 예고가 이루어지는가?

제4부 수업의 성찰

"평생 수업지도안을 쓴다고 하여도 훌륭한 스승이 되기 어렵지만 3년 동안 수업성찰을 쓰면 훌륭한 스승이 될 수 있다(양홍, 2014; 정일화, 2020: 214)." 수업관찰, 수업성찰, 수업나눔 등 수업의 개선점을 찾기 위해 사용되는 [부록]의 자료는 '수업관찰도구' '수업참관록' '수업성찰지' '수업나눔지'라는 명칭을 붙이며, 사용자가 임의로 서술 중심의 기술을 계량적 평가 척도로, 계량적 척도는 서술 중심의 기술 방식으로 바꾸기도 한다.

01 마이크로티칭

마이크로티칭(microteaching)은 짧은 시간 동안 소집단을 대상으로 한두 가지 수업 내용과 수업 기술을 적용한 약식의 수업을 녹화하여 가르치는 기량을 확인하고 개선해 나가는 방식이다. 마이크로티칭은 '수업계획–관찰–피드백–재계획–재관찰–피드백'의 과정을 거친다. 마이크로티칭은 경험이 풍부한 교사와 그렇지 않은 교사와의 동료장학과 자기분석(self-analysis)에 활용하기 좋다(주삼환, 2006: 93; 주삼환, 2009: 164). 최근에 마이크로티칭은 가상의 직접 연습 수업으로 이루어지기도 한다. 마이크로티칭의 관찰 및 피드백은 혼자서 다 맡거나 여럿이 영역을 분담할 수 있다. 예를 들면, 동기 유발, 교사의 발화 및 언어적 · 비언어적 의사소통, 교사와 학습자 또는 학습자 간 상호작용, 개별화 지도 측면 등으로 영역을 나누어서 할 수 있다. 예비 교사가 수업 전문성을 신장하기 위해서는 마이크로티칭을 통해 자기 성찰을 하거나 동료 및 전문가로부터 피드백을 받는 과정이 꼭 필요하다(강주현 2023; Beacher, 2011).

<표 4-1> 마이크로티칭 관찰 체크리스트

<table>
<tr><td rowspan="3">구분</td><td>교수자</td><td></td><td>장소</td><td></td><td>일시</td><td></td><td rowspan="2">주요 학습형태</td><td colspan="2" rowspan="2">강의</td><td colspan="3" rowspan="2">실습 · 실기</td><td rowspan="2">토론</td><td rowspan="2">기타</td></tr>
<tr><td>학습 주제</td><td colspan="5"></td></tr>
<tr><td colspan="7">문항</td><td>⑤</td><td>④</td><td>③</td><td>②</td><td>①</td><td colspan="2">의견</td></tr>
<tr><td rowspan="6">동기 부여</td><td colspan="7">학생들이 주의 집중하도록 하였는가?</td><td></td><td></td><td></td><td></td><td></td><td colspan="2"></td></tr>
<tr><td colspan="7">학생들의 관심을 끌었는가?</td><td></td><td></td><td></td><td></td><td></td><td colspan="2"></td></tr>
<tr><td colspan="7">학생들에게 본 학습이 왜 중요한지를 설명하였는가?</td><td></td><td></td><td></td><td></td><td></td><td colspan="2"></td></tr>
<tr><td colspan="7">학생들에게 본 수업이 그들과 어떤 관련이 있는지 설명하였는가?</td><td></td><td></td><td></td><td></td><td></td><td colspan="2"></td></tr>
<tr><td colspan="7">학생들에게 적절한 질문을 던졌는가?</td><td></td><td></td><td></td><td></td><td></td><td colspan="2"></td></tr>
<tr><td colspan="7">학생들의 활동이나 반응에 대하여 적절한 긍정적인 보상을 주었는가?</td><td></td><td></td><td></td><td></td><td></td><td colspan="2"></td></tr>
<tr><td rowspan="4">도입</td><td colspan="7">오늘 수업에 대한 목적을 제시하였는가?</td><td></td><td></td><td></td><td></td><td></td><td colspan="2"></td></tr>
<tr><td colspan="7">지난 시간에 배운 내용을 간단히 상기시켰는가?</td><td></td><td></td><td></td><td></td><td></td><td colspan="2"></td></tr>
<tr><td colspan="7">오늘 배울 내용 전반에 대하여 간단히 설명하였는가?</td><td></td><td></td><td></td><td></td><td></td><td colspan="2"></td></tr>
<tr><td colspan="7">흥미로운 도입 접근 방법을 수행하였는가?</td><td></td><td></td><td></td><td></td><td></td><td colspan="2"></td></tr>
<tr><td rowspan="7">전개</td><td colspan="7">개념이나 기술에 대하여 체계적인 방법으로 설명 또는 시연을 하도록 조직화되었는가?</td><td></td><td></td><td></td><td></td><td></td><td colspan="2"></td></tr>
<tr><td colspan="7">학생들의 적극적인 참여도가 높았는가?</td><td></td><td></td><td></td><td></td><td></td><td colspan="2"></td></tr>
<tr><td colspan="7">수업 내용과 관련된 예나 사실 등을 제시하였는가?</td><td></td><td></td><td></td><td></td><td></td><td colspan="2"></td></tr>
<tr><td colspan="7">여러 하위 주제 간의 연결의 전이가 매끄러웠는가?</td><td></td><td></td><td></td><td></td><td></td><td colspan="2"></td></tr>
<tr><td colspan="7">학생들의 학습 활동에 대한 관리를 잘하였는가?</td><td></td><td></td><td></td><td></td><td></td><td colspan="2"></td></tr>
<tr><td colspan="7">수업 내용이 오늘의 학습주제나 제목과 관련이 있었는가?</td><td></td><td></td><td></td><td></td><td></td><td colspan="2"></td></tr>
<tr><td colspan="7">수업 내용과 관련하여 교수자의 지식수준이 높았다고 생각하는가?</td><td></td><td></td><td></td><td></td><td></td><td colspan="2"></td></tr>
<tr><td rowspan="4">정리</td><td colspan="7">수업의 종료가 가까워졌다는 힌트나 신호를 보냈는가?</td><td></td><td></td><td></td><td></td><td></td><td colspan="2"></td></tr>
<tr><td colspan="7">오늘 배운 내용의 핵심 주제 및 요점을 재정리하였는가?</td><td></td><td></td><td></td><td></td><td></td><td colspan="2"></td></tr>
<tr><td colspan="7">수업 내용에 대한 학생들 수준을 평가하였는가?</td><td></td><td></td><td></td><td></td><td></td><td colspan="2"></td></tr>
<tr><td colspan="7">다음 차시 수업 내용에 대하여 언급하였는가?</td><td></td><td></td><td></td><td></td><td></td><td colspan="2"></td></tr>
<tr><td rowspan="2">표현 몸짓 진행</td><td colspan="7">학생들과 지속적으로 눈을 마주쳤는가?</td><td></td><td></td><td></td><td></td><td></td><td colspan="2"></td></tr>
<tr><td colspan="7">학생들의 이해나 기술 습득의 정도를 파악하면서 전개하였는가?</td><td></td><td></td><td></td><td></td><td></td><td colspan="2"></td></tr>
</table>

	의미 전달을 위하여 적절한 몸짓을 하였는가?						
	속도는 적절하였는가?						
	교수자의 목소리 크기는 적당하였는가?						
	교수자의 발음이 정확하였는가?						
	교수자의 억양이 적절하였는가?						
	교수자가 예정된 시간 내에 적절히 진행되었는가?						
매체	매체 사용에 능숙하였는가?						
	사용된 매체가 수업 내용과 적절하였는가?						
	매체의 질적 수준이 높았는가?						
	매체의 내용을 교수에 통합하는 기술이 적절하였는가?						
종합 의견	교수자에게 도움이 될 만한 사항을 적으십시오.						

※ ⑤ 매우 좋음 ④ 좋음 ③ 보통 ② 좋지 않음 ① 아주 좋지 않음

출처: 민혜리(2011); 주삼환, 신붕섭, 이석열, 정일화, 김용남(2023), p. 376 수정 후 재인용.

<표 4-2> 수업 촬영 및 마이크로티칭 자기 평가서

영역		세부 내용	평가
교수 운영 능력	도입	1. 학습자에게 배우고 싶은 욕구를 불러일으킨다.	⑤ ④ ③ ② ①
		2. 가르칠 개요를 설명한다.	⑤ ④ ③ ② ①
	전개 1 내용 명확성	3. 핵심적인 내용을 전달한다.	⑤ ④ ③ ② ①
		4. 중요한 지점을 잘 다룬다(중간 확인, 요약, 강조).	⑤ ④ ③ ② ①
		5. 교수 내용의 전개가 논리적이고 체계적이다.	⑤ ④ ③ ② ①
	전개 2 내용 흥미성	6. 교재가 보기 좋게 정리되어 있다.	⑤ ④ ③ ② ①
		7. 적절한 실제 사례를 제시한다.	⑤ ④ ③ ② ①
		8. 교육 보조 자료의 준비와 활용이 적절하다.	⑤ ④ ③ ② ①
	종료	9. 전체 과정을 적절하게 요약한다.	⑤ ④ ③ ② ①
		10. 강렬하게 마무리한다.	⑤ ④ ③ ② ①

내용 전달 능력	동작	11. 동작과 제스처가 자연스럽고 적절하다.	⑤ ④ ③ ② ①
		12. 시선의 배분이 적절하다.	⑤ ④ ③ ② ①
		13. 자세, 태도, 표정이 자연스럽다.	⑤ ④ ③ ② ①
		14. 복장이 단정하고 신뢰감을 준다.	⑤ ④ ③ ② ①
	음성	15. 발음이 명료하고 억양의 변화가 자연스럽다.	⑤ ④ ③ ② ①
		16. 말의 속도와 크기가 적절하다.	⑤ ④ ③ ② ①
		17. 성의, 열정, 자신감이 느껴진다.	⑤ ④ ③ ② ①
		18. 피해야 할 표현들을 사용하지 않는다.	⑤ ④ ③ ② ①
	종합	19. 전체적인 구성과 시간의 관리가 적절하다.	⑤ ④ ③ ② ①
		20. 전체적으로 자신감이 넘친다.	⑤ ④ ③ ② ①
종합 의견			

※ ⑤ 매우 우수 ④ 우수 ③ 보통 ② 개선 필요 ① 개선 시급
출처: 민혜리, 심미자, 윤희정(2012), pp. 229-230의 내용을 일부 수정.

<표 4-3> 마이크로티칭 평가 목록의 예시

내용	평가	비고
1. 교수 내용 도입의 적절성	⑤ ④ ③ ② ①	
2. 학생의 주의 집중 유지	⑤ ④ ③ ② ①	
3. 강의의 열의	⑤ ④ ③ ② ①	
4. 내용의 적합성	⑤ ④ ③ ② ①	
5. 교수방법의 적합성	⑤ ④ ③ ② ①	
6. 교수 및 자료의 활용도	⑤ ④ ③ ② ①	
7. 질문 예시의 적절성	⑤ ④ ③ ② ①	
8. 내용의 연결과 끝맺음	⑤ ④ ③ ② ①	
9. 기타	⑤ ④ ③ ② ①	
종합 의견:		

※ ⑤ 매우 우수 ④ 우수 ③ 보통 ② 개선 필요 ① 개선 시급
출처: 이경희(2004), p. 131의 내용을 일부 수정.

02 플랜더스 언어상호작용 분석

플랜더스(Flanders) 언어 상호작용 분석은 수업에서 교사와 학생 간 언어적 상호작용을 구조적으로 관찰하고 분석해서 교수법을 개선하는 데 유용하다. 교수자가 학습자와 효과적으로 의사소통하기 위해서는 언어적 특징이 중요한 요소가 된다. 예비 교사 시기나 교직에 입문한 초기에는 학습자와 원활한 언어 상호작용을 이루기 위해 깊이 있는 성찰과 꾸준한 연습이 필요하다. 예비 교사를 대상으로 한 플랜더스 분석에 따르면(강창숙, 2014), '강의'가 약 43%의 비중으로 가장 높고, 그다음으로 '침묵 및 혼란', 교사의 '질문'이었다. 교사의 지시적 발언의 비중은 약 46%, 비지시적은 약 25%였다. 언어 상호작용은 '교사가 질문–학생의 단순 응답–교사의 학생 아이디어를 수용 또는 칭찬'의 패턴으로, 교사의 강의나 수렴적 질문이 중심인 단방향의 의사소통으로 분석되었다. 이 도구는 [그림 4–1]의 양식에 교사의 발언과 학생의 발언을 지시적과 비지시적으로 나누어 매 3초마다 체크하여 수업이 지시적인지 비지시적인지를 분석한다(주삼환 외, 2023: 389).

<표 4-4> 플랜더스 언어 상호작용 분석 항목과 언어적 행동

<table>
<tr><th colspan="3">항목</th><th>언어적 행동</th></tr>
<tr><td rowspan="7">교사의 발언</td><td rowspan="3">비지시적</td><td>① 감정의 수용</td><td>위협적이지 않은 방법으로 학생의 감정을 받아들이고 명백히 한다. 감정은 긍정적이거나 부정적일 수 있다. 학생의 감정을 예측하고 회상하는 것도 포함한다.</td></tr>
<tr><td>② 칭찬, 격려</td><td>학생을 칭찬하거나 격려한다. 학생에게 창피를 주지 않고 긴장을 풀기 위한 농담도 포함한다. 고개를 끄덕이면서 "응~" "계속해."라고 말하는 행위를 포함한다.</td></tr>
<tr><td>③ 학생의 아이디어를 수용하거나 사용</td><td>학생의 말을 인정하고 그것을 명백히 한다. 학생들이 말한 생각이나 의견을 도와주거나 개발하게 한다. 그러나 교사가 학생의 말을 기반으로 자기의 생각을 보충하는 행위는 ⑤항목으로 간주한다.</td></tr>
<tr><td>중립</td><td>④ 질문</td><td>학생이 대답할 것을 기대하면서 교사의 아이디어에 기반을 두고 내용이나 절차에 대하여 질문한다.</td></tr>
<tr><td rowspan="3">지시적</td><td>⑤ 강의</td><td>교사가 내용이나 절차에 대한 사실이나 의견을 말한다. 교사 자신의 아이디어를 표현하고 설명한다.</td></tr>
<tr><td>⑥ 지시</td><td>학생이 복종하여 행동할 것을 요구하는 지시, 지휘, 명령을 한다. 학생에게 주의 집중이나 벌을 줄 의도로 특정 행동을 요구하는 교사의 언어이다.</td></tr>
<tr><td>⑦ 학생을 비평하거나 교사의 권위를 정당화</td><td>학생의 좋지 못한 행동을 좋은 행동으로 바꾸기 위해서 교사가 비평적인 말을 한다. 학생의 대답을 독단적으로 정정한다. 교사가 자신의 행위를 정당화시키려고 설명하거나 교사의 극단적인 자기자랑도 포함된다.</td></tr>
<tr><td colspan="2" rowspan="2">학생의 발언</td><td>⑧ 단순 반응적 말</td><td>교사가 유도한 질문에 대해서 학생이 단순하게 답변한다. 학생의 아이디어를 표현할 자유가 제한된다. 교사가 정한 틀에 맞추어 학생의 설명을 유도하거나 이끌어 낸다.</td></tr>
<tr><td>⑨ 주도적인 말</td><td>학생이 자발적으로 이야기하거나, 교사의 유도에 의한 반응이지만 교사의 질문에 대해서 학생이 여러 가지 생각이나 의견, 이유 등을 말하는 경우이다.</td></tr>
<tr><td colspan="2">⑩ 침묵이나 혼란</td><td colspan="2">관찰자가 교사와 학생 간의 의사소통을 이해할 수 없는 상황이다. 예를 들면, 잠깐 사이의 침묵, 머뭇거림, 정지 같은 시간이다.</td></tr>
</table>

※ 분석할 때, ④ '교사의 질문'은 중립으로 하고, ⑩ '침묵이나 혼란'은 별도로 계산함.

출처: Flanders (1970); 강창숙(2014), p. 71 재인용; 천세영 외(2020), p. 89; 주삼환 외(2023), pp. 389-390.

시간선

		1				5					10					15					20					25					30
비지시적	1·2																														
	3																														
	9	V	V	V		V	V			V	V	V	V	V				V	V		V	V		V	V	V	V	V			V
중립	4				V			V	V						V	V	V			V			V						V	V	
지시적	8																														
	5																														
	6·7																														

0

	1				5					10					15					20					25					30				계
1·2														2	2																	계	%	
3																V	V									V	V							
9										V	V	V	V									V	V	V	V			V	V					
4							V	V	V									V	V	V	V									V				
8																																		
0	V	V	V	V	V	V																												
6·7																																		

[그림 4-1] 플랜더스 언어 상호작용 분석의 예

출처: 주삼환 외(2023), p. 389.

03 ICALT 도구

아이칼트(International Comparative Analysis of Learning and Teaching: ICALT) 도구는 교사가 직면하는 수업 수행의 실질적인 측면을 다루는데, 교수 효과성에 관한 수많은 연구를 분석해서 네덜란드에서 개발하고 국제적으로도 검증되었다(Ofsted, 2018). '수업관찰 도구' '관찰자 성찰 도구' '수업 교사 성찰 도구' '수업 참여 학생 성찰 도구'로 이루어진 ICALT 도구는 교수 활동을 교직 관심 발달의 단계와 상관되게 개발되었다(Fuller, 1969; Fuller & Bown, 1975). 즉, ①~② 영역의 '생존 단계(Survival stage)'는 교수자로서 기본적인 역량을 교실에 적용하는 시기이다. ③~④ 영역의 '과업 단계(Task stage)'는 효과적인 수업 운영과 교수 방법에 대한 관심이 높아진다. ⑤~⑥ 영역의 '학생 중심 단계(Impact stage)'는 학습자 개개인의 성장에 대한 높은 관심으로, "학습자를 더 잘 지원하는 방법은 무엇일까?" "이 수업은 학습자의 삶에 어떤 영향을 미칠까?"와 같은 문제를 깊이 사고한다.

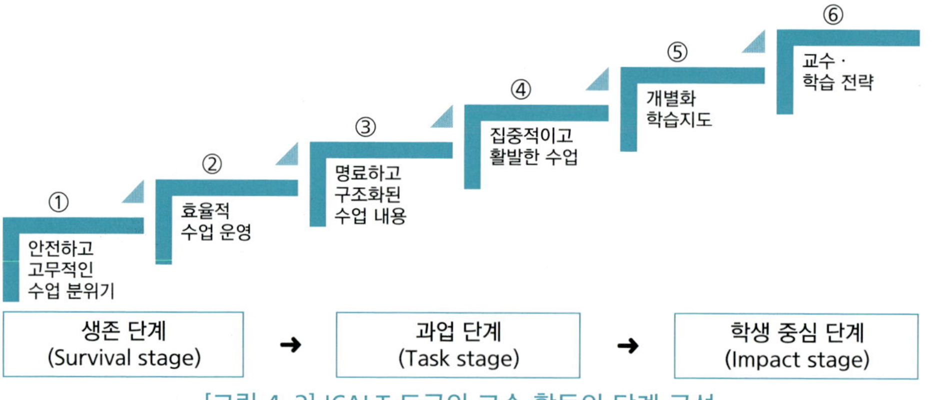

[그림 4-2] ICALT 도구의 교수 활동의 단계 구성

※ 우리나라의 연구에 따르면, ⑤와 ⑥은 초등과 중등이 적용의 단계에서 순서의 차이를 보임.

ICALT 도구는 관찰 가능한 교수 활동인 ①~⑥ 영역을 측정하는 32개 항목과 이를 측정하는 기본 예시인 114개의 좋은 실천 사례를 제시하고, 학생 활동인

⑦ 영역은 3개 항목과 10개의 좋은 실천 사례를 제시한다. 원칙적으로, 이 도구를 사용하려면 도구의 문항에 대한 이해 등 체계적인 관찰훈련이 요구된다. 이에 합당한 과정을 마치면 바람직하겠지만, 그렇지 않다고 하더라도 참고로 삼으면 더 나은 수업을 하는 데 도움이 될 것이다.

<표 4-5> ICALT 관찰자용 도구의 구성

영역	수업하는 교사는 ……		
	항목		좋은 실천 사례
1. 안전하고 고무적인 수업 분위기	1	학생의 말과 행동을 존중한다.	학생의 말을 중간에서 끊지 않는다.
			학생의 발표 및 의견을 경청한다.
			틀에 박힌 타입으로 단정 지어 말하지 않는다.
	2	분위기를 편안하게 유지한다.	학생에게 긍정적으로 이야기해 준다.
			유머를 사용하고 허용(권장)한다.
			학생이 실수할 수도 있다는 사실을 인정한다.
			모든 학생에 대한 공감을 보여 준다.
	3	학생의 자신감을 증진시킨다.	학생의 질문과 발표에 긍정적인 피드백을 한다.
			학생의 활동에 대해 칭찬을 한다.
			학생이 기여한 부분을 인정해 준다.
	4	상호 존중을 증진한다.	학생이 서로 경청하도록 격려한다.
			학생이 누군가를 놀릴 때 적절히 개입한다.
			학생 간 (문화) 차이 및 특성을 인정한다.
			학생 간 일체감을 갖도록 격려한다.
			모둠활동을 경험할 수 있도록 지원한다.
2. 효율적 수업 운영	5	수업이 질서 있게 진행되도록 노력한다.	학생이 질서 있게 교실에 들어오고 착석하게 한다.
			문제가 있을 때 적시에 적절히 관여한다.
			합의된 규정과 행동규칙을 준수하게 한다.
			수업이 끝날 때까지 모든 학생이 활동에 참여하게 한다.

			학생이 도움이 필요할 때, 무엇을 해야 할지 분명히 알려 주고, 언제 도움을 요청할지 명확히 설명한다.
			수업 중 과제가 끝난 다음 어떻게 해야 할지 정확히 알려 준다.
	6	학생이 적절한 방식으로 활동하고 있는지 확인한다.	학생이 자신이 수행해야 하는 과제를 이해했는지 확인한다.
			과제 수행 중 학생 간의 사회적 관계가 제대로 작동되도록 피드백을 제공한다.
	7	효과적으로 수업을 관리한다.	자료가 쓰일지 명확히 설명한다.
			수업자료를 사용할 준비가 잘 되어 있다.
			수업자료가 학생 수준과 발달 단계에 맞게 제공된다.
	8	수업 시간을 효율적으로 사용한다.	정시에 수업을 시작한다.
			수업의 시작, 중간, 끝 지점에 시간 낭비를 하지 않는다.
			불필요한 중단이 일어나지 않게 한다.
			학생이 기다리지 않게 한다.
3. 명료하고 구조화된 수업 내용	9	수업 내용을 명료하게 제시하고 설명한다.	사전 지식을 일깨운다.
			차근차근 단계를 밟아 가며 수업한다.
			학생이 이해할 수 있는 질문을 한다.
			때때로 수업 내용을 요약해 준다.
	10	학생에게 피드백을 제공한다.	대답이 맞고 틀린지 여부를 명확히 알려 준다.
			대답이 왜 맞고 틀린지 명확히 설명해 준다.
			학생이 대답에 이르는 방식에 대해 피드백을 해 준다.
	11	모든 학생이 수업에 참여하게 한다.	활발한 참여를 유도할 수 있는 학생 과제를 만든다.
			학생이 곰곰이 생각할 수 있는 질문을 한다.
			학생이 수업 내용을 잘 듣고 지속적으로 활동할 수 있게 한다.
			질문 후 생각할 시간을 허용한다.

			수업에 자발적으로 참여하지 않은 학생도 적극적으로 학습에 참여할 수 있게 유도한다.
	12	설명 단계에서 학생이 학습내용을 이해하는지 확인한다.	학생이 곰곰이 생각할 수 있는 질문을 한다.
			학생이 학습내용을 이해하고 있는지 주기적으로 확인한다.
	13	학생이 최선을 다하도록 격려한다.	최선을 다하는 학생을 칭찬한다.
			모든 학생이 최선을 다해야 한다는 것을 명확하게 한다.
			학생이 달성해야 할 것에 대해 긍정적인 기대감을 표현한다.
	14	잘 구조화된 방식으로 가르친다.	수업이 단계적으로 구성되고, 단계 간 전환이 잘 이루어진다.
			수업이 단순한 것에서 복잡한 것으로 진행되게 논리적으로 구성한다.
			활동과 과제는 가르치는 내용과 연관되어 있다.
			수업에서 타당한 다양한 발표, 설명, 통제 활동, 자유 활동 등을 제공한다.
4. 집중적이고 활발한 수업	15	학습자료 사용과 과제 해결 방법을 자세히 설명한다.	학생이 해야 할 일을 명확히 해 준다.
			수업의 목표와 과제가 서로 어떤 관계가 있는지를 설명한다.
			어떤 자료와 출처가 이용될 수 있는지를 명확하게 설명한다.
	16	학생의 능동적인 참여를 자극하는 학습 활동과 과제 양식을 제공한다.	다양한 대화와 토론 방법을 사용한다.
			의도된 (사전) 활동을 제공한다
			소집단으로 나누어 활동하게 한다.
			ICT를 활용한다.
			다양한 교수전략을 사용한다.
			다양한 과제를 제시한다.
			수업 자료를 다양화한다.
			일상생활에서 자료와 예를 가져온다.
			연결되는 질문을 한다.

	17	미진한 학생이 자신감을 갖도록 격려한다.	미진한 학생의 질문에 대해 긍정적인 피드백을 준다.
			미진한 학생에게 성취할 수 있다는 긍정적인 기대를 보여 준다.
			미진한 학생의 학습 활동에 대해 칭찬한다.
			미진한 학생이 기여한 바를 인정한다.
	18	해결 방법을 학생 스스로 생각하도록 격려한다.	해결할 수 있는 길을 보여 준다.
			문제해결과 참고 자료를 검색하는 전략을 가르친다.
			자료 활용과 참고 자료를 활용하는 방법을 가르친다.
			문제해결을 위한 체크리스트를 제공한다.
	19	학생이 반성적으로 생각하도록 자극을 주는 질문을 한다.	모든 학생이 질문에 대답할 기회를 가질 수 있게 충분히 기다린다.
			학생이 서로 질문하고 설명하도록 격려한다.
			학생이 자신의 전략의 다른 점(단계)에 대해 설명하게 한다.
			가르친 내용을 이해했는지 주기적으로 확인한다.
			학생의 반응과 반성적 사고를 촉진하는 질문을 한다.
			무엇에 대한 수업인지를 학생이 이해하였는지 주기적으로 확인한다.
	20	학생이 생각한 것을 말할 수 있도록 한다.	학생이 해결 방법에 대한 자신의 생각을 말할 수 있는 기회를 준다.
			학생이 해결 방법을 말로 표현하게 한다.
	21	학생과 상호작용을 하는 수업을 한다.	학생 간 상호작용을 활발하게 한다.
			교사와 학생 간 상호작용을 활발하게 한다.
	22	수업의 도입에서 학습 목표를 명시한다.	수업을 시작하면서 학습 목표를 알려 준다.
			과제 목표와 수업의 목표를 명료하게 해 준다.
5. 개별화 학습지도	23	학습 목표 도달 여부를 확인한다.	학습 목표에 도달하였는지 평가한다.
			학생의 수행을 평가한다.

	24	미진한 학생을 위한 별도의 학습과 지도 시간을 제공한다.	미진한 학생에게 별도로 공부할 시간을 준다.
			미진한 학생 지도를 위한 별도의 시간을 마련한다.
			미진한 학생에게 별도의 연습/과제를 내준다.
			미진한 학생에게 사전 또는 사후 지도를 한다.
	25	개인차를 고려하여, 수업방식을 적절하게 조절한다.	잘하는 학생에게 별도의 과제를 내준다.
			소집단이나 개별 학생에게 추가 지도를 한다.
			보통 수준 학생에게만 맞춰 수업하지 않는다.
	26	개인차를 고려하여, 수업 내용을 적절하게 조절한다.	학생에 따라 과제수행의 시간과 양을 달리한다.
			과제를 완수할 시간을 융통성 있게 한다.
			일부 학생에게 추가적인 도움과 수단을 사용하도록 한다.
6. 교수 · 학습 전략	27	복잡한 문제를 단순화하는 방법을 학생에게 가르친다.	복잡한 문제를 어떻게 단순화하는지 가르친다.
			복잡한 문제를 쪼개서 더 단순하게 만드는 방법을 가르친다.
			복잡한 문제를 정리하게 가르친다.
	28	의도한 활동을 활용하도록 자극한다.	학습 지문을 전략적으로 이해하도록 주의를 기울인다.
			학생이 해결 방법을 문제 상황과 연결 짓게 한다.
			대안적 전략을 적용하도록 격려한다.
	29	학습 성과를 확인하도록 학생에게 가르친다.	결과를 유추하는 방법을 가르친다.
			결과를 예측하는 방법을 가르친다.
			어떻게 실제 상황과 결과를 연계하는지 가르친다.
	30	배운 것을 적용하도록 자극한다.	배운 것을 다른 학습 상황에 의도적으로 적용하게 자극한다.
			하나의 해결 방법이 다른 상황에서 어떻게 적용될 수 있을지 설명해 준다.
			이전에 풀어 본 문제와 연관 짓는다.

	31	학생이 비판적으로 생각하도록 북돋아 준다.	어떤 일이 발생한 배경을 설명하게 한다.
			학생의 의견을 묻는다.
			제시된 해결 방법이나 답에 대해 학생으로 하여금 곰곰이 생각하게 한다.
			학생 자신의 예를 제시하게 한다.
	32	학생에게 실행 전략을 성찰하게 한다.	학생이 적용한 전략의 다른 점(단계)을 설명하게 한다.
			가능한 (문제해결) 전략에 대해 명료하게 설명해 준다.
			여러 전략의 장단점을 확장하게 한다.
7. 학습자 참여	33	수업에 충실히 참여한다.	수업에 집중한다.
			대화나 토론에 능동적으로 참여한다.
			질문을 한다.
	34	흥미를 보인다.	수업이 진행될 때 열심히 듣는다.
			추가 질문을 하면서 흥미를 보인다.
	35	능동적인 수업태도를 갖는다.	추가 질문을 한다.
			책임감을 갖고 자신의 학습과정을 진행한다.
			독립적으로 학습한다.
			자기주도적으로 학습한다.
			시간을 효율적으로 쓴다.

출처: 천세영 외(2020), pp. 323-332.

ICALT 도구의 교수 활동에 해당하는 ①~⑥의 32개 항목은 〈표 4-5〉와 같이 위에서 아래로 내려가면서 난이도가 가중되는 위계를 가진다. [부록 1]의 ICALT 도구를 이용해서 수업을 스스로 성찰하거나 수업 나눔을 위한 관찰한 다음에 그 결과를 〈표 4-6〉의 양식에 옮겨서 표시하면, 근접발달영역(ZPD) 개념에 근거해서 개선이 필요한 지점을 찾을 수 있다(천세영, 2020; Van de Grift, Helms-Lorenz, & Maulana, 2014; Van de Grift, 2007).

<표 4-6> ICALT 도구로 측정한 수업 개선의 필요 영역의 예시

영역	항목	교사는……	①	②	③	④
수업 분위기	1	학생의 말과 행동을 존중한다.			×	
수업 내용	9	수업 내용을 명료하게 제시하고 설명한다.				×
수업 분위기	2	수업 분위기를 편안하게 유지한다.			×	
수업 분위기	3	학생의 자신감을 증진시킨다.				×
수업 내용	10	학생에게 피드백을 제공한다.			×	
수업 분위기	5	수업이 질서 있게 진행되도록 노력한다.			×	
수업 분위기	4	상호 존중을 증진한다.			×	
수업 운영	7	효과적으로 교실수업을 관리한다.				×
수업 내용	14	잘 구조화된 방식으로 가르친다.			×	
수업 활동	13	학생이 최선을 다하도록 격려한다.				×
수업 운영	8	수업 시간을 효율적으로 사용한다.			×	
수업 운영	6	학생이 적절한 방식으로 활동하고 있는지 확인한다.			×	
수업 활동	19	학생이 반성적으로 생각하도록 자극을 주는 질문을 한다.			×	
수업 활동	11	모든 학생이 수업에 참여하게 한다.			×	
수업 내용	22	수업의 도입에서 학습 목표를 명시한다.			×	
수업 활동	16	학생의 능동적인 참여를 자극하는 학습 활동과 과제 양식을 제공한다.		×		
수업 내용	15	학습 자료 사용과 과제해결 방법을 자세히 설명한다.	×			
학습 전략	18	해결방법을 학생 스스로 생각하도록 격려한다.			×	
수업 내용	12	설명 단계에서 학생이 학습내용을 이해하는지 확인한다.	×			
개별화 지도	17	미진한 학생이 자신감을 갖도록 격려한다.			×	
수업 활동	21	학생과 상호작용을 하는 수업을 한다.		×		
학습 전략	31	학생이 비판적으로 생각하도록 북돋아 준다.			×	
학습 전략	30	배운 것을 적용하도록 자극한다.	×			
학습 전략	20	학생이 생각한 것을 말할 수 있도록 한다.		×		
학습 전략	27	복잡한 문제를 단순화하는 방법을 학생에게 가르친다.	×			
개별화 지도	23	학습 목표 도달 여부를 확인한다.	×			

학습 전략	28	의도한 활동을 활용하도록 자극한다.	×			
학습 전략	29	학습성과를 확인하도록 학생에게 가르친다.	×			
개별화 지도	25	개인차를 고려하여, 수업방식을 적절하게 조절한다.		×		
학습 전략	32	학생에게 실행 전략을 성찰하게 한다.	×			
개별화 지도	24	미진한 학생을 위한 별도의 학습과 지도 시간을 제공한다.	×			
개별화 지도	26	개인차를 고려하여 수업 내용을 적절하게 조절한다.	×			

※ ① 매우 약하다 ② 약한 편이다 ③ 강한 편이다 ④ 매우 강하다

※ 항목은 난이도의 위계에 따라 제시됨.

출처: 천세영 외(2020), p. 208; University of Groningen (2017), p. 15.

제5부 교수·학습과정안

01
국어과

단원 안내

- 학년: 중학교 1학년
- 단원: 1. 마음을 움직이는 글
- 역량: 창의적 사고력, 심미적 의사소통, 협력적 의사소통

활용 모형

- 교육과정-수업-평가-기록 일체화 모형

신규 및 저경력 교사를 위한 수업 가이드

- 2022 개정 교육과정의 '깊이 있는 학습'을 위한 탐구 질문 활용
- '교육과정-수업-평가-기록'으로 이어지는 수업 설계
- 과정 중심 평가 및 피드백 계획과 실천

문학적 표현에 담은 나와 너, 우리의 이야기

교과로서 '국어'는 무엇일까? 학생들은 국어 과목을 어떻게 생각할까? '국어 수업'하면, 시나 소설을 읽고 분석하고, 까다로운 문법을 배우고 가끔은 지루한 비문학 글을 읽는 시간을 떠올린다. 그런데 국어 교사는 학생들이 언어를 통해 자신을 표현하고, 세상을 이해하며, 나아가 삶을 더욱 풍요롭게 만드는 말의 힘을 배우고 익히는 시간을 만드는 사람들이다.

언어는 가장 기본적인 삶의 도구이다. 우리는 학생들이 자신을 설명할 수 있는 언어를 가진 사람으로 성장하도록 도와야 한다. 학생들이 이 도구를 잘 배우고 활용할 수 있을 때, 그들의 삶은 다양한 빛깔로 의미있게 빛날 것이다.

교실에서의 배움이 삶 속의 다양한 장면에 적용되며 천천히 음미되는 문학적 언어로 활용되길 소망한다. 그래서 문학적 언어가 교과서라는 한계를 벗어나, 학생들의 삶 속에서 감칠맛 나고 풍요로운, 재치 있는 언어생활의 재료가 되기를 꿈꾼다.

<성취 기준의 재구성>

(기본) 성취 기준 [9국05-01] 운율, 비유, 상징의 특성과 효과에 유의하며 작품을 감상하고 창작한다.

[9국05-01] 성취 기준은 운율, 비유, 상징의 표현을 구분하고, 작품에 쓰인 그것의 효과와 작품의 주제를 파악하며, 나아가 자신의 이야기를 담은 시를 창작하는 것을 목표로 하고 있다. 중학교 1학년 아이들이 자신의 솔직한 이야기를 문학적 표현을 활용하여 창작시로 표현하는 수업을 설계하는 과정을 소개한다.

운율은 말의 재미를 준다. 학생들이 즐겨 듣는 랩 음악들은 운율의 핵심인 '반복'을 사용해 래퍼 자신의 이야기를 담아낸 것이다. 그리고 비유와 상징은 일상적인 표현을 넘어서는 힘을 가지고 있다. '헐, 개-'와 같은 겨우 몇 되지 않는 단어로 자신의 감정을 직접적으로 표출하는 학생들이 문학적 언어의 힘을 경험하는 것, 그리고 삶에 그것이 녹아들기를 바라는 마음으로 수업을 설계한다. 학생들이 자신의 감정과 생각을 더욱 효과적으로 표현할 수 있는 힘을 키우고 문학적 표현이 삶 속에서도 자연스럽게 쓰이기를 희망한다.

연계한 성취 기준 1
[9국03-05] 자신의 삶과 경험을 바탕으로 정서를 진솔하게 표현하는 글을 쓴다.

이 성취 기준을 연계한 것은 문학적 표현을 활용해 결국 자신의 이야기를 할 수 있어야 한다고 생각했기 때문이다. 시험 문제를 풀기 위한 것이 아니라 언어가 가진 힘, 삶의 도구가 되는 언어를 잘 배워 풍부한 언어생활을 하는 사람이 되기를 바란 것이다. 문학적 표현에 대한 개념을 익힌 후 어떤 내용을 시에 담을 것인지가 중요한 문제였다. 수행 평가 채점 기준에 제시된 '운율 요소 두 가지, 비유적 표현 1개, 상징적인 시의 제목'의 기준을 충족했지만 그저 밋밋한, 말장난에 그치는 시를 쓰는 학생들 앞에서 상처를 받은 경험이 있었기 때문이다. 형식적인 것에 치우친 '평가를 위한 평가'가 아니라 배움을 통해 자신을 이해하고 스스로 일상 언어를 넘어선 문학적 표현이 가져다 주는 감동과 재미를 느끼도록 하고 싶었다. 그런 이유에서 자신의 삶에서 의미있는 경험을 골라 솔직하게 표현하는 과정을 수업 속에 녹이고 싶었다. 이를 위해서 학생들은 경험을 선정하고, 바로 이어서 창작시를 쓰는 것이 아니라, 수필로 자신의 경험을 쓴 후, 이것을 시로 재구성하는 창작하는 활동을 수행하는 것이다.

연계한 성취 기준 2
[9국01-04] 상대의 말을 경청하고 상대의 감정과 입장에 공감하는 반응을 보이며 대화한다.

※ 2022 개정 교육과정에서는 9국01-04는 2학년 성취 기준에 배당되어 있다. 이 수업에서는 해당 성취 기준을 독립적으로 다루는 것이 아니라, 문학적 의사소통의 관점에서 연계한 성취 기준임을 밝힌다.

문학적 표현의 개념을 익히고 자신이 겪은 체험과 생각을 바탕으로 글을 쓰는 활동이 개인적인 활동으로 끝날 수도 있고, 수행 평가라는 무거움 때문에 부담스럽고 어쩌면 지루하게 수업이 진행될 수도 있다. 이런 상황을 극복하기 위해 학생들이 자신의 경험을 모둠 안에서 친구들에게 생생하게 전달하는 과정을 거치면서 또래의 경험을 공유하는 문학적 의사소통을 경험하도록 듣기 · 말하기 성취 기준을 재구성하여 수업을 계획하였다. 수필을 쓰는 것도, 시를 창작하는 것도 결국 자신의 이야기를 누군가에게 전달하는 방식이라고 생각했기 때문에 모둠 안에서 공유하는 활동에 의미를 두었다. 또한 자신의 경험을 친구들에게 전달하는 과정에서 생생하고 자연스러운 자신들의 언어가 시 속에 담기기를 바랐다.

친구들과 경험을 이야기하고, 그 경험을 바탕으로 글을 쓰고, 그 글이 시로 창작되는 과정을 모둠 안에서 함께 나누는 과정을 수업에 담아내었다. 이를 통해 학생들은 자연스럽게 친구들과 피드백을 주고받게 되고 서로 배우며 성장하게 된다.

<어떻게 배울 것인가?>

문학 작품 속 운율, 비유와 상징 표현의 효과, 의미를 파악하는 학습 목표의 성취와 더불어 자신의 생각과 감정을 효과적으로 표현하고, 그것의 효과를 직접 경험하며 자신의 삶 속에 활용하도록 하는 데에 수업의 주안점을 두었다. 또한 창작시를 쓰기 전에 의미있는 경험을 문학적 언어로 표현하도록 경험 선정과 수필 쓰기 과정을 포함하여 수업을 진행했다. 이를 바탕으로 창작시를 쓰고 또래와 소통하며 운율, 비유, 상징의 개념과 효과를 내면화할 수 있는 기회를 제공하였다. 또한 광고, 노래 가사 등 삶 속에서 만나는 다양한 문학적 표현을 찾고 그 효과를 음미하도록 수업을 설계하였다.

<table>
<tr><th>탐구</th><th>실행</th><th>성찰</th></tr>
<tr><td rowspan="3">• 문학적 표현 개념 이해하기 (귀납적)
• 교과서 작품 탐구
• 일상의 언어와 문학적 표현을 구분해서 사용하는 이유 토의하기</td><td rowspan="3">• [의미 있는 경험 선정]
• [수필 쓰기] 자신의 생각과 경험을 담은 수필 쓰기
• [창작시 쓰기]
• [친구의 작품 감상, 소개하기]</td><td>• 수업 나눔 및 배움 일지 작성</td></tr>
<tr><th>전이</th></tr>
<tr><td>• 일상에서 만나는 문학적 표현의 민감성 키우기</td></tr>
</table>

1. 탐구로 배우다

학생들이 국어 수업에 적극적으로 참여하기 위해서는 자신이 배우는 내용이 왜 중요한지, 그리고 그것이 자신의 삶과 어떻게 연결되는지를 이해해야 한다. 그림책과 시를 활용해 학습 목표를 인식하고 다양한 예시를 통해 귀납적인 방법으로 비유와 상징의 특징을 스스로 이해할 수 있도록 하고 일상의 언어와 문학적 언어의 차이를 인식해, 문학적 언어의 효과성을 생각해 볼 수 있는 질문을 수업에 활용했다.

- **원관념 찾기 퀴즈[나는 오늘(오은)], 자신을 빗댈 수 있는 동물 찾기[나는요(김희경)]** 그림책을 활용하여 수업을 시작하고 문학 작품 속 표현의 특징과 의미를 파악한 후, 원관념 찾기 퀴즈로 원관념과 보조관념의 관계 이해하기
- **[작품탐구①]** 봄은 고양이로다(이장희), 우리가 눈발이라면(안도현), 유성(오세영)
  - 교과서 작품을 통해 개념 파악, 작품의 주제 이해
- **[작품탐구②]** 일상 언어로 바꾸어 표현해 보기
  - '봄은 ○○○이로다' 문장 만들기, '우리가 ○○이라면' 문장 만들기 등 일상의 언어로 바꾸어 특징 비교하기
- **[작품탐구③]** 일상의 언어와 문학적 표현을 구분해서 사용하는 이유 토의하기
  - 우리는 언제 문학적 언어를 사용하는가?
  - 자신을 다른 대상에 빗대어 표현하는 이유는 무엇인가?
  - 문학적 표현이 일상의 언어보다 효과적인 때는 언제인가?

2. 실행의 과정으로 배우다

- **[창작시 구상]** 자신의 관심사를 파악하여 시로 표현할 내용 선정 및 방법 계획하기(마인드 맵): 자신을 이해하고 지금의 생각과 감정을 효과적으로 표현할 수 있는 기회 제공. 모둠에서 자신의 경험을 나누고 공유함
- **[수필 쓰기]** 창작시를 쓰기 위해 자신의 경험을 구체적이고 진솔하게 표현한

수필을 작성하기

- **[온라인 시집 만들기]** 수필을 바탕으로 자신의 생각과 경험을 담은 창작시 쓰기. 창작시를 공유하며 운율, 비유, 상징 표현의 의미와 효과를 설명하며 내면화하기
- **[친구의 작품 소개하기]** 문학적 표현을 바탕으로 자신과 친구들의 시를 감상하고 설명하기. 창작시를 또래와 공유하며 소통하는 경험을 통한 문학적 의사소통 능력 향상

3. 피드백으로 배움을 성찰하다

문학적 표현을 녹여낸 창작시라는 최종 결과물을 얻기까지는 어렵고도 힘든 과정이었다. 과거의 수업은 강의식으로 한 두 시간 개념 설명해 주고 간단한 형성평가 문제를 풀었다. 물론 이때의 텍스트는 교과서에서 배운 시들이었다. 결국 암기 능력을 측정하는 평가였던 것이다.

하지만 '교육과정–수업–평가–기록'의 일체화를 만난 후,[1] 학생의 의미 있는 성장을 위해 수업을 고민하면서 성취 기준을 분석하여, 학생들이 자신의 생각을 문학적인 언어로도 표현할 수 있는 수업으로 재구성하는 도전을 할 수 있는 용기를 얻고 실천하게 되었다. 배움의 의미를 찾고, 진정한 참여와 주도성을 키우기 위해 학생의 눈높이에 맞는 자료를 찾고, 촘촘하게 수업을 진행하고, 충분히 연습할 수 있도록 기회를 주었다. 수업을 하면서 가장 어려웠던 것은 학생들이 자신의 이야기를 문학적 표현을 활용해 풀어 나가는 것을 생각보다 힘들어한다는 것과 그 표현 또한 지나치게 단순하고 초보적인 것이라는 점이었다. 일상의 언어보다 효과적인 표현이 되기 위해서 생각의 깊이가 필요했고, 그것을 이끄는 피드백 과정이 매우 중요했다.

1 '교육과정–수업–평가–기록'은 줄여서 '교수평기'라고 부른다. '교수평기' 일체화는 '학생의 한 뼘 성장'을 위해 고민하는 선생님들의 수업 실천의 한 흐름이다.

- 먼저 운율, 비유, 상징을 짧은 글쓰기로 접근해 보고, 학급에서 창작된 글들을 공유하면서 개념을 바로 잡았다. 그 후에 '나는 나비(윤도현 노래)'에 담긴 은유적 의미와 '오우가(윤선도)'의 상징성의 적절성을 자신의 언어로 설명하고, 자신을 자연물에 빗대어 표현 활동으로 이해 정도를 파악했다. '신(新) 오우가'로 학생들이 자신의 삶 속에서 소중한 것들을 상징적으로 표현하도록 운영하고, '애벌레'와 '나비'의 관계를 다른 사물에 빗대어 표현하게 함으로써 비유를 배웠다.
- 개념을 정확하게 이해하도록 하는 것이 해당 성취 기준에서는 반드시 필요한 과정이었기 때문에 보다 촘촘히 비계를 설계하여 운영하였다. 또래 언어로 수필 작품을 쓰고 서로 공유하는 등, 다양한 소통을 나눈 뒤에 온라인 도구를 활용한 창작시 쓰기 활동을 진행하였다. 그리고 다른 친구들의 작품을 함께 감상할 수 있도록 제공하여 배움의 속도가 다른 학생들도 또래 간 피드백을 통해 성장하도록 운영하였다.
- 창작시 쓰기 활동 중에는 아직 개념을 정확히 인지하지 못한 학생들, 상징을 어려워하는 학생들, 저마다 조금씩 다른 멈춤에 있는 학생들에게 개별 피드백을 제공하여 다시 출발할 수 있도록 격려하였다.

<평가와 기록>

학생의 배움과 성장을 기록하다(학교생활기록부 특기사항 기록 예시).

- 은유와 직유를 활용한 창작시 쓰기 활동에서 자신을 '수정 테이프'에 빗대어, 실수를 지우고 새롭게 나아가려는 의지를 밝고 긍정적인 마음가짐으로 표현한 시를 완성함. 일상의 작은 도구에 담긴 깊은 성찰이 돋보이며, 독창적인 발상과 따뜻한 메시지로 감동을 줌.
- 구겨지고, 적셔지고, 찢어지고, 조각난 종이의 다양한 모습을 자신의 감정과 섬세하게 연결한 창작시를 완성함. 특히 어려움 속에서도 꺾이지 않고 빛나는 무언가를 향해 나아가려는 희망과 인내를 시적으로 풀어내, 감동과 공감을 줌.
- 자신의 정체성에 대한 고민을 '고양이, 돈, 축구공, 펭귄, 코뿔소'에 빗대어 다

채롭게 표현한 시를 완성함. 특히 '나는 오늘 코뿔소, 언제 빵하고 터질지 모른다.'는 대목에서 사춘기의 혼란스러운 감정과 내면의 갈등을 생생하게 드러내며, 그 불안함과 긴장감을 효과적으로 표현함. 은유와 직유를 능숙하게 활용해 자신의 복잡한 감정을 독창적으로 풀어내는 능력을 보여 줌.

<다시 처음으로 – 배움의 의미를 찾기>

모든 학습의 목표는 전이라고 한다. 오늘도 우리들의 수업, 우리들의 교실에서 배움이 삶으로 이어지고, 배움이 삶의 도구, 무기가 되는 것을 꿈꾼다.

과목	국어	차시	1~10	주제	나를 담은 시
수업의 의도	문학 작품 속 운율, 비유와 상징 표현의 효과, 의미를 파악하는 학습 목표의 성취와 더불어 자신의 생각과 감정을 효과적으로 표현하고, 그것의 효과를 직접 경험하며 자신의 삶 속에 활용하도록 하는 데에 수업의 주안점을 두었다. 단계적으로 그림책을 활용하여 수업을 시작하고 문학 작품에 나타난 문학적 표현의 특징과 의미를 파악한 후, 창작시를 바탕으로 또래와 소통하며 운율, 비유, 상징의 개념과 효과를 내면화할 수 있는 기회를 제공했다. 또한 광고, 노래 가사 등 자신의 삶 속에서 다양한 문학적 표현을 찾고 그 효과를 음미하도록 수업을 설계하였다.				
재구성의 원칙, 방향	1. 문학 작품 속 운율, 비유, 상징 표현의 의미와 효과를 파악하는 학습 목표 설정 2. 문학 작품을 일상 언어로 바꾸어봄으로써 문학적 표현의 특징과 효과를 분석 3. 자신을 이해하고 지금의 생각과 감정을 효과적으로 표현할 수 있는 기회 제공 4. 창작시를 공유하며 운율, 비유, 상징 표현의 의미와 효과를 설명하며 내면화 5. 창작시를 또래와 공유하며 소통하는 경험을 통한 문학적 의사소통 능력 향상				

무엇을 배울 것인가?

	순서	성취 기준
1. 성취 기준 선택하기	1	[9국05-01] 운율, 비유, 상징의 특성과 효과에 유의하며 작품을 감상하고 창작한다.
	2	[9국03-05] 자신의 삶과 경험을 바탕으로 정서를 진솔하게 표현하는 글을 쓴다.
	3	[9국01-04] 상대의 말을 경청하고 상대의 감정과 입장에 공감하는 반응을 보이며 대화한다.

	지식 · 이해	과정 · 기능	가치 · 태도
2. 성취 기준 분석하고 구체화하기	• 시와 노래의 운율 형성 요소 • 시와 노래 속의 비유와 상징 • 문학적 개념과 표현 효과	• 운율, 비유 상징의 특성과 효과를 파악하며 감상하기 • 의미있는 경험 선정하여 수필 쓰기 • 발표 내용에 대한 경청, 공감적 반응하기 • 자신의 생각과 경험을 담은 창작시 쓰기	• 문학적 표현을 사용한 적극적 의사소통 • 소통에 참여하고 타인의 이야기를 경청하기 • 소통과 공유의 의미 내면화

	사실적 질문, 개념적 질문		논쟁적 질문
3. 분석한 성취 기준으로 탐구질문 만들기	• 시에 사용된 운율 형성 요소는? • 시에 사용된 비유, 상징적 표현은?	• 일상 언어와 문학 언어의 차이는 무엇인가? • 자신을 다른 대상에 빗대어 표현하는 이유는 무엇인가?	• 문학적 표현은 일상의 언어보다 효과적으로 자신의 생각을 전달하는가?

<table>
<tr><th colspan="4">어떻게 배울 것인가?</th></tr>
<tr><td rowspan="4">4.
탐구질문에 대한 답으로 학습 경험 만들기 학습으로서의 피드백 과정 계획</td><th>탐구</th><th>실행</th><th>성찰</th></tr>
<tr><td rowspan="3">• 원관념 찾기 퀴즈(나는 오늘(오은)), 자신을 빗댈 수 있는 동물 찾기(나는요(김희경))
• [작품탐구①] 봄은 고양이로다(이장희), 우리가 눈발이라면(안도현), 유성(오세영)
• [작품탐구②] 일상 언어로 바꾸어 표현해 보기
• [작품탐구③] 일상의 언어와 문학적 표현을 구분해서 사용하는 이유 토의하기
• 광고와 노래 가사 등, 자신의 삶 속에 사용된 문학적 표현 찾아보기</td><td rowspan="3">• [창작시 구상] 자신의 관심사를 파악하여 시로 표현할 내용 선정 및 방법 계획하기(마인드 맵)
• [경험을 수필로 쓰기] 창작시를 쓰기 전 경험을 수필로 쓰기
• [온라인 시집(북크리에이터 활용)] 자신의 생각과 경험을 담은 창작시 쓰기
• [친구의 작품 소개하기] 문학적 표현을 바탕으로 자신과 친구들의 시를 감상하고 설명하기</td><td>• 운율, 비유, 상징의 효과를 구분하여 감상할 수 있는지 스스로 평가하기</td></tr>
<tr><th>전이</th></tr>
<tr><td>• 삶의 가치관을 담은 자연물로 자신을 표현하기
• 일상 속 문학적 표현에 대한 감수성 갖기</td></tr>
<tr><th colspan="4">제대로 배운 것인가?</th></tr>
<tr><td>5.
탐구질문을 활용하여 학습한 것을 다시 되물어 평가하기</td><td colspan="3">• 문학적 표현을 일상의 언어로 바꾸어 비교하며 운율, 비유, 상징의 개념을 이해하였는가?
• 일상 언어로 바꾸어 표현하며 운율, 비유, 상징의 효과를 파악하였는가?
• 운율, 비유, 상징을 활용하여 자신의 생각과 경험을 효과적으로 표현하였는가?
• 친구의 작품에서 운율, 비유, 상징의 표현을 찾고, 문학적 표현의 효과를 설명하였는가?
• 작품에서 운율, 비유, 상징을 찾아 그 효과를 제시하며 심미적 소통에 참여하였는가?</td></tr>
<tr><td>6.
성취 기준 도달도로 성장 기록하기</td><td colspan="3">• 은유와 직유를 활용한 창작시 쓰기 활동에서 자신을 ‘수정 테이프’에 빗대어, 실수를 지우고 새롭게 나아가려는 의지를 밝고 긍정적인 마음가짐으로 표현한 시를 완성함. 일상의 작은 도구에 담긴 깊은 성찰이 돋보이며, 독창적인 발상과 따뜻한 메시지로 감동을 줌.
• 구겨지고, 적셔지고, 찢어지고, 조각난 종이의 다양한 모습을 자신의 감정과 섬세하게 연결한 창작시를 완성함. 특히 어려움 속에서도 꺾이지 않고 빛나는 무언가를 향해 나아가려는 희망과 인내를 시적으로 풀어내, 감동과 공감을 불러일으킴.
• 자신의 정체성에 대한 고민을 ‘고양이, 돈, 축구공, 펭귄, 코뿔소’에 빗대어 다채롭게 표현한 시를 완성함. 특히 ‘나는 오늘 코뿔소, 언제 빵하고 터질지 모른다’는 대목에서 사춘기의 혼란스러운 감정과 내면의 갈등을 생생하게 드러내며, 그 불안함과 긴장감을 효과적으로 표현함. 은유와 직유를 능숙하게 활용해 자신의 복잡한 감정을 독창적으로 풀어내는 능력을 보여 줌.</td></tr>
</table>

참고 자료

이명섭(2022). **성적을 넘어 한 뼘 성장을 돕는 교육과정-수업-평가-기록 일체화**. 교육과 실천.

02
과학과

단원 안내

- 학년: 중학교 1학년(2022개정교육과정), 2학년(2015개정 교육과정)
- 단원: 태양계
- 역량: 과학적 사고력, 과학적 문제해결력, 과학적 의사소통 능력

활용 모형

- 문제해결 중심의 프로젝트 학습 모형

신규 및 저경력 교사를 위한 수업 가이드

- 2022 개정 교육과정의 과학과 교수 · 학습 원리 적용
- 깊이 있는 학습을 통해 전이가능한 지식을 형성하게 하는 수업 설계
- 학생의 창의성이 필요한 수업을 수행 평가로 진행할 때 학생의 불안을 줄이기 위한 단계적 실행 방안

1. 2022 개정교육과정에서 추구하는 학습의 목표: 전이가능한 지식 생성

2022 개정 교육과정은 '학생 배움 중심 수업'을 핵심으로 하며, 지식의 단순한 암기에서 벗어나 깊이 있는 학습을 통한 개념적 이해를 통해 전이 가능한 지식을 형성하도록 강조하고 있다. 이는 교사의 수업 설계와 교육적 의도가 학생의 배움 경험 속에서 구체화되어야 함을 뜻한다.

교사가 설계한 수업은 학생들이 단순히 지식을 받아들이는 데 그치지 않고, 그 지식을 깊이 있게 탐구하면서 핵심 개념을 이해하고 자신의 삶과 연결시키는 학습 경험을 제공해야 한다. 이를 통해 학생들은 다양한 맥락에서 지식을 재구성하고, 실제 문제해결에 적용할 수 있는 '전이 가능한 지식'을 갖추게 될 것이다.

이러한 교육 방향은 단지 수업 방법의 변화만을 의미하는 것이 아니라, 급변하는 사회 환경에 적극적으로 대응할 수 있는 학습자의 역량을 기르는 데 목적이 있다. 디지털 기술의 발달, 감염병 대유행, 기후 변화, 인구 구조 변화 등 복잡하고 예측 불가능한 사회에서 학생들은 문제를 창의적으로 해결하고, 협업하며, 새로운 지식을 스스로 구성할 수 있는 능력이 요구된다. 이런 맥락에서 교사의 수업 디자인은 단편적 지식을 전이 가능한 지식으로 확장해주는 구조가 되어야 하며, 이를 위해 탐구, 토의, 프로젝트 등의 학생 참여형 수업이 강조되어야 한다.

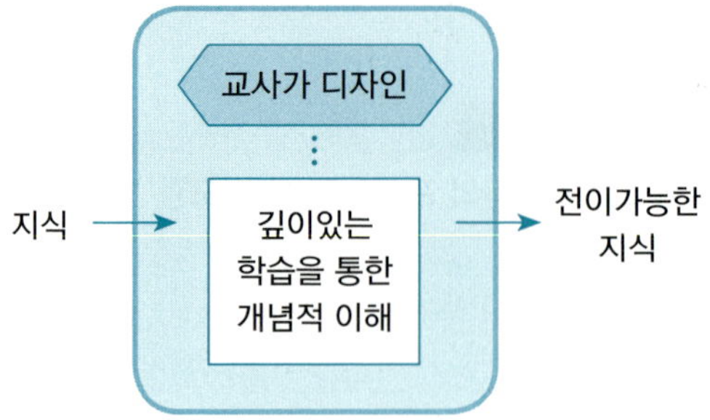

2. 중학교 과학의 '태양계 행성' 관련 성취 기준 및 제시된 탐구 활동의 한계

교육과정	학년	성취 기준 및 탐구 활동	성취 기준 해설
2015 개정 교육과정	중2	[9과10-04] 태양계를 구성하는 행성의 특징을 알고, 목성형 행성과 지구형 행성으로 구분할 수 있다. 〈탐구 활동〉 • 망원경을 이용하여 태양 흑점, 달, 행성 관측하기	[9과10-04] 행성의 구분은 내행성과 외행성의 정의 및 지구형 목성형 행성의 분류 기준과 특징을 중심으로 다루고, 행성의 시운동은 고등학교에서 다룬다.
2022 개정 교육과정	중1	[9과07-01] 태양계를 구성하는 천체의 특징을 알고, 행성을 목성형 행성과 지구형 행성으로 구분할 수 있다. 〈탐구 활동〉 • 태양계 천체 자료 수집 및 분석하기	[9과07-01] 태양계를 구성하는 천체인 태양, 행성, 왜소행성, 소행성, 위성, 혜성을 개괄적으로 학습하며, 자세한 특징은 다루지 않는다.

중학교 태양계 단원에서 각 행성에 대한 학습은 '태양계 행성별 특징을 알고, 행성을 목성형 행성과 지구형 행성으로 구분하라'는 성취 기준으로 제시되고 있다. 또, 이 성취 기준에 대한 탐구 활동으로 2015 개정 교육과정에서는 '행성 관측하기'를, 2022 개정 교육과정은 '태양계 천체 자료 수집 및 분석하기'를 제안하고 있다. '행성 관측하기' 활동은 일과중 실제 관측을 진행할 수 없다. 시뮬레이션 프로그램을 사용하면 가상 관측을 진행할 수 있지만, 시뮬레이션 프로그램으로 교사가 보여주기만 하는 경우 강의식 수업에 머무르게 되고, 학생들에게 시뮬레이션 프로그램을 사용할 수 있도록 하려면 실제 수업 목표(행성 특징 알기, 목성형 행성과 지구형 행성으로 구분하기)와 관련없는 프로그램 이해에 수업시간을 할애하여야 한다. 또한 '천체 자료 수집 및 분석하기' 활동은 학생이 인터넷 등을 통해 조사를 할 경우 교과서 수준을 넘어서는 내용(내용의 깊이, 최근 탐사 내용 등)이 많아 학습 수준에 혼란이 생길 수 있다.

3. 태양계 행성 관련 지식을 전이가능한 지식이 되도록 하는 깊이있는 학습 설계

'태양계 행성'이라는 주제는 학생들이 일상에서 겪는 사건과 연관(화학반응 등)되거나, 내 몸에서 일어나는 일(소화 · 순환 · 호흡 · 배설, 자극과 반응 등) 등이 아니므로 흥미로운 주제라고 보기 어렵다. 이 주제를 흥미로운 주제로 만드는 방법으로 **〈태양계 행성 거주 프로젝트〉**라는 가상의 상황을 설계하는 프로젝트 수업을 계획하였다.

'태양계 행성의 특징'에 관한 평가는 내용 요소를 정기고사를 통해 확인하거나 '태양계 행성 포스터 만들기' '태양계 행성 여행 안내 자료 만들기' 등의 수행 평가를 통해 이루어지는 경우가 많다. 본 수업 **〈태양계 행성 거주 프로젝트〉**에서는 '태양계 행성에서 한 달 살기'를 하기 위한 구조를 설계하는 데에 행성의 특징을 사용하여, 배운 것을 적용하는 단계의 학생 활동형 과정 평가를 진행하였다. 간단한 정리 수준의 학습 후 그것을 적용하여 과제를 해결하는 과정에서 반복 학습이 이루어지는 깊이있는 학습을 통해 태양계 행성의 특징을 전이가능한 지식이 되도록 의도하였다. 비록, 학생들이 제안한 내용이 실현 가능성이 떨어지지만, 그런 제안의 근거가 행성의 특징이라면 수용되도록 하여 생각의 폭을 확장하는 데 수업의 목적을 두었다.

4. 〈태양계 행성 거주 프로젝트〉 4차시 수업 흐름

순서	교수 · 학습 활동	피드백 및 평가 계획
1차시	• 도입 –태양계 크기 비교 영상 시청 –[질문] 한 달 살기 여행을 가려면, 무엇을 알아봐야 할까? • 모둠별 행성 뽑기 • 학습지 내용을 정리하며 행성 특징 파악하기 • 행성 한 달 살기 여행 과정 및 숙소에 필요한 부분 제안하기(개인 → 모둠) • (개별 평가) 구글 설문으로 의견 제출하기	모둠 내 개인별 발표 과정을 통해 상호 피드백하고, 구글 설문으로 개인별 의견을 제출한다.

2차시	• 1차시 아이디어 피드백 및 챗지피티 생성 이미지 확인 • 〈태양계 행성 한 달 살기〉 발표 자료 제작 • 〈태양계 행성 한 달 살기〉 발표 멘트 준비	1차시 제안 내용 피드백 내용과 챗지피티 활용하여 만든 이미지를 패들렛에 올려두고 모둠별로 해당 내용을 활용하게 한다.
3차시	• (개별 평가) 〈태양계 행성 한 달 살기〉 모둠별 1차 발표 및 동료 평가 • 챗지피티 요약 내용 피드백 • 〈태양계 행성 한 달 살기〉 제안 내용 수정	학급 동료 평가와 챗지피티를 활용한 동료 평가 요약 피드백
4차시	• (모둠 평가) 〈태양계 행성 한 달 살기〉 모둠별 2차 발표 • (개별 평가) 수정보완 이유, 개별 성찰 작성 • 성찰 내용 요약 및 마무리	모둠 2차 발표에 대한 모둠 평가 및 수정보완 이유 작성에 대한 개별 평가, 수행 내용 및 과정에 대한 성찰내용 전체에 피드백

5. 차시별 수업 내용 및 결과

[1차시] 태양계 행성 특징 파악+공간설계 아이디어 제시

수업 설계 의도	태양계 행성의 특징을 아는 것에 그치지 않고, 알게 된 내용을 적용해서 해결해야 하는 과제를 제시하여 학습의 내면화가 일어나게 하였다. 학생들이 능동적인 수업 태도를 가지게 하기 위해 '한 달 살기 방법 제안'이라는 과제를 제시하였다. 해당 형태의 과제는 교과서 제시 수준의 행성 특징만으로도 해결 가능하므로 선지식 수준이나 학습 수준에 따른 차이가 적을 것으로 예상하였다.	
학습 목표	1. 태양계 행성의 특징을 안다. 2. '태양계 행성 한 달 살기' 공간 설계 방법을 제시할 수 있다.	
학습 단계	교수 · 학습 활동	자료 및 유의점
도입	• 태양계 크기 영상 • (질문) 어딘가 한 달 살기 여행을 가려면 무엇을 알아봐야 할까?	태양계 크기영상

전개

• 모둠별 행성 정하기

[개별활동]

• 학습지 정리 및 행성 특징 파악

 –효과적인 수업 진행을 위해 학생들이 교과서 검색 및 온라인 검색을 통해 한 장의 종이에 행성 특징을 정리

 –교과서에 제시된 행성의 물리적 특성 외에는 지구를 기준으로 상대적인 기록으로 작성하도록 안내

 –행성 최신 정보는 나사 사이트 참고

• 한 달 살기 여행 과정 및 숙소 등에 필요한 내용 제안하기(개인당 세 가지)

[모둠활동]

• 돌아가며 개인 의견 말하기

[개별활동]

• 한 달 살기 관련 의견 제출(구글 설문으로 개인당 다섯 가지 제출)–근거 들어 제안

구글 설문
개별 평가

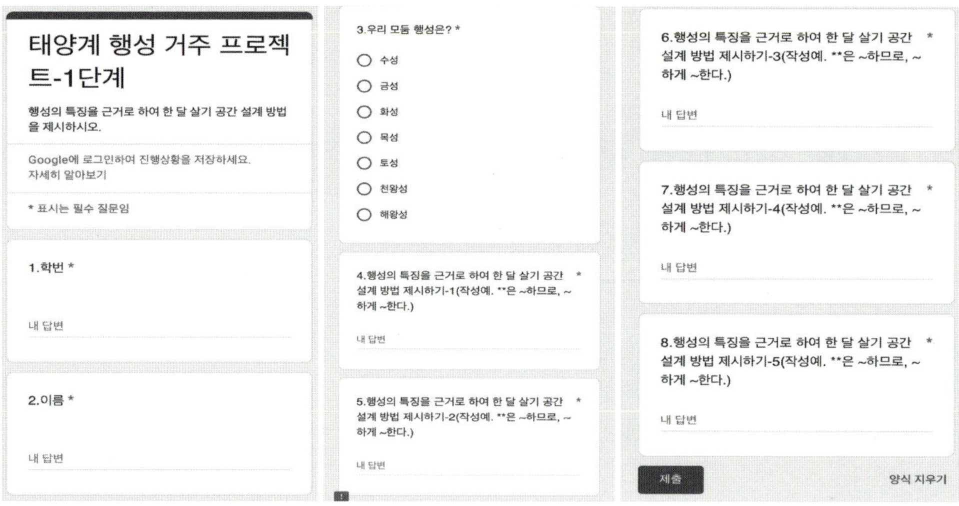

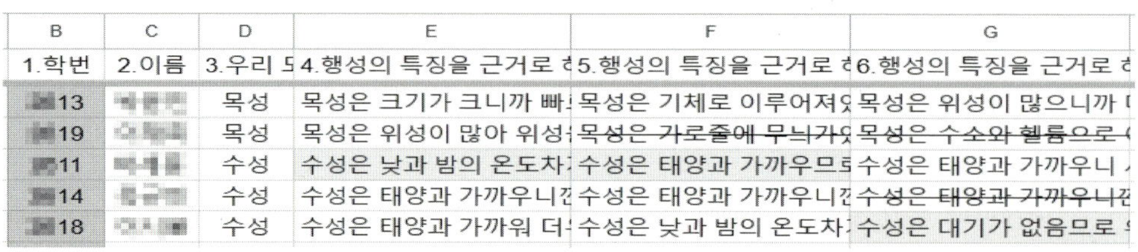

B	C	D	E	F	G
1.학번	2.이름	3.우리 5	4.행성의 특징을 근거로 ㅎ	5.행성의 특징을 근거로 ㅎ	6.행성의 특징을 근거로 ㅎ
[illegible]13	[illegible]	목성	목성은 크기가 크니까 빠	목성은 기체로 이루어져	목성은 위성이 많으니까
[illegible]19	[illegible]	목성	목성은 위성이 많아 위성	목성은 가로줄에 무늬가	목성은 수소와 헬륨으로
[illegible]11	[illegible]	수성	수성은 낮과 밤의 온도차	수성은 태양과 가까우므로	수성은 태양과 가까우니
[illegible]14	[illegible]	수성	수성은 태양과 가까우니	수성은 태양과 가까우니	수성은 태양과 가까우니
[illegible]18	[illegible]	수성	수성은 태양과 가까워 더	수성은 낮과 밤의 온도차	수성은 대기가 없음으로

정리

• 차시예고–의견 피드백 및 발표자료 작성 예고

[2차시] 발표자료 작성

<table>
<tr><td>수업 설계 의도</td><td colspan="2">모둠의 발표자료를 개인 디바이스를 활용해 작성 가능하나, 그 경우 모둠원간의 적극적인 소통이 일어나기보다 각자 분배한 역할을 수행할 때가 많다. 또, AI를 활용한 이미지 생성은 생성형 AI 유료 버전에서 그림의 질이 좋기도 하고 생성형 AI를 적절히 다루는 것이 수업의 지향점은 아니므로 AI로 정보를 변환하는 작업은 교사가 진행하였다.</td></tr>
<tr><td>학습 목표</td><td colspan="2">태양계 행성의 특징을 바탕으로 각 행성 한 달 살기 공간 설계를 구체화시켜 그림과 글로 표현할 수 있다.</td></tr>
<tr><td>학습 단계</td><td>교수 · 학습 활동</td><td>자료 및 유의점</td></tr>
<tr><td>도입</td><td>• 패들렛 안내
전차시에 각자 제출한 ‘행성 한 달 살기 공간 설계 방법’ 개별 다섯 가지 의견에 대한 피드백을 모둠별로 캡처하여 업로드한 내용
모둠 전체 인원이 제출한 설계 방법 내용 중 적절하지 않은 것을 제외한 내용을 교사가 생성형 AI 활용하여 만든 이미지
금성은 이산화 탄소로 이 | 금성은 대기압과 표면온도가 높기때문에 차가운것 | 금성은 온도가 높아서 냉 | 금성은 이산화 탄소가 많기때문에 이산화탄
금성은 태양과 가까워 더 | 금성은 울퉁불퉁하니까 ! | 금성은 산소가 없으니까 | 금성은 이산화탄소가 많 | 금성은 온도가 높으니까 냉방 시스템을 만든
금성은 온도가 높으니깐 | 금성은 이산화탄소가 많 | 금성은 운석구덩이가 있 | 금성은 태양에 가까워 더 | 금성은 이산화탄소가 많으니깐 밀폐된 공간
금성의 표면은 운석구덩 | 금성은 이산화탄소가 많 | 금성은 온도가 높으니, 시 | 금성은 뜨겁고 대기압이 높으니 뜨거움을 버티는 물질로 집을 만든다.

AI 생성 이미지는 논리적이지 않은 부분도 많으므로 이미지에 표현된 내용을 선별하도록 안내</td><td>챗지피티 활용

패들렛 피드백</td></tr>
<tr><td>전개</td><td>• 교사가 패들렛에 사전 업로드 해둔 피드백과 이미지를 활용하여 이젤패드에 발표자료 그리기

</td><td></td></tr>
</table>

	• 이젤패드에 그린 발표자료를 설명하기 위한 발표멘트 준비(모둠원 각자 두 가지, 4인 기준 총 여덟 가지) –자료 두 가지 모두 사진 찍어서 패들렛에 올리기	

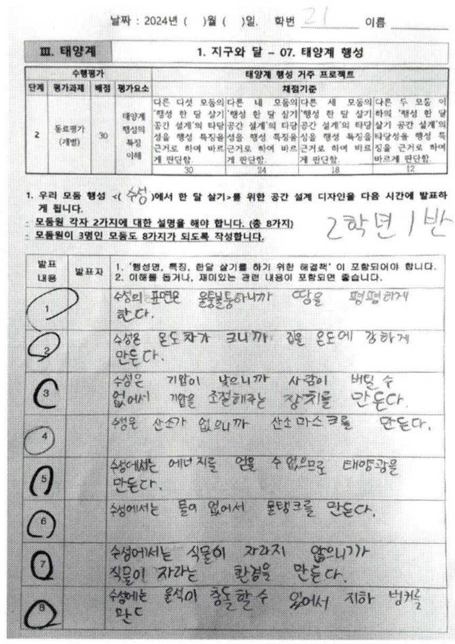

날짜 : 2024년 ( )월 ( )일. 학번 21 이름

III. 태양계	1. 지구와 달 – 07. 태양계 행성

수행평가				태양계 행성 거주 프로젝트			
단계	평가과제	배점	평가요소	채점기준			
2	동료평가 (개별)	30	태양계 행성의 특징 이해	다른 다섯 모둠의 '행성 한 달 살기 공간 설계'의 타당성을 행성 특징을 근거로 하여 바르게 판단함.	다른 네 모둠의 '행성 한 달 살기 공간 설계'의 타당성을 행성 특징을 근거로 하여 바르게 판단함.	다른 세 모둠의 '행성 한 달 살기 공간 설계'의 타당성을 행성 특징을 근거로 하여 바르게 판단함.	다른 두 모둠 이하의 '행성 한 달 살기 공간 설계'의 타당성을 행성 특징을 근거로 하여 바르게 판단함.
				30	24	18	12

1. 우리 모둠 행성 <(수성)에서 한 달 살기>를 위한 공간 설계 디자인을 다음 시간에 발표하게 됩니다.
- 모둠원 각자 2가지에 대한 설명을 해야 합니다. (총 8가지)
- 모둠원이 3명인 모둠도 8가지가 되도록 작성합니다.

2학년 1반

발표 내용	발표자	1. '행성명, 특징, 한달 살기를 하기 위한 해결책'이 포함되어야 합니다. 2. 이해를 돕거나, 재미있는 관련 내용이 포함되면 좋습니다.
1		수성의 표면은 울퉁불퉁하니까 땅을 평평하게 한다.
2		수성은 온도차가 크니까 집을 온도에 강하게 만든다.
3		수성은 기압이 낮으니까 사람이 버틸 수 없어서 기압을 조절해주는 장치를 만든다.
4		수성은 산소가 없으니까 산소마스크를 만든다.
5		수성에서는 에너지를 얻을 수 없으므로 태양광을 만든다.
6		수성에서는 물이 없어서 물탱크를 만든다.
7		수성에서는 식물이 자라지 않으니가 식물이 자라는 환경을 만든다.
8		수성에는 운석이 충돌할 수 있어서 지하 벙커를 만드

정리	• 차시예고–전원 참여 발표 및 동료 평가 예고	

[3차시] 발표+피드백 작성

수업 설계 의도	자료 제작 후 발표하는 내용을 교사가 평가하지 않고, 학생들이 평가하게 하였다. 단, 해당 평가는 발표 모둠에게 피드백용으로 사용되며 동료 평가의 내용이 학습 내용을 근거로 하여 타당한가를 교사가 채점하는 형태로 진행하였다. 동료 평가 내용을 점수화하여 학생들이 동료 평가에 진지하게 임하고, 각 모둠 발표내용의 수정 · 보완 과정도 원활할 수 있도록 수업과 평가 과정을 설계하였다.	
학습 목표	태양계 행성 한 달 살기 발표내용을 각 행성의 특징을 바탕으로 평가하고, 보완 부분을 작성할 수 있다.	
학습 단계	교수 · 학습 활동	자료 및 유의점
도입	**진행 안내** 모둠별 2분 발표 후 다른 모둠의 동료 평가(구글 설문) 2분, 이 과정 7번 반복	

전개

- 발표 및 동료 평가(7개 모둠 7번 반복)
  - 발표 2분: 전원 참여하여 그림 발표 자료에 대해 각자 두 가지 내용 발표
  - 질의응답
  - 동료 평가 작성 2분: 발표를 듣고 해당 모둠 발표 내용 평가
  - 각 모둠 내용에 대해 한 가지의 평가 기록을 구글 설문으로 제출

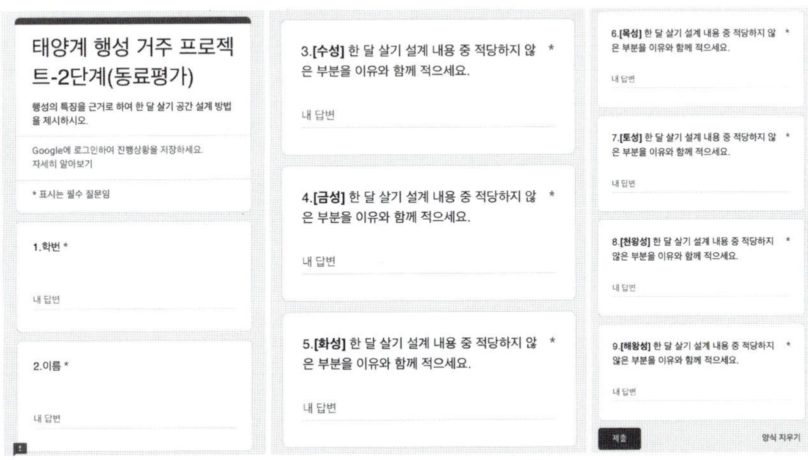

태양계 행성 거주 프로젝트-2단계(동료평가)

행성의 특징을 근거로 하여 한 달 살기 공간 설계 방법을 제시하시오.

Google에 로그인하여 진행상황을 저장하세요. 자세히 알아보기

* 표시는 필수 질문임

1.학번 *

내 답변

2.이름 *

내 답변

3.[수성] 한 달 살기 설계 내용 중 적당하지 않은 부분을 이유와 함께 적으세요. *

내 답변

4.[금성] 한 달 살기 설계 내용 중 적당하지 않은 부분을 이유와 함께 적으세요. *

내 답변

5.[화성] 한 달 살기 설계 내용 중 적당하지 않은 부분을 이유와 함께 적으세요. *

내 답변

6.[목성] 한 달 살기 설계 내용 중 적당하지 않은 부분을 이유와 함께 적으세요. *

내 답변

7.[토성] 한 달 살기 설계 내용 중 적당하지 않은 부분을 이유와 함께 적으세요. *

내 답변

8.[천왕성] 한 달 살기 설계 내용 중 적당하지 않은 부분을 이유와 함께 적으세요. *

내 답변

9.[해왕성] 한 달 살기 설계 내용 중 적당하지 않은 부분을 이유와 함께 적으세요. *

내 답변

제출 양식 지우기

구글 설문 개별 평가

챗지피티 활용

패들렛 피드백

[응답 예시 제공]

1. 우리모둠 행성은 .(점)만 찍고 넘어가기
2. (예시)수성은 ~하니까 ~한 ○○을 설치한다고 하는 부분이 적절한 듯 하다. 이 부분이 좋다./금성은 ~한데 ~한 ○○을 한다고 한다. 이 부분은 ~해서 잘못된 내용이라고 생각한다. 등 1)행성명 2)이유와 3)보완책이 문장마다 제시되도록 작성

- 챗지피티 요약 피드백 바로 확인하고, 패들렛에 피드백 업로드
- 피드백 확인

	3.[수성] 한 달 살기 설계 내용 중 적당하지 않은 부분을 이유와 함께 적으세요. . 수성은 태양과 가장 가깝고, 태양과 가깝기 때문에 받는 태양빛이 많아 태양광을 사용하는 방법 수성의 땅은 울퉁불퉁 하므로 땅을 평평하게 만들어야한다는 점이 적절한 것 같고 수성에는 신 수성은 운석이 충돌할 수 있기 때문에 운석이 충돌할 상황을 대비해 지하벙커를 만든다는 아이 수성은 공기가 없어서 성능이 좋지 않은 마스크로만 생활한다면 생활에 어려움이 있다 건물을 짓기위해 운석구덩이를 평평하게 만든것이 수성의 단점을 잘 활용한 것 같다.	
정리	• 피드백 적용해서 행성 한 달 살기 수정 및 최종 발표 예고	

[4차시] 발표+개별성찰

수업 설계 의도	지난 차시의 동료 평가 피드백 내용을 참고하여 발표 자료를 수정하여 발표하는 과정으로 진행하였다. 교사는 모둠의 발표 내용에 동료 평가 피드백이 반영되었는지를 평가한다. 단, 모둠별로 부여하는 점수의 비율을 적게 유지하였다. 모둠별 평가를 진행하면 무임승차가 발생하는 동시에 참여율이 저조한 학생의 개인별 성장이 이루어지지 않기 때문에, 개인별로 발표 내용의 수정보완 이유를 작성하여 제출하도록 수업 및 평가 과정을 설계하였다.	
학습 목표	태양계 행성 한 달 살기 발표 내용을 태양계 행성의 특징을 근거로 하여 수정보완하고, 이유를 설명할 수 있다.	
학습 단계	교수 · 학습 활동	자료 및 유의점
도입	지난 시간 피드백 내용 확인/진행 안내 모둠별 2분 발표 및 교사 평가(모둠 평가), 발표 완료 후 구글 설문으로 개별 평가 진행	
전개	전 차시 동료 평가를 통해 확인된 피드백 확인 이젤패드 발표 이미지 및 발표 내용 세 가지 이상 수정 〈안내사항〉 [안내사항] 1. 피드백을 무조건 받아들일 필요 없음 2. 피드백 반영 세 가지가 안 된다면, 피드백 반영 안 한 이유를 논리적으로 설명할 것 3. 우리 발표 내용이 아닌 것에 대한 피드백은 고려하지 않기 모둠별 발표(각 모둠 2분씩, 교사는 모둠 평가) 수정 사항과 이유 세 가지 발표	수정보완 발표 모둠 평가 구글 설문 개별 평가

구글 설문으로 개별 평가(수정보완 이유 세 가지 작성) 및 성찰 내용 작성

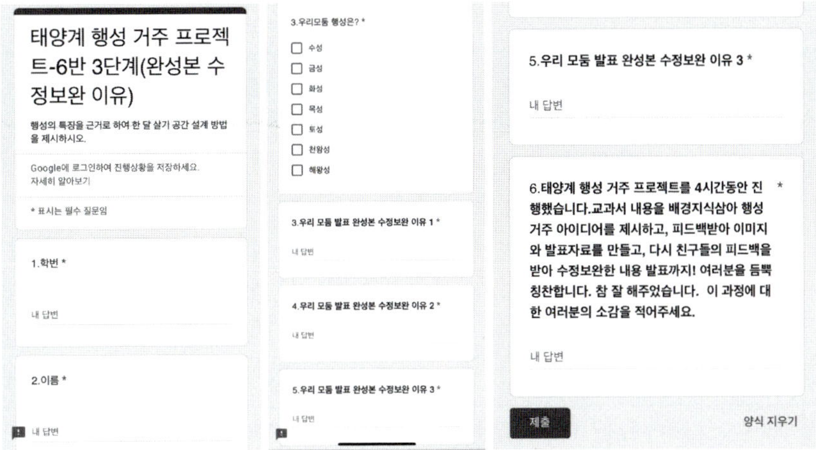

챗지피티 성찰요약

1.학	모둠 행	모둠점수	3.우리 모둠 발표 완성본	4.우리 모둠 발표 완성본	5.우리 모둠 발표 완성본	6.태양계 행성 거주 프로	개수	개별점수
251	금성	16	산소탱크를 없앴는데 그	에어컨의 설치 위치를 더	~~cctv를 도로와 농구장에~~	유익한 시간이었다.	2	16
252	금성	16	산소탱크와 우주복이 둘	에어컨에 차가운 바람은	~~고속도로와 농구장에 범~~	재밌었지만 그 만큼 창의	2	16
252	금성	16	산소마스크와 산소탱크와	에어컨은밑에있으면위에	~~고속도로나 운동시설에서~~	너무 재미있었다	2	16
252	금성	16	산소탱크를 없앴는데 그	에어컨의 설치 위치를 더	~~Cctv를 도로와 농구장에~~	재밌었다	2	16
250	목성	20	~~바람이 너무쎄기때문입니~~	기체로 이루어져 고정할수	대기폭풍에 날아갈수 있으	재밌었다	2	16
250	목성	20	대기폭풍을 이용하여 풍력	기체로 이루어져 있어 고	기체로 이루어져 있으니	친구들과 대화도 많이 나	3	20
250	목성	20	목성은 핵을 제외한 표면	목성의 강한 대기폭풍에	목성의 강한 대기폭풍의	어쩌면 우리가 미래에 살	3	20
250	목성	20	~~목성에는 강한 대기 폭풍~~	~~표면에 기체로 이루어져있~~	전기를 만들수있는 풍력	재미있고 힘들었다	1	12
250	수성	20	식물재배에 관한 피드백0	식물재베에 피드백에 온도	식물재배에 관한 피드백0	수성에 관해 자세하게 생	3	20
251	수성	20	~~식물이 들어있는 캡슐에~~	~~태양열이 너무 뜨거워 식~~	비와 태양을 받을 수 있게	.	1	12
251	수성	20	~~식물재배가 어렵다~~	~~온도조절이 안된다~~	~~식물에 물을 못준다~~	행성의 특징에 대해 잘 알	0	8
252	수성	20	~~캡슐의 내구성 문제~~	~~식량공급 방안의 비현실성~~	~~산소공급과 온도조절 문제~~	재밌다	0	8
251	천왕성	20	~~실현가능성이 없기 때문에~~	~~실현가능성이 없기 때문에~~	~~실현가능성이 없기 때문에~~	천왕성에 관한 것에 대해	0	8
251	천왕성	20	발전소의 메테인 액채를	온열기구가 천왕성의 온도	액체 위에 땅을 설치하는	새로운 행성의 상태와 기	3	20
251	천왕성	20	~~실현 가능성에 대한 우려~~	~~천왕성의 환경을 고려할~~	-	이 프로젝트를 하는 동안	0	8
251	토성	20	이동수단의 출입구가 없는	기체교환시설로 인한 온도	기체를 차단하는 방식에	발표를 하고 보완까지하니	3	20
252	토성	20	이동수단의 입구가 없다고	기체교환 시설로 인한 온	기체를 차단하는방식에 지	여러 행성의 특징을 잘알	3	20
252	토성	20	이동수단의 입구가 없다는	기체 교환 시설로 인한 온	기체를 차단하는 방식에	생각보다 재미있었고 발표	3	20
250	해왕성	20	책을 들고가는건 적절하지	핫팩으로추위를 견디는건	해왕성은 기체인데 땅이	다른 행성들의 특징을 알	3	20
250	해왕성	20	해왕성의 추위는 핫팩으로	기체로 이루어진 해왕성0	해왕성에 아무런 대책없0	재밌었습니다.	3	20
251	해왕성	20	해왕성 환경에 대한 대비	핫팩만으로는 해왕성의 추	해왕성은 기체로만 되어있	해왕성에 대한 환경에 대	3	20

성찰내용 챗지피티로 요약해서 전체에 공유

11 ▾ | fx =GPT_SUMMARIZE('설문지 응답 시트1'!I:I, "이 셀의 내용을 요약해 주세요:")

A	B	C	D	E	F	G
7반 수업 소감	학생들은 태양계 행성 거주 프로젝트를 통해 행성에 대한 아이디어를 제시하고 발표자료를 만들었으며 친구들의 피드백을 받아 수정보완한 후 발표했다. 활동을 통해 새로운 지식을 습득하고 재미를 느꼈으며, 피드백을 주고 받으며 발전하는 과정이 즐거웠다. 학생들은 다른 행성에 대해 더 알고 싶어하며, 미래에 태양계 거주를 할 수 있는 가능성을 상상해보았다. 활동을 통해 태양계에 대한 관심이 높아지고 친구들과 소통하는 기회가 되었다.					

정리	4차시에 걸친 〈태양계 행성 프로젝트-태양계 행성에서 한 달 살기〉 과정 참여에 대한 격려 및 마무리

6. 평가(채점 기준)

단계	평가 과제	평가 요소	배점	채점 기준			
1	행성 한 달 살기 공간 설계 (30%)	태양계 행성의 특징 설명 (개별)	30	행성의 특징을 근거로 하여 한 달 살기 공간 설계방법을다섯가지 이상 제시함.	행성의 특징을 근거로 하여 한 달 살기 공간 설계 방법을 네 가지 제시함.	행성의 특징을 근거로 하여 한 달 살기 공간 설계 방법을 세 가지 제시함.	행성의 특징을 근거로 하여 한 달 살기 공간 설계방법을두가지 이하로 제시함.
				30	24	18	12
2	동료 평가 (30%)	태양계 행성의 특징 이해 (개별)	30	다른 다섯 모둠의 '행성 한 달 살기 공간 설계'의 타당성을 행성 특징을 근거로 하여 바르게 판단함.	다른 네 모둠의 '행성 한 달 살기 공간 설계'의 타당성을 행성 특징을 근거로 하여 바르게 판단함.	다른 세 모둠의 '행성 한 달 살기 공간 설계'의 타당성을 행성 특징을 근거로 하여 바르게 판단함.	다른 두 모둠 이하의 '행성 한 달 살기 공간 설계'의 타당성을 행성 특징을 근거로 하여 바르게 판단함.
				30	24	18	12
3	완성본 발표 및 평가 (40%)	태양계 행성에 대한 이해도 판단 (모둠)	20	태양계 행성에 대한 이해를 바탕으로 하여 동료 평가 피드백을 세 가지 이상 바르게 적용함.	태양계 행성에 대한 이해를 바탕으로 하여 동료 평가 피드백 두 가지를 바르게 적용함.	태양계 행성에 대한 이해를 바탕으로 하여 동료 평가 피드백 한 가지를 바르게 적용함.	태양계 행성에 대한 이해를 바탕으로 하여 동료 평가 피드백를 바르게 적용하지 못 함.
				20	16	12	8
		태양계 행성의 특징 설명 (개별)	20	완성본에 대한 수정보완 이유를 세 가지 이상 바르게 설명함.	완성본에 대한 수정보완 이유를 두 가지를 바르게 설명함.	완성본에 대한 수정보완 이유를 한 가지를 바르게 설명함.	완성본에 대한 수정보완 이유를 바르게 설명하지 못 함.
				20	16	12	8

7. 교사의 수업 후기

- 태양계 행성에 관한 내용은 일부 학생의 경우 이미 선지식이 형성되어 있는 경우가 많다. 다른 학습 내용에 비해 비교적 익숙한 주제이기 때문이다. 교과서 분량을 살펴보면, 태양계 각 행성의 이미지와 특징을 소개하는 내용이 2쪽 분량이며, 지구형 행성과 목성형 행성을 구분할 수 있도록 행성별 물리적 특징(질량, 반지름, 밀도 등)을 제시한 표와 설명, 형성 평가 문항 2~3개가 포함된 분량이 추가로 2쪽 정도이다.
- 이러한 기본 조건에서 태양계 행성의 특징을 강의식 수업으로 진행한다면, 교사의 질문이 이어지더라도 1차시 분량으로 충분히 마무리할 수 있다. 하지만 교사 주도의 질문 수업은 해당 내용이 학생의 삶과 직접적으로 연관된 주제가 아니기 때문에, 학생들이 1시간 동안 몰입하여 깊이 있는 학습을 지속하기는 어렵다.
- 태양계 행성의 물리적 특징이 학생들에게 전이 가능한 지식으로 자리 잡도록 하기 위해, 〈태양계 행성 거주 프로젝트〉 수업을 설계하게 되었다. 단순히 행성을 소개하는 자료 제작만으로는 해당 지식이 학생의 사고 속에서 '전이 가능한 지식'으로 전환되기 어렵다고 판단했기 때문이다.
- 본 수업을 통해 학생들은 태양계 행성의 특징을 보다 깊이 있게 다룰 수 있었다. 여기서 말하는 '심화된 내용'은 선행 학습 수준의 전문 지식을 의미하지 않는다. 학생들의 깊이 있는 이해는, 각 모둠이 설계한 거주 계획을 발표한 이후 이루어진 질의응답 과정에서 나타났다. 모둠별로 행성 거주 조건을 설계하며, 태양계 행성의 물리적 특징이 '전이 가능한 지식'으로 전환되었고, 그 기반 위에서 다른 모둠의 발표 내용을 논리적으로 분석하고 평가하는 질문들이 활발히 오갔다. 질문과 응답은 구체적인 증거와 설명을 기반으로 이루어졌으며, 그 수준 또한 인상적이었다.
- 깊이 있는 학습을 통해 전이 가능한 지식을 형성한 학생의 수가 늘어날수록, 학생 상호 간의 질의응답이 더욱 활발해졌고, 단순한 호기심 수준을 넘은 본질적이고 구조적인 질문이 이어졌다.
- 이처럼, 의미 있는 활동 중심 수업 설계는 학생들로 하여금 기존 지식을 단순

히 받아들이는 데 그치지 않고, 이를 '자신의 사고 틀 안에서 재구성하고 확장하는 경험'으로 이끌어 준다. 〈태양계 행성 거주 프로젝트〉 수업은 그 출발점이 되었고, 이후 더 깊이 있는 질문과 탐구로 확장될 수 있는 발판이 되어 주었다.

- 이 프로젝트를 통해, 학생들이 지식을 단순히 받아들이는 것을 넘어 스스로 사고를 확장하고 연결해 나갈 때 진정한 의미의 '학습'이 이루어진다는 것을 다시금 실감할 수 있었다. 또한, '질문이 이끄는 수업'이 아닌 '학생의 질문이 자라나는 수업'을 위해서는, 학생 스스로 경험을 축적하며 몰입할 수 있는 깊이 있는 학습 환경을 설계해야 한다는 사실도 새삼 깨닫게 되었다.

03

사회과

단원 안내

- 학년: 중학교 1학년
- 단원: 인권과 기본권
- 역량: 비판적 사고력, 창의적 사고력, 문제해결력 및 의사결정력, 의사소통 및 협업능력, 정보 활용 능력

활용 모형

- 탐구 기반 글쓰기 수업 모형(질문이 있는 서울형 토론모형 2.0적용)

신규 및 저경력 교사를 위한 수업 가이드

- 2022 개정 교육과정의 사회과 교수 · 학습 원리 적용
- '질문하기-탐구하기-글쓰기' 로 이어지는 탐구 기반 수업 설계
- 과정 중심 평가 및 피드백 계획과 실천

1. 단원 개관

교재	중학교 사회1(미래엔, 손영찬 외 11) 2022 개정 교육과정
대단원	Ⅶ. 인권과 기본권
중단원	1. 인권 보장과 기본권의 종류 2. 기본권의 제한 요건과 침해 구제 방법 3. 근로자의 권리
성취 기준	• [9사(일사)06-01] 일상생활에서 인권이 침해되는 사례를 조사하고, 우리 헌법에 보장된 기본권의 종류를 탐색한다. • [9사(일사)06-02] 기본권 제한의 요건과 한계가 헌법에 명시된 이유를 토의하고, 기본권 침해 시 구제 방법을 조사한다. • [9사(일사)06-03] 근로자에게 보장되는 권리를 조사하고, 이러한 권리의 침해에 대처하는 시민의 노력에 대해 토의한다.

2. 수업 모형

탐구 기반 글쓰기 수업

'질문하기-탐구하기-글쓰기'의 과정을 통해 학생들의 탐구능력 신장과 사고력 향상을 도모하는 수업

본 수업은 탐구 기반 글쓰기 수업 모형을 적용하였다. 이 수업 모형을 적용한 이유는 다음과 같다.

1) 학생 주도성(Student Agency)의 발현

미지의 일에 대비하는 배움을 실현하기 위해서는 '수동적인 학습(Passive Learning)'에서 '상호작용하는 학습(Interactive Learning)'으로 전환하는 것이 중요하다. 학생들이 수업의 주인공이 되기 위해서는 스스로 질문하고 탐구하는 과정이 교수-학

습의 중심이 되어야 한다. 질문과 탐구의 과정 없이 교사 주도로 수업이 진행되면 학생은 수동적인 객체가 된다.

2) 깊이 있는 사고력 신장

다양한 지식과 정보의 홍수 속에서 학생들은 지식과 정보를 선별하고 평가하는 능력이 필요하다. 그러기 위해서는 비판적 사고력을 바탕으로 왜곡된 정보들을 분별하며 옳고 그름을 스스로 판단할 수 있어야 한다. 본 6차시에 걸친 인권과 기본권 단원 학습의 과정을 통해 학생들은 교과서의 텍스트를 그대로 수용하기 보다는 스스로 질문하고 탐구하는 가운데 깊이 있는 사고력을 신장하고 스스로 학습의 과정과 결과에 대해 깊이 있는 성찰의 기회를 경험한다.

3) 사회문제에 대한 이해력 증진

사회과는 학생들이 사회생활에 필요한 지식과 기능을 익히고 실제 사회문제의 해결에 필요한 대안을 모색하는 실천적 역량을 중시한다. 사회과의 '인권과 기본권' 단원을 학습함에 있어서 질문 생성과 탐구 활동, 글쓰기로 이어지는 교수-학습을 적용함으로써 그 과정에서 협력적 소통의 과정을 경험하고 인권을 비롯한 사회 문제를 삶의 맥락 속에서 이해하게 된다.

위에서 언급한 내용을 표로 정리하면 다음과 같다.

탐구 기반 글쓰기 수업

학생 주도성 발현	사고력 신장	사회 문제 이해도 향상
• 상호작용하고 소통하는 수업 • 스스로 질문하고 탐구하는 수업	• 비판적 사고를 바탕으로 지식과 정보를 선별 • 학습 과정에 대한 성찰의 기회 제공	• 다양한 사회문제 해결의 대안 모색 • 삶과 관련된 맥락 속에서 사회 문제 이해

3. 2022 개정 교육과정과 사회과 역량

2022 개정 교육과정과 본시 수업 사회과 역량의 관계를 표로 나타내면 다음과 같다.

본시 수업과 사회과 역량

비판적 · 창의적 사고력	문제해결력 및 의사결정력	의사소통 및 협업능력	정보 활용 능력
교과서 및 시사 미디어 자료를 논리적으로 분석하고 문제점 분석 및 창의적인 해결 아이디어 제시	인권과 관련된 사회문제해결을 위한 다양한 방안을 탐구하고 최상의 결론을 선택하기	짝 토론, 모둠 토론, 짝 가르치기 활동 등을 통해 협력적 의사소통을 실천하고 협업능력 함양	다양한 지식과 정보를 수집, 분석, 활용하고 에듀테크를 통하여 디지털 리터러시 능력 함양

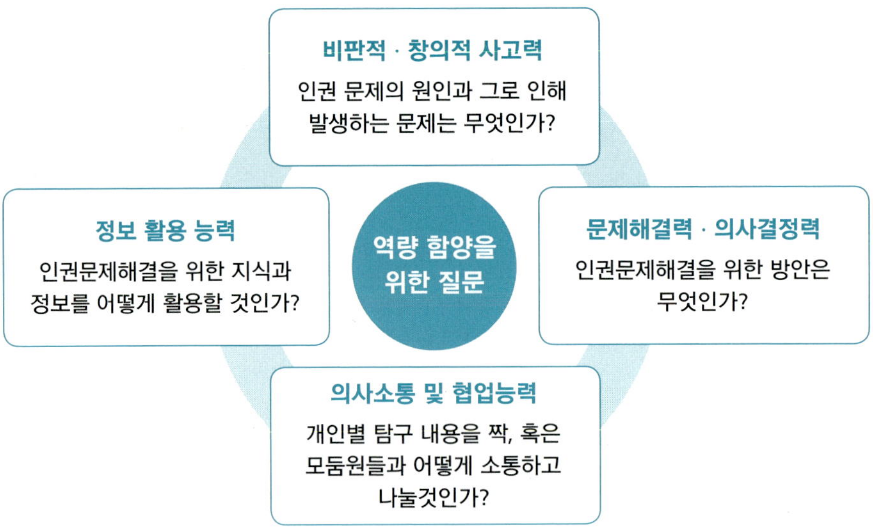

4. 사회1 『인권과 기본권』 단원의 탐구 기반 글쓰기 수업 적용

1) 『인권과 기본권』 단원의 내용 체계

인권과 기본권 단원의 내용 체계는 다음에 제시된 표와 같다. 핵심 아이디어는 영역을 아우르면서 해당 영역의 학습을 통해 일반화할 수 있는 내용을 핵심적으로 진술한 것을 말한다. 이는 해당 영역 학습의 초점을 부여하며 깊이 있는 학습을 가능하게 하는 토대가 된다.

이 핵심 아이디어를 통해 알 수 있듯이 『인권과 기본권』 단원 학습에 있어서 단편적 지식의 암기나 습득에 그치는 것이 아니라 학생들이 스스로 삶의 맥락 속에서 인권 침해 요소들을 분석하며, 인권을 지키기 위한 기본권의 역할을 이해하고 인권 존중을 위해 힘쓰는 민주시민 의식 함양에 수업의 초점이 맞춰져야 함을 알 수 있다.

핵심 아이디어	인권 보장을 위해 헌법에 기본권을 규정하고, 국가와 시민은 기본권 보장을 위해 노력한다.	
범주	내용 요소	
	초등학교	중학교
	5~6학년	1~3학년
지식 · 이해	• 인권의 의미 • 헌법상 인권의 내용 • 인권 침해 문제의 해결 • 인권 보호 활동 참여	• 인권과 기본권 • 기본권 제한, 기본권 침해 구제 • 근로자의 권리, 근로자의 권리 침해
과정 · 기능	• 인권 침해 문제를 합리적으로 해결하기	• 법과 관련된 자료를 수집하기 • 다양한 분쟁을 법적 관점에서 조망하기 • 법적 쟁점에 대한 자료 및 정보를 수집 · 분석하기 • 법적 쟁점에 대한 다양한 관점을 고려하면서 의사소통하기 • 법적 근거를 바탕으로 법적 쟁점에 대한 해결 방안을 모색하기 • 기존 법의 한계를 분석하고 대안을 마련하기

가치 · 태도	• 인권 친화적 태도	• 민주주의와 법치주의의 기본 가치 내면화 • 법에 따른 권리의 행사와 의무의 수행 • 법체계와 절차에 대한 존중 • 법적 쟁점에 대한 다양한 관점의 존중 • 법을 개선하는 활동에 적극적으로 참여하려는 태도

위의 내용체계표를 바탕으로 지식 · 이해, 과정 · 기능, 가치 · 태도 각각의 범주를 본 수업에 함양하기 위해 다음과 같은 수업 전략을 수립하였다.

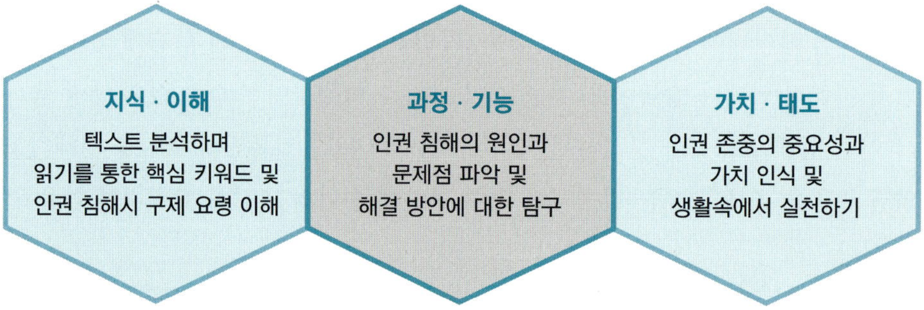

5. 『인권과 기본권』 단원의 성취 기준별 성취 수준 분석을 통한 평가 계획

1) 『인권과 기본권』 단원 성취 기준의 영역별 성취 수준

단원의 성취 기준별 성취 수준은 다음 표와 같다. 이 단원과 관계된 성취 기준은 각각 '탐색한다', '조사한다', '토의한다'라는 수행동사로 마무리된다. 즉 교수-학습의 과정과 평가 설계에 있어서도 위와 같은 탐구 활동이 기초가 되어야 하며, 이런 측면에서 '질문하기-탐구하기-글쓰기'로 이어지는 탐구 기반 글쓰기 수업은 본 단원이 추구하는 사회과 역량 함양에 적합하다고 할 수 있다.

성취 기준		성취 수준
[9사(일사)06-01] 일상생활에서 인권이 침해되는 사례를 조사하고, 우리 헌법에 보장된 기본권의 종류를 탐색한다.	A	일상생활에서 인권이 침해되는 사례를 조사하여 헌법에 보장된 기본권의 종류를 분석하고, 일상에서 자신 및 타인의 인권과 기본권에 대한 존중을 실천할 수 있다.
	B	일상생활에서 인권이 침해되는 사례를 통해 우리 헌법에 보장된 기본권의 종류를 설명하고, 자신 및 타인의 인권과 기본권을 존중하는 태도를 가진다.
	C	일상생활에서 인권이 침해되는 사례를 탐색하고, 헌법에 보장된 기본권의 종류를 열거할 수 있다.
	D	인권이 침해되는 사례와 헌법에 보장된 기본권의 종류를 제시할 수 있다.
	E	인권이 침해되는 사례를 제시할 수 있다.
[9사(일사)06-02] 기본권 제한의 요건과 한계가 헌법에 명시된 이유를 토의하고, 기본권 침해 시 구제 방법을 조사한다.	A	기본권 제한의 요건과 한계를 사례를 통해 분석하여 이를 헌법에 명시한 이유에 대해 토의하고, 기본권 침해 시 구제 방법을 사례에 적용할 수 있다.
	B	기본권 제한의 요건과 한계를 설명하고 이를 헌법에 명시한 이유에 대해 토의하며, 기본권 침해 시 구제 방법을 조사할 수 있다.
	C	기본권 제한의 요건과 한계를 제시하고, 이를 헌법에 명시한 이유를 설명하며, 기본권 침해 시 구제 방법을 조사할 수 있다.
	D	기본권 제한의 요건과 한계를 헌법에 명시한 이유를 설명하고, 기본권 침해 시 구제 방법을 제시할 수 있다.
	E	기본권 제한의 한계를 헌법에 명시한 이유를 제시할 수 있다.
[9사(일사)06-03] 근로자에게 보장되는 권리를 조사하고, 이러한 권리의 침해에 대처하는 국가와 시민의 노력에 대해 토의한다.	A	근로자에게 보장되는 권리를 사례를 통해 분석하고, 이러한 권리의 침해에 대처하는 국가와 시민의 노력에 대해 토의함으로써 권리 침해에 적극적으로 대처할 수 있다.
	B	근로자에게 보장되는 권리를 조사하고, 이러한 권리의 침해에 대처하는 국가와 시민의 노력에 대해 토의함으로써 권리 침해에 대처하는 자세를 가진다.
	C	근로자에게 보장되는 권리를 설명하고, 이러한 권리의 침해에 대처하는 국가와 시민의 노력에 대해 조사할 수 있다.
	D	근로자에게 보장되는 권리를 열거하고, 이러한 권리의 침해에 대처하는 국가와 시민의 노력을 탐색할 수 있다.
	E	근로자에게 보장되는 권리를 제시하고, 이러한 권리의 침해에 대처하는 국가와 시민의 노력이 필요함을 인식할 수 있다.

2)『인권과 기본권』 단원 성취 기준의 영역별 성취 수준을 바탕으로 한 평가 계획

'질문하기-탐구하기-글쓰기'로 이어지는 탐구기반 글쓰기 수업은 과정 중심 평가로서 교수-학습 과정 중 교사의 관찰과 피드백, 자기 평가 및 동료 평가를 통한 성찰의 기회를 강조한다. 총괄 평가로서 최종 평가는 글쓰기 단계에서 이루어지며 루브릭 설계는 다음과 같다.

<table>
<tr><th colspan="5">미디어에 나타난 인권 침해 사례 조사하고 분석하기</th></tr>
<tr><td rowspan="2">평가 방법</td><td>평가 주체</td><td colspan="3">■ 교사 평가 ■ 자기 평가 ■ 동료 평가</td></tr>
<tr><td>평가 방식</td><td colspan="3">□ 모둠별 수행 ■ 개인별 수행</td></tr>
<tr><td>단원</td><td colspan="4">XII 인권과 기본권</td></tr>
<tr><td>성취 기준</td><td colspan="4">[9사(일사)06-01～03]</td></tr>
<tr><td rowspan="5">점수산출 방법 (채점 기준)</td><td>평가 요소</td><td>상(5점)</td><td>중(4점)</td><td>하(3점)</td></tr>
<tr><td>인권침해 문제 파악하기</td><td>미디어 분석을 통해 인권침해 문제의 원인과 그로 인해 발생하는 다양한 문제점을 구체적으로 파악하였다.</td><td>미디어 분석을 통해 인권침해 문제의 원인과 그로 인해 발생하는 문제점을 파악하였다.</td><td>미디어 분석을 통해 인권침해의 문제점 및 원인을 간략히 파악하였다.</td></tr>
<tr><td>인권침해 대안 모색하기</td><td>파악한 문제점을 바탕으로 그 인권침해 문제해결을 위한 구체적 방안을 제시하였다.</td><td>파악한 문제점을 바탕으로 그 인권침해 문제해결을 위한 방안을 제시하였다.</td><td>파악한 문제점을 바탕으로 그 인권문제해결을 위한 방안을 다소 추상적인 내용으로 제시하였다.</td></tr>
<tr><td>인권침해 해결을 위한 개인과 사회의 노력</td><td>인권침해 문제해결을 위해 개인 및 사회적 차원에서 노력할 점을 실천 가능한 내용으로 자세히 서술하였다.</td><td>인권침해 문제해결을 위한 개인 및 사회적 차원에서 노력할 점을 자세히 서술하였다.</td><td>인권침해 문제해결을 위한 개인 및 사회적 차원에서 노력할 점을 서술하였다.</td></tr>
<tr><td>내 삶의 적용점, 교훈</td><td>인권침해 문제 분석 및 대안제시 활동을 통해 내 삶에 적용할 점이나 교훈 등을 자세하고 구체적으로 서술하였다.</td><td>인권침해 문제 분석 및 대안제시 활동을 통해 내 삶에 적용할 점이나 교훈 등을 구체적으로 서술하였다.</td><td>인권침해 문제 분석 및 대안제시 활동을 통해 내 삶에 적용할 점, 혹은 교훈을 서술하였다.</td></tr>
</table>

아울러 4차시에 진행되는 독서 연계 수업의 평가는 자기 성찰을 통한 평가를 기본으로 하며 정의적 영역을 중심으로 점수 미반영으로 설계하였다.

활동	번호	내용	자기 평가		
			우수	보통	미흡
독서 전	1	독서 활동에 적극 참여하도록 주변을 정리하고 집중하였는가?			
	2	독서 활동을 통해 기대하는 정보나 지식이 있는가?			
독서 중	3	필수 독서 부분을 완독하였는가?			
	4	차분하게 집중하여 독서하였는가?			
	5	질문 생성 및 탐구 활동에 적극 참여하였는가?			
	6	책의 내용을 나의 삶과 연관지어 해석하였는가?			
독서 후	7	배려와 존중의 자세로 친구들의 발표를 경청하였는가?			
	8	나의 생각과 의견을 논리적으로 잘 발표하였는가?			
	9	독서한 내용을 실생활에 실천(적용) 할 것인가?			
	10	독서 후 나의 지식과 지혜가 성장하고 발전하였는가?			

6. 『인권과 기본권』 단원의 탐구 기반 글쓰기 수업 차시별 내용

<table>
<tr><th>교육과정 성취 기준</th><th>단원명</th><th>소단원명</th><th>차시</th><th>교수-학습 활동</th><th>평가 및 피드백</th></tr>
<tr><td rowspan="2">[9사(일사)06-01] 일상생활에서 인권이 침해되는 사례를 조사하고, 우리 헌법에 보장된 기본권의 종류를 탐색한다.</td><td rowspan="2">1. 인권 보장과 기본권의 종류</td><td>인권이란 무엇일까?</td><td>1</td><td>1. 자료 탐구하기(중심 내용 파악 및 질문 생성)
2. 짝 토의 하기(짝 대표 질문 생성)
3. 모둠 토의하기(모둠별 토론 논제 선정)
4. 모둠 토론하기(선정한 주제로 모둠별 토론)
5. 발표 및 공유하기(공유를 통한 생각넓히기)</td><td>서울형 토론 모형 2.0 (본시 수업)</td></tr>
<tr><td>기본권이란 무엇일까?</td><td>2</td><td>1. 기본권의 종류 탐구하기
2. 짝과 함께 상호 가르치기
3. 학습 활동 정리 및 내 삶의 적용점 발표</td><td>하브루타</td></tr>
<tr><td rowspan="2">[9사(일사)06-02] 기본권 제한의 요건과 한계가 헌법에 명시된 이유를 토의하고, 기본권 침해 시 구제 방법을 조사한다.</td><td rowspan="2">2. 기본권의 제한 요건과 침해 구제 방법</td><td>기본권을 제한할 수 있을까?/ 기본권이 침해되었을 때 어디에서 도움을 받을 수 있을까?</td><td>3</td><td>1. 미디어를 통해 기본권 제한 사례 분석하기
2. 기본권 제한의 기본 조건 탐구하기
3. 기본권 침해 시 구제기관 탐구하기
4. 짝 가르치기 및 활동 내용 정리</td><td>미디어 리터러시</td></tr>
<tr><td>헌법에 보장된 근로자의 권리에는 무엇이 있을까?</td><td>4</td><td>1. 독서연계활동-『청소년을 위한 인권수업』 중 ‘어디에서든 일하는 나를 지키기 위한 노동 인권’ 부분 읽기
2. 독서 · 토론활동지 작성</td><td>독서 연계</td></tr>
<tr><td rowspan="2">[9사(일사)06-03] 근로자에게 보장되는 권리를 조사하고, 이러한 권리의 침해에 대처하는 국가와 시민의 노력에 대해 토의한다.</td><td rowspan="2">3. 근로자의 권리</td><td>근로자의 권리가 침해되면 어떻게 대응해야 할까?</td><td>5</td><td>1. 근로자의 권리 침해시 대응 방법 및 관련기관 탐구
2. 디벗을 활용하여 신문 및 뉴스 등에 나타난 인권침해 사례 조사하기
3. 논술문 개요서 작성하기</td><td>미디어 분석</td></tr>
<tr><td>탐구 활동 종합 글쓰기</td><td>6</td><td>1. 인권 탐구 논술문 작성
(미디어에 나타난 인권침해 사례 분석)
2. 발표 및 공유</td><td>수행 평가</td></tr>
</table>

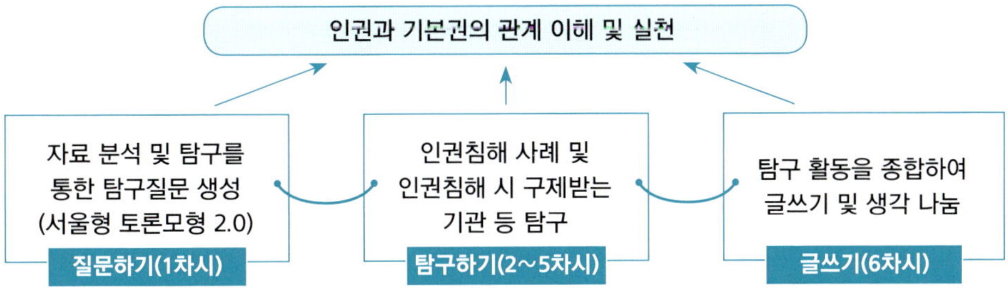

7. 본시 교수-학습 과정안

본시 교수-학습 과정안은『인권과 기본권』단원의 탐구 기반 글쓰기 수업 차시별 계획 중 1차시에 해당한다. 본 차시는 인권과 기본권 단원 학습의 서두에 해당하며, 학생 스스로 인권 존중의 의미와 필요성을 탐구할 수 있도록 설계되었다.

1) 단원의 기본 개요

<table>
<tr><td>단원명</td><td colspan="2">Ⅶ 인권과 기본권 1. 인권 보장과 기본권의 종류</td></tr>
<tr><td>성취 기준</td><td colspan="2">[9사(일사)06-01] 일상생활에서 인권이 침해되는 사례를 조사하고, 우리 헌법에 보장된 기본권의 종류를 탐색한다.</td></tr>
<tr><td>성취 기준 해설</td><td colspan="2">인권 침해 사례들을 인권 감수성의 관점에서 살펴보고, 이러한 사례에서 침해된 기본권의 종류를 헌법에서 찾아본다. 이 과정에서 인권이 헌법을 통해서 기본권으로 보장된다는 사실을 인식하고 기본권의 종류를 학습하여 일상생활 속에서 보장받아야 할 기본권 관련 조항을 구체적으로 이해한다.</td></tr>
<tr><td rowspan="3">성취 기준 분석</td><td>지식 · 이해</td><td>일상생활에서 인권이 침해되는 사례</td></tr>
<tr><td>과정 · 기능</td><td>헌법에 보장된 기본권의 종류 탐색</td></tr>
<tr><td>가치 · 태도</td><td>인권감수성을 통해 일상생활에서 인권 존중의 중요성을 인식하고 실천하기</td></tr>
<tr><td>학습 목표</td><td colspan="2">인권의 의미를 이해하고 일상생활에서 인권이 침해된 사례를 찾을 수 있다.
기본권의 의미와 종류를 설명할 수 있다.</td></tr>
<tr><td>핵심 아이디어</td><td colspan="2">인권 보장을 위해 헌법에 기본권을 규정하고, 국가와 시민은 기본권 보장을 위해 노력한다.</td></tr>
</table>

핵심역량	비판적 사고력, 창의적 사고력, 문제해결 및 의사결정력, 의사소통 및 협업 능력, 지식 정보 활용능력
활동방식	개인, 짝, 모둠 활동(서울형 토론모형 2.0 적용)
평가	교사 관찰에 의한 평가 실시, 학생 개인의 성찰 및 동료 평가 기회 제공 (총괄 평가는 6차시 글쓰기 평가를 통해 실시)
피드백	학생 개인별 맞춤형 피드백 제공을 통한 성장과 발달 도모
지도상의 유의점	1. 학생 주도성(Student Agency)이 발현되도록 허용적이고 편안한 분위기에서 질문을 생성하고 발표 및 생각 나눔을 할 수 있도록 학습환경을 조성한다. 2. 학생들의 삶과 연계된 사례 제시를 통해 인권의 중요성을 스스로 인식하고 구체적인 인권 존중 실천 방안을 스스로 모색하도록 지도한다.

2) 본시 교수-학습 과정안

<table>
<tr><th>단계</th><th>학습 내용</th><th>교수-학습 활동</th><th>학습형태 및 자료</th><th>시간</th></tr>
<tr><td rowspan="2">도입</td><td>수업준비 및 전시학습 확인</td><td>▶학습 환경 조성 및 출석 확인
▶전시 학습 확인 및 본시 학습과의 관계 안내
<table>
<tr><th>전시학습</th><th></th><th>본시학습</th><th></th><th>차시학습</th></tr>
<tr><td>XI. 일상생활과 법
3. 재판의 의미와 공정한 재판</td><td rowspan="2">➡</td><td>XII. 인권과 기본권
1. 인권 보장과 기본권의 종류
(1차시)</td><td rowspan="2">➡</td><td>XII. 인권과 기본권
1. 인권 보장과 기본권의 종류
(2차시)</td></tr>
<tr><td>법은 사회 질서를 유지하고 정의를 실현하는 사회 규범이며 공정한 재판을 통해 국가의 질서를 유지한다.</td><td>법의 역할 학습을 바탕으로 본시 인권 학습에서 탐구하고자 하는 질문 생성 및 생각 나눔 활동</td><td>인권을 존중하고 인권 침해시 구제하기 위해 헌법에 규정된 기본권의 종류와 역할 탐구하기</td></tr>
</table></td><td>교과서
PPT</td><td>2분</td></tr>
<tr><td>학습목표 제시</td><td>인권의 의미를 이해하고 질문 생성과 토론 활동을 통해 일상 생활에서 인권이 침해된 사례를 찾을 수 있다.</td><td>교과서,
PPT</td><td>1분</td></tr>
</table>

	학습 환경 조성	교수-학습	피드백
도입 설계의 유의점	1. 수업 전 4인 1모둠으로 미리 착석하도록 하되 모둠 인원이 4인으로 맞출 수 없는 경우 3인 혹은 5인으로 구성하되 소외되는 학생이 없도록 지도한다. 2. 인권 침해와 관련된 최신 기사나 뉴스를 활용하여 학생의 흥미를 유발할 수 있다.	1. 본시 수업이 전시 및 차시 수업과 어떠한 관계에 있는지 연관성을 강조한다. 2. 분명한 학습 목표를 제시하고 '인권'이라는 핵심 키워드를 통한 수업의 방향성을 명확히 인지하도록 한다.	1. 전시 수업 내용 확인 시 교사의 열린 발문(예: 전시 학습 내용에서 기억에 남는 것 자유로운 발표 독려 등)을 활용할 수 있다. 2. 학생 답변이 다소 기대 수준에 못미치더라도 긍정적 피드백을 제공하여 참여도를 높인다.

단계	학습 내용	교수-학습 활동	학습형태 및 자료	시간
전개	본시활동 안내	질문이 있는 서울형 토론모형 2.0 안내 자료 탐구 – 짝 토의 – 모둠 토의 – 모둠 토론 – 발표 및 공유	PPT	2분
	토론활동	**단계 / 활동 내용** **자료 탐구** • 자료 읽기 및 중심 내용 파악하기 • 자료 분석 및 이해를 위한 질문 생성과 답변 • 짝 토의, 모둠 토의를 위한 개인 질문 생성하기 ↓ **짝 토의** • 개인 질문에 대한 의견 교환하기 • 짝 대표 질문 만들기 ↓ **모둠 토의** • 모둠원에게 짝 대표 질문 설명하기 • 모둠 대표 질문을 만들기 • 모둠별 대표 질문 게시 및 설명하기 • 모둠별 토론 논제 선정하기(모둠별 대표 질문 중) • 토론 개요서 작성하기 ↓ **모둠 토론** • 선정한 토론 주제로 모둠별 토론하기 • 토론 내용 기록 및 정리하기 ↓ **발표 및 공유** • 모둠별 토론 내용 발표하기 • 발표한 내용 공유하기	학습지 (구글 독스나 패들렛 등 공유 문서 활용)	35분

〈개인 탐구질문 생성 예시〉

1. 인권은 무엇이며 왜 인권을 존중해야 하는가?
2. 인권을 존중받지 못하면 개인의 삶은 어떻게 될 것인가?
3. 우리 주변에서 인권 침해 요소는 무엇이며 해결 방안에는 어떠한 것들이 있는가?
4. 인권 침해를 막기 위해 개인이나 국가가 노력할 점은 무엇인가?
5. 인권 감수성은 무엇이며 인권 감수성을 기르기 위해서는 무엇이 필요한가? 등

〈짝 탐구 질문 생성의 예시〉

개인 질문A	개인 질문B	짝 탐구 질문
인권은 무엇이며 왜 인권을 존중해야 하는가?	인권을 존중받지 못하면 개인의 삶은 어떻게 될 것인가?	인권이란 무엇이며 인권을 존중받지 못할 경우 개인과 사회의 모습은 어떻게 변할 것인가?

단계	학습 내용	교수 – 학습 활동	학습형태 및 자료	시간
		(아래 내용)	활동지	

〈모둠 탐구 질문 생성의 예시〉

2인 질문A	2인 질문B	모둠 탐구 질문
인권이란 무엇이며 인권을 존중받지 못할 경우 개인과 사회의 모습은 어떻게 변할 것인가?	인권 침해에는 어떠한 것들이 있으며 그것들을 해결하기 위해서는 어떠한 노력이 필요한가?	인권이 중요한 이유는 무엇이며 인권 침해를 예방하기 위해 어떠한 노력이 필요한가?

〈모둠 토론〉

1. 최종 결정된 4인 1모둠의 탐구 질문을 바탕으로 모둠원들이 자신들의 생각과 의견, 해결 방안 등을 자유롭게 이야기 나누고 관련 내용을 학습지에 기록한다.
2. 모둠원이 최종 선정한 질문의 성격에 따라 토의(문제에 대해 함께 검토하고 논의하며 해결 방안을 모색하기)나 토론(주제에 대해 찬성과 반대 의견으로 나뉘어 논리적 근거를 제시하며 자신의 생각을 주장하기) 형식이 모두 가능하다.

	종합 소감발표	▶ 본시 토론과정에서 발표 기회가 적었던 학생들을 대상으로 학습 활동에 대한 소감 발표 ▶ 서울형 토론모형 2.0이 1회성 발표 수업으로 끝나는 것이 아니라 '개인-짝-모둠'으로 이어지는 탐구 질문 생성과 토론의 과정을 통해 생각하는 힘을 키우고 상호 협력하는 숙의의 과정이 중요함을 강조	PPT	3분

전개 설계의 유의점	학습 환경 조성	교수-학습	피드백
	1. 개인 탐구 활동-짝 활동-4인 모둠 활동이 자연스럽게 유기적으로 연결되도록 학습환경을 조성한다. 2. 학생 스스로 탐구 질문을 생성하고 모둠별 탐구 질문까지 완성하는 과정 자체에서 학생 주도성이 발현되도록 상호 협력적 의사소통이 이루어지는 수업 환경을 조성한다.	1. 단순한 질문 만들기 활동에서 그치지 않고 '인권'문제에 대한 탐구임을 명확히 인지시킨다. 2. 마지막 모둠별 토론 내용을 발표하고 공유하기 위해 패들렛이나 구글독스 문서 등을 활용하여 활동 내용을 직접 보며 발표할 수 있는 기회를 제공한다.	1. 인권과 관련된 질문 만들기 활동을 어려워하는 학생에게는 개별적으로 예시 등을 알려주며 맞춤형 피드백을 제공한다. 2. 개별 질문 만들기와 짝 대표 질문 만들기, 모둠별 대표 질문과 토의의 전 과정에서 학생 활동을 관찰하며 즉각적인 피드백 제공을 통해 학습 활동을 독려한다.

단계	학습 내용	교수 - 학습 활동	학습형태 및 자료	시간
결말	차시안내	▶ 오늘 학습한 내용이나 활동 중 내 삶에 적용할 점은? ▶ 오늘 학습 활동에 참여한 나의 학습 태도를 성찰해보면? ▶ 기본권의 의미와 종류 ▶ 헌법 조항을 토대로 살펴보는 일상생활 속 기본권	교과서, PPT	2분

평등권	자유권	참정권	청구권	사회권
모든 국민이 차별받지 않고 동등하게 대우받을 권리	국가 권력의 간섭을 받지 않고 자유롭게 생활할 수 있는 권리	국가의 의사 결정에 참여할 수 있는 권리	기본권 침해 시 국가에 구제나 예방을 요청할 권리	국가에 인간다운 생활을 요구할 수 있는 권리

	학습 환경 조성	교수-학습	피드백
결말 설계의 유의점	1. 학습 활동의 마무리 단계로서 수업 분위기가 흐트러지지 않고 끝까지 집중력을 유지할 수 있도록 학습 환경을 조성한다. 2. 앞 단계인 전개 단계에서 수업이 예상보다 일찍 종료되거나, 혹은 모둠별 발표 시간이 부족하여 시간이 초과되었을 경우를 대비하여 수업 마무리인 결말 단계의 시간을 융통성있게 활용한다.	1. 본시 수업(탐구 질문 생성하기)과 달리 차시 수업은 다소 이론적 측면이 강하므로 본시 학습한 내용과 어떠한 관련성을 가지는지 요약하여 설명한다. 2. 전체 6차시로 이어지는 탐구 기반 글쓰기 수업 중 1차시 수업이므로 최종적으로 오늘 모둠별 탐구 내용이 논술문 작성의 주요 토대가 됨을 강조한다.	1. 본시 수업을 통해 자신의 삶에 적용할 점, 새롭게 알게 된 내용이나 교훈 등을 모둠원들 간 상호 나눌 수 있는 기회를 제공하여 학생 상호 간 피드백이 기회를 부여한다. 2. 학습 과정 전반에 대한 교사 관찰 내용을 전체 피드백 시간을 통해 제공하여 학생의 성장과 발달을 도모한다.

인권이란 무엇일까? (p. 222~223)

1학년 ( )반 ( )번 성명 : ( )

* 〈내용 분석하며 읽기〉 교과서 p. 222~223의 내용을 분석하며 읽어 봅시다.

핵심 키워드와 그것의 의미는?	
새롭게 알게 된 내용은? (혹은 교훈)	
내 삶에 적용할 점은?	

1. 〈개인활동/짝과 활동〉 위 교과서 분석을 바탕으로 인권과 관련된 질문을 한 가지 생성한 후 짝과 이야기 나누어 봅시다. (2인 1조)

1. 사실 질문 – 단어의 뜻, 문장의 의미, 사실 관계 확인 등 객관적 답변을 요구하는 질문(예: 인권 문제 해결을 위한 국가 기관에는 어떠한 것들이 있을까?)
2. 개념 질문 – 특정 개념에 대한 이해, 탐구 과정을 통해 답을 탐구하는 질문(예: 아프리카의 아동 노동 인권 문제 해결을 위해서는 어떠한 노력이 필요할까?)
3. 논쟁 질문 – 찬반 논쟁이 가능하며 다양한 관점과 해석이 가능한 질문(예: 사형제도는 인권 침해에 해당하는가?)

내가 만든 질문	짝이 만든 질문

2. 〈짝과 활동〉 나의 질문과 짝꿍의 질문을 비교 검토한 후 짝 대표 질문을 만들어 봅시다. ((2인 1조), 두 질문 중 좋은 질문 하나를 선정하거나 두 질문을 조합하여 새롭게 만듭시다.)

짝 대표 질문	(짝꿍과 함께 이런 질문을 만들어 보았어요)

3. 〈모둠활동〉 모둠 대표 질문을 상대편 모둠원들과 나누고 4명 모둠의 대표 질문을 만듭시다. (4인 1모둠, 두 질문 중 좋은 질문 하나를 선정하거나 두 질문을 조합하여 새롭게 만듭니다)

모둠 대표 질문	(모둠원과 함께 이런 질문을 만들어 보았어요)

4. 〈모둠활동/전체 나눔〉 선정된 모둠 대표 질문에 대해 토의하고 관련 내용을 정리합시다.

5. 〈개인 성찰/삶의 적용〉 인권과 관련된 질문 생성 및 토의 활동에 참여한 자신의 학습 태도를 성찰하고, 학습한 내용의 적용점을 적어 봅시다.

나의 학습 태도의 보완할 점, 우수한 점, 각오와 다짐 등	인권과 관련된 학습 후 내 삶에 적용할 점, 내가 실천할 수 있는 일 등

8. 2022 개정 교육과정 사회과의 깊이 있는 학습을 위한 제언

사회과는 민주 시민으로서의 기본 소양과 자질 함양을 목적으로 하는 교과이다. 2022 개정 교육과정이 추구하는 인간상인 '포용성과 창의성을 갖춘 주도적인 사람'을 육성하기 위한 최일선의 교과인 것이다. 사회과에서 기르고자 하는 시민의 모습을 사회과 교육과정 총론 p. 6에서는 '인간과 사회현상을 탐구하고 지역사회, 국가, 세계에서의 생활에 참여하는 데 필요한 지식과 기능의 습득을 바탕으로 자율적으로 판단하고 행동하는 사람'으로 기술하고 있다. 이러한 시민을 육성하는 사회과 교육을 위해서는 학생 주도성이 발현되고 깊이 있는 학습이 이루어지도록 교수-학습과 평가가 설계되어야 한다. 즉 '얼마나 아는가?'보다는 '무엇을 할 수 있는가?'가 수업과 평가의 핵심 요소로 자리잡아야 한다. 이러한 깊이 있는 학습이 이루어지기 위해 학생의 성장과 발달을 도모하는 교수-학습과 평가, 삶과의 연계성, 학습에 대한 성찰, 융합 수업 확대의 네 가지로 제언하고자 한다. 구체적 내용을 정리하면 아래의 [그림 1]과 같다.

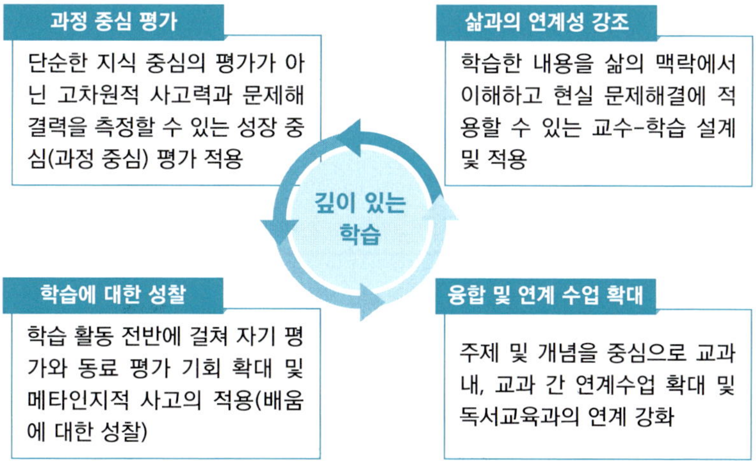

[그림 1] 깊이 있는 학습의 내용

참고 자료

교육부(2022). 2022 개정 교육과정 총론 해설(중학교).

교육부(2022). 사회과 교육과정. 교육부 고시 제2022-33호 [별책 7].

서울특별시교육청(2025). 질문이 있는 서울형 토론 모형 자료 재구조화(중등편).

손영찬, 조성호, 이강준, 최영아, 홍철희, 박진민, 신이우, 정다해, 김영규, 양설, 황유정, 노은총(2022). 2022 개정 교육과정 사회1 교과서. 미래엔.

손영찬, 조성호, 이강준, 최영아, 홍철희, 박진민, 신이우, 정다해, 김영규, 양설, 황유정, 노은총(2022). 2022 개정 교육과정 사회1 교사용 지도서. 미래엔.

04

수학과

단원 안내

- 학년: 중학교 3학년
- 단원: 삼각비
- 역량: 문제해결, 추론, 연결, 의사소통, 정보처리

활용 모형

- 탐구학습 모형
- 문제 기반 학습(Problem-Based Learning, PBL)

신규 및 저경력 교사를 위한 수업 가이드

- 2022 개정 교육과정의 수학과 교수 · 학습 원리 적용
- '수학적 모델링' 탐구 수업을 위한 수업 설계
- 효과적인 수학적 논의를 위한 구조화 및 지도 전략

Ⅰ. 단원의 개관

1. 단원명: 삼각비

2. 단원의 목표

수학은 수학의 개념, 원리, 법칙을 이해하고 주변의 여러 가지 현상을 수학적으로 관찰하고 해석하며 논리적으로 사고하고 합리적으로 문제를 해결하는 능력과 태도를 기르는 교과이다.

'삼각비' 단원은 직각삼각형에서 변의 길이 사이의 관계 속에서 삼각비를 이해하고, 삼각비를 활용하여 직접 측정하기 어려운 길이나 넓이를 간접적으로 구하는 수학적 원리를 학습하는 데 목적이 있다. 이러한 간접 측정의 원리는 고대부터 천체 관측, 토지측량, 건축술 등에 활용되었던 사례들에서 그 기원을 살펴볼 수 있다. 즉, 삼각비는 수학이 현실세계를 설명하고 예측하는 도구로 사용되었던 역사적 맥락을 지니며, 단원의 학습을 통해 수학의 유용성과 학문적 깊이를 함께 경험할 수 있다.

학생들이 이와 같은 경험을 통해 수학을 단지 교과서 속 지식이 아닌, 현실의 문제를 이해하고 합리적으로 살아가기 위한 유용하고 가치있는 교과로 인식하게 되기를 기대한다. 나아가 '배운 것을 삶에 적용하는 힘'을 기르고, 자기 주도성과 문제해결 능력을 함께 키우는 의미 있는 학습이 될 수 있도록 하는 것이 본 단원의 궁극적인 목표이다.

3. 교육과정 분석[2]

1) 내용체계

내용 영역	도형과 측정
핵심 아이디어	• 평면도형과 입체도형은 여러 가지 모양을 범주화한 것이며, 각각의 평면도형과 입체도형은 고유한 성질을 갖는다. • 도형의 성질과 관계를 탐구하고 정당화하는 것은 논리적이고 비판적으로 사고하는 데 기반이 된다. • 측정은 여러 가지 속성의 양을 비교하고 속성에 따른 단위를 이용하여 양을 수치화함으로써 여러 가지 현상을 해석하거나 실생활 문제를 해결하는 데 활용된다.
범주 \ 구분	내용 요소
지식 · 이해	중2: 도형의 닮음, 피타고라스 정리 → 중3: 삼각비 → 고: 삼각함수
과정 · 기능	• 간단한 삼각비의 값 구하기 • 삼각비를 활용하여 문제해결하기
가치 · 태도	• 삼각비의 유용성 인식 • 삼각비에 대한 흥미와 관심 • 도형의 성질을 이용한 건축물, 문화유산, 예술 작품에 대한 흥미와 관심 • 다양한 정당화 방법을 이용하여 체계적으로 사고하고 타인을 합리적으로 설득하려는 태도 • 정당화를 통해 수학적 근거를 바탕으로 비판적으로 사고하는 태도

2) 성취 기준

성취 기준	• [9수03-16] 삼각비의 뜻을 알고, 간단한 삼각비의 값을 구할 수 있다. • [9수03-17] 삼각비를 활용하여 여러 가지 문제를 해결할 수 있다.

2 삼각비 단원의 성취 기준은 2022개정 교육과정과 2015개정 교육과정에서 내용의 변화가 없음.

성취 기준 해설 및 적용시 고려사항	• [9수03-17] 삼각비를 활용하여 직접 측정하기 어려운 거리나 높이 등을 구해 보는 활동을 통해 유용성을 인식하고 흥미를 느낄 수 있게 한다. • 도형의 성질을 이해하고 정당화하는 방법은 관찰이나 실험을 통한 확인, 사례나 근거 제시를 통한 설명, 유사성에 근거한 추론, 증명 등이 있으며, 이를 학생 수준에 맞게 활용할 수 있다. • 다양한 교구나 공학 도구를 이용하여 도형을 그리거나 만들어 보는 활동을 통해 도형의 성질을 추론하고 토론할 수 있게 한다. • 수학사를 통하여 삼각비에 관심을 가지고 그 유용성을 인식하게 한다. • 삼각비 사이의 관계는 다루지 않는다. • 삼각비의 값은 0°에서 90°까지의 각도에 대한 것만 다룬다.

Ⅱ. 단원 지도 계획

1. 학생 실태 분석

중학교 3학년 학생은 형식적 조작기 발달 단계에 있으며, 구체적인 경험 없이도 귀납적 추리나 연역적 사고와 같은 논리적이고 추상적인 사고가 가능해지는 시기이다. 그러나 구체적인 상황과 실생활에 기반한 과제는 학생들의 흥미를 유발하고, 수학 개념에 대한 이해를 돕는 동시에 학습의 성공 경험으로 이어질 가능성을 높이는 요소이다. 따라서 수학 개념을 실제 맥락 속에서 접하고 적용해보는 경험이 중요하다.

대부분 고등학교 진학을 앞두고 있어 학업 성취에 대한 관심도가 높으나, 또래 및 주변의 평가에 민감하게 반응하고, 실패나 틀림에 대한 두려움도 큰 편이다. 수학 교과의 위계적 구조로 인해 발생한 학습 결손과 반복된 실패 경험은 수학 학습에 대한 자신감을 저하시키고 위축된 학습 태도로 이어질 수 있다. 이에 따라 피드백을 긍정적으로 수용할 수 있는 마인드셋 형성, 정서적으로 안전한 학습 환경 조성, 지속적인 성공 경험의 축적이 필요하다.

학생 개개인의 학습 수준은 큰 차이가 있으며, 정해진 정답을 찾는 유형의 문제

풀이에는 익숙하나 이를 실제 상황에 연결하고 적용하는 데에는 어려움을 겪는 경우가 많다. 반면 직접 조작하거나 측정하고 설명하는 활동에서는 높은 집중력을 보이며, 또래의 영향을 많이 받는 시기로 협력적 학습을 통해 학습에 자극을 받는 경향이 나타난다.

이러한 학습자 특성과 발달 단계를 고려하여, 본 수업은 학습자 주도의 탐구 활동, 공학 도구 활용, 수학적 모델링, 맞춤형 학습, 협력적 탐구와 의사소통 중심 활동 등을 중심으로 설계하였다. 이를 통해 학생들이 수업 속에서 자연스럽게 성취기준과 학습 목표를 달성할 수 있도록 유도하고자 한다.

2. 2022 개정 교육과정의 수학과 교수 · 학습 원리를 적용

'삼각비' 단원은 '직각삼각형의 닮음'과 '피타고라스 정리'를 기반으로 학생들이 삼각비의 의미를 스스로 정의하고 적용할 수 있도록 구성되며, 단편적인 공식 암기보다는 수학 개념이 어떻게 확장되고 연결되는지를 탐색하는 과정에 중점을 둔다.

초기에는 직각삼각형의 닮음을 통해 대응변 간의 비가 일정함을 관찰하고, 그 비율이 각의 크기에 따라 달라진다는 점을 발견하며, 이를 바탕으로 사인, 코사인, 탄젠트의 개념을 학생 스스로 구성하게 한다. 이후에는 반지름의 길이가 1인 사분원에서 예각의 삼각비를 직접 측정하는 활동과 알지오매스(Algeomath)와 같은 공학도구를 활용하여 삼각형의 각도를 점진적으로 변화시키며 삼각비 값이 어떻게 달라지는지를 시각적으로 탐구하도록 한다. 이 과정은 삼각비가 정적인 수식이 아닌 함수적 성질을 지닌 동적인 개념임을 직관적으로 이해하게 하며, 특히 0°와 90°에서의 삼각비 값을 예측하고 수학적으로 설명하는 고차원적인 사고를 유도한다. 이러한 과정은 학생이 주도적으로 수학적 개념을 구성 및 확장하도록 하고, 공학도구를 활용하여 시각적 탐구를 가능하게 하여 정보처리, 추론, 문제해결 역량을 강화하는 교수 · 학습 원리를 반영한 것이다.

더 나아가, Desmos Activity를 활용한 수학적 모델링 시뮬레이션 활동을 통해 학생들은 실생활 맥락에서 수학 개념을 적용해보는 간접체험형 문제해결 경험을 하게 된다. 예를 들어, 나무의 높이, 절벽의 길이, 강 너비 등 직접 측정이 어려운 상황을 시뮬레이션으로 재현하고, 실제 측정 가능한 거리와 관측 각도를 기반으로 삼각형을 구성하여 삼각비를 활용해 실질적인 값을 추정한다. 이는 수학이 단순한 계산이 아니라 현실 세계의 문제를 해결하는 도구임을 자연스럽게 체득하도록 돕는다. 또한 탐구 결과를 동료와 공유하고 피드백을 주고받는 협력 활동도 함께 설계함으로써 의사소통 역량과 문제해결 능력을 함양할 수 있다. 이러한 과정은 수학적 모델링을 통해 수학과 실생활을 연결하고, 협력 학습과 의사소통 중심의 수업을 운영하여 수학 교과 역량을 통합적으로 신장하고자 하는 교수 · 학습 원리를 반영한 것이다.

3. 차시별 지도 계획

교육과정 성취 기준	차시	지도 내용	비고
[9수03-16] 삼각비의 뜻을 알고, 간단한 삼각비의 값을 구할 수 있다.	1	• 수학사 활용 –천문학과 삼각법, 비행기의 착륙각도	
	2~3	• 삼각비의 뜻 –직각삼각형의 닮음을 이용하여 변의 길이 사이의 관계 탐구하고 삼각비 정의하기 –삼각비, 사인, 코사인, 탄젠트, sinA, cosA, tanA	형성 평가
	4~6	• 삼각비의 값 –정삼각형과 정사각형 속 직각삼각형 찾고, 삼각비의 값 구하기, 삼각비의 성질 추측하기 –반지름이 1인 사분원에서 예각의 삼각비의 값 나타내기(측정 활동과 공학도구 활용) –각의 크기에 따른 삼각비의 증감, 대소관계를 탐구	포트폴리오 관찰 평가 동료 평가 자기 평가

[9수03-17] 삼각비를 활용하여 여러 가지 문제를 해결할 수 있다.	7~10	• 삼각비를 활용한 문세해결 –직각삼각형의 한 변을 구하기 위해 어떤 조건이 주어지고 어떻게 구할 수 있는지 탐구하기 –주어진 조건으로 삼각비를 활용하여 길이구하기 –삼각형의 넓이를 구하는 원리 탐구 –삼각비를 활용하여 도형의 넓이 구하기	형성 평가 포트폴리오
	11~12	• 삼각비를 활용한 문제해결 –필요한 정보를 수집하여 측정하기 어려운 길이(거리) 구하기	포트폴리오 관찰 평가 동료 평가 자기 평가
	13	• 수학사 문제해결(JUMP 과제) –산의 높이 구하기, 비행기의 활공거리 구하기	포트폴리오 관찰 평가

4. 단원 평가 계획

삼각비를 활용하여 문제해결하기			
성취 기준	[9수03-16] 삼각비의 뜻을 알고, 간단한 삼각비의 값을 구할 수 있다. [9수03-17] 삼각비를 활용하여 여러 가지 문제를 해결할 수 있다.		
평가 내용	지식 · 이해	과정 · 기능	가치 · 태도
	• 삼각비 • sin, cos, tan	• 상황이나 관계를 도식화하고, 식으로 나타내기 • 삼각비를 활용하여 문제 해결하기 • 문제해결과정 설명하기	• 삼각비의 유용성 인식 • 실생활과 관련된 문제를 수학적 모델링을 통해 해결하려는 도전적인 태도
평가 방법	☑서술 · 논술 □프로젝트 ☑포트폴리오 ☑관찰 □구술 □면담 ☑자기 평가 ☑동료 평가 □기타( )		
평가 요소	수행특성		
	A	B	C
정보처리	문제를 해결하기 위해 필요한 정보를 모두 수집하여 간단한 그림이나 식으로 나타냄.	문제를 해결하기 위해 필요한 정보를 도움을 받아 수집하여 간단한 그림이나 식으로 나타냄.	문제를 해결하기 위한 모든 정보를 제공받음.

문제해결	삼각비를 활용하여 문제를 해결하는 과정이 단계적으로 빠짐없이 논리적으로 서술됨.	삼각비를 활용하여 문제를 해결하는 과정을 서술하였으나 일부 생략하거나 약간의 오류가 있음.	문제해결의 과정을 거의 생략하거나 오류가 많음.
수학적 표현	문제해결과정을 수학적 용어와 기호를 사용하여 논리적으로 설명함.	문제해결과정을 수학적 용어와 기호를 사용하여 설명하였으나일부 생략되거나 약간의 오류가 있음.	문제해결과정을 설명함.
태도 및 참여도	문제해결에 다양한 방법을 시도하고, 끝까지 시도하며, 수업활동에 적극적으로 참여함.	문제를 해결하기 위해 여러 차례 시도하거나, 수업활동에 협조적으로 참여함.	수업 활동에 참여함.

Ⅲ. 본시 수업 설계

1. '수학적 모델링'[3]을 적용한 수업 설계

본 수업은 학습자 주도형 탐구 활동과 실제 맥락에 기반한 수학적 모델링을 중심으로 구성하여 학생들이 삼각비를 단순한 공식 암기나 계산 기술로 접근하는 것이 아니라, 실생활의 다양한 문제를 수학적으로 분석하고 해결하는 사고의 도구로 활용할 수 있도록 하고자 한다. 이를 위해 학생들은 나무의 높이, 절벽 사이의 거리, 강의 폭을 구하는 실제적 상황을 데스모스(Desmos) 액티비티를 활용한 시뮬레이션 활동을 통해 경험하고, '직접 측정 가능한 정보'를 수집하여 '직접 측정하기 어려운 길이(거리)'를 추론해내는 모델링 과정을 경험하도록 한다.

이러한 탐구 과정은 단순한 수학적 계산을 넘어, 수학을 현실과 연결지어 사고

3 수학적 모델링: 학생의 삶과 연계된 현상을 다양한 수학적 표현 방식을 이용하여 수학적 모델로 만들고 수학적 모델을 다시 실생활이나 사회 및 자연 현상에 적용하는 교수 · 학습 방안으로, 수학의 응용에 대한 넓은 안목을 갖게 할 수 있다(2022개정 수학과 교육과정).

하는 능력을 길러주는데 중점을 두고 있다. 특히 Ferri의 인지적 관점에서의 모델링 사이클을 기반으로 하여, 학생들은 문제를 이해하고(과제이해), 필요한 정보를 구조화하며(단순화), 수학적으로 표현하고(수학화), 계산과 추론을 수행한 뒤(수학적 작업), 수학적 결과를 해석하고 검토하는 일련의 사고 흐름을 자연스럽게 경험하게 된다.

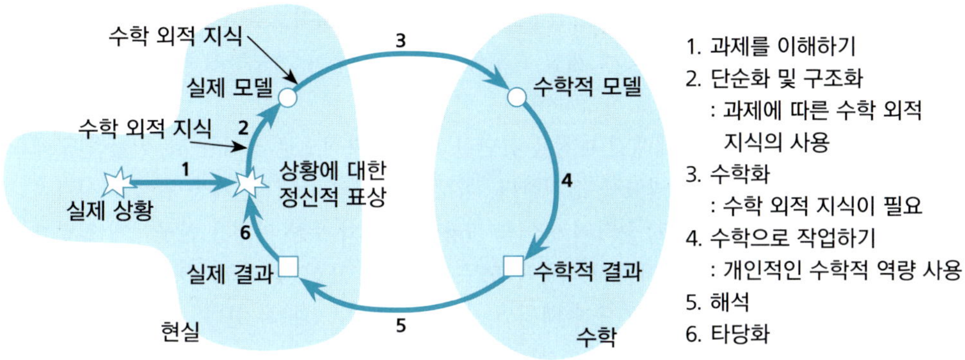

[그림 1] 인지적 관점에서의 모델링 사이클(Ferri, 2006)

2. 본시 수업 설계 개요

수업일시	○○년 ○○월 ○○일 ○○:○○		수업자	○○○
수업장소	3학년 ○반 교실		수업대상	3학년 ○반
단원명	삼각비의 활용	차시		12/13
성취 기준	[9수03-17] 삼각비를 활용하여 여러 가지 문제를 해결할 수 있다.			
학습목표	삼각비를 활용하여 직접 측정하기 어려운 거리나 길이를 구할 수 있다.			
핵심역량	☑문제해결 □추론 ☑의사소통 ☑연결 ☑정보처리			
학습형태	수학적 모델링 기반 탐구학습		학습자료	활동지, 데스모스

수업 설계의 주안점	• **전시학습 확인**: 이전 학습에서 학생들이 겪었던 오개념이나 난개념, 수학적 오류(예:무조건 삼각비를 곱하려고 하는 경향 등)를 점검한다. 학생들의 결과물에서 스스로 오류를 찾아보고 친구와 비교 · 설명하면서 개념을 명확히 이해하도록 유도하고, 이를 통해 학습 자신감을 회복하게 한다. • **탐구 과제**: 학생이 실제 마주할 수 있는 문제(예: 나무 높이, 절벽 사이 거리, 강의 폭 등)를 제시한다. 학생들은 직접 측정 가능한 자료(거리, 각도 등)를 관찰 · 수집하고, 삼각비를 활용하여 측정이 어려운 길이를 계산한다. Ferri의 인지적 모델링 사이클을 기반으로 하여 단계적으로 사고할 수 있도록 한다. Desmos를 통해 개별 속도에 맞추어 탐구가 가능하게 하며, 학생의 반응을 실시간으로 파악하여 피드백한다. • **발표 활동**: 문제해결 과정을 간단한 도식과 수식으로 정리한 뒤, 이를 친구에게 설명하는 발표를 실시한다. 학생은 자신의 측정 및 계산 과정을 시각적으로 표현하고, 수학적 용어를 활용해 자신의 추론 과정을 친구에게 전달한다. 발표자와 청자의 역할을 모두 함으로써 표현 및 질문 역량을 기르고 경청을 통해 상호 존중과 배려의 가치를 기를 수 있도록 한다. • **학습 태도 및 정서적 지원**: 실패에 대한 두려움을 줄이고, 실수도 학습의 일부임을 인식하도록 '실패에 대한 마인드셋'을 강조한다. 또래 집단의 영향을 고려하여 협력 학습을 중심에 두며, 발표나 질문 상황에서 비판보다는 이해 중심의 피드백을 유도한다. 학생들의 자발적인 참여와 탐구 의욕을 높이기 위해 개별 및 소그룹 성공 경험을 수업 중 지속적으로 제공한다. • **정리 및 성찰**: 수업의 마지막 단계에서 학생들이 자신이 탐구한 내용을 정리하고, 수업 목표가 달성되었는지를 스스로 점검하도록 한다.

3. 본시 교수 · 학습과정안

<table>
<tr><th>단계</th><th>학습 과정</th><th>교수 · 학습 활동</th><th>자료 및 유의점</th></tr>
<tr><td rowspan="2">도입</td><td>주의환기</td><td>◎수업 준비 확인
◎학습 분위기 조성(출석확인)</td><td></td></tr>
<tr><td>전시학습 확인</td><td>◎전시간에 학생들이 직각삼각형의 한 변의 길이와 한 예각의 크기를 이용(측정)하여 다른 변의 길이를 계산(공학용계산기 사용)하여 구한 과정을 함께 살펴본다.
• 오개념이나 수학적 오류 확인하기
–어떻게 풀었어? 왜 이렇게 풀었을까?
–오류가 있는가? 어떻게 해야 할까?
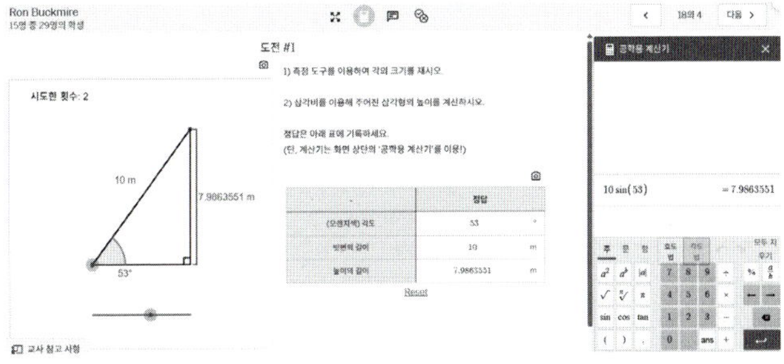

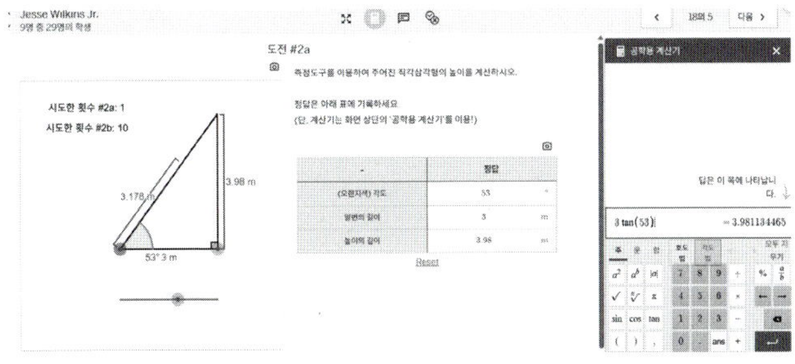

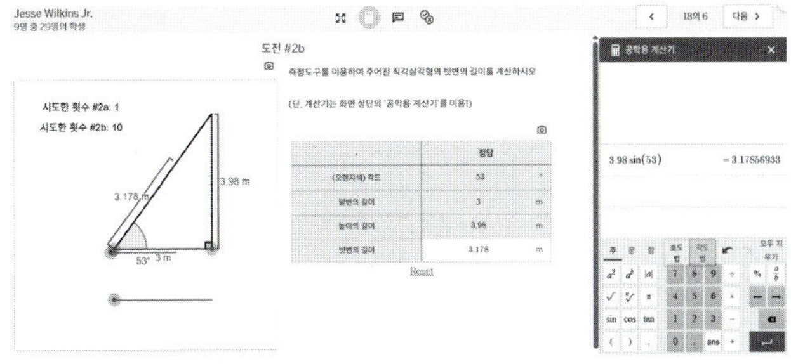
</td><td>㉶ 전시간에 학생들이 활동한 데스모스 결과물 중 일부를 활용.
유 자료를 제시할 때 학생이름은 익명화함.
유 직각삼각형에서 빗변과 높이의 관계를 이용한다고 파악할 때, sin 값을 그냥 곱하려고 하는 경향을 보이므로, 이러한 오류에 대한 언급이 필요함.</td></tr>
</table>

		• 다양한 방법으로 계산할 수 있음을 확인한다. –어떤 방법을 사용한 걸까? –같은 방법인데 측정값에 차이가 나는 이유는? –각 방법의 장단점은? 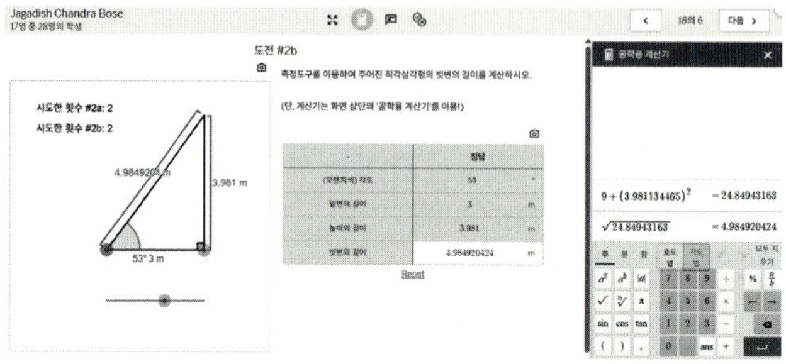 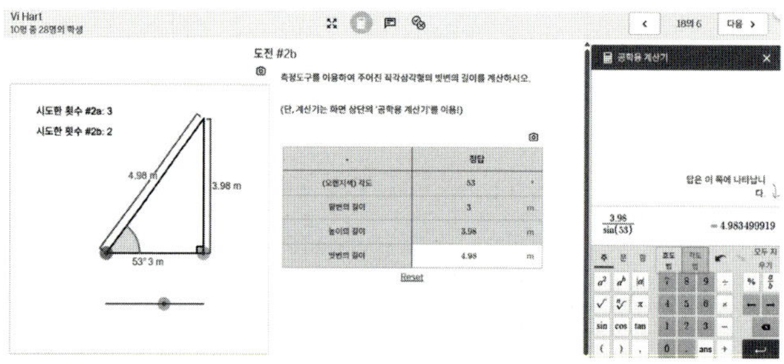 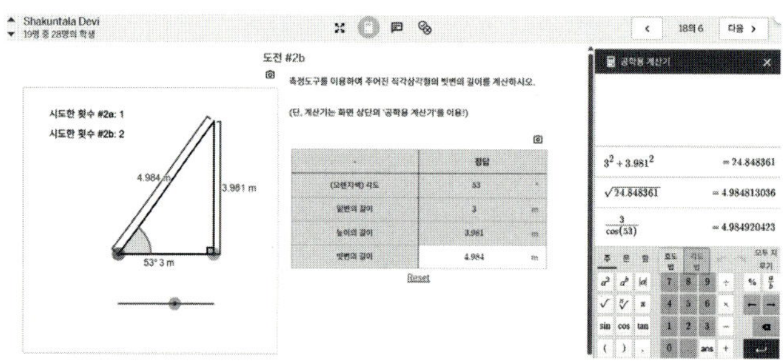 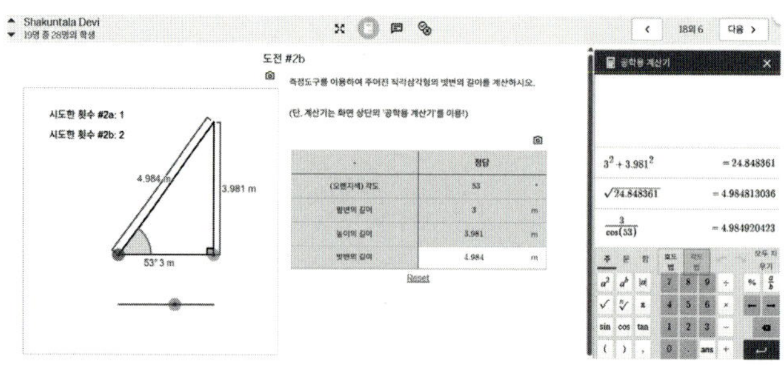	유 피타고라스정리, 삼각비 등 다양한 방법을 확인하고, 이용한 조건의 차이를 분석하며, 장단점을 살펴볼 수 있도록 함.
	학습 목표 제시	◎학습 목표 제시 직접 측정하기 어려운 길이나 거리를 어떻게 구할 수 있을까?	

<table>
<tr><td></td><td>학습 안내</td><td>◎활동순서 안내
1. 길이 구하기 과제('데스모스 액티비티')
–4개의 과제로 구성됨
–측정 가능한 길이와 각을 찾아 측정하기
–수집한 데이터로 주어진 길이(거리) 구하기
–해결과정을 그림과 수식으로 정리하기
2. 친구에게 설명하기–'둘 가고 둘 남기' 활동
3. 활동지 정리</td><td></td></tr>
<tr><td>전개</td><td>탐구과제</td><td>◎데스모스 액티비티를 활용하여 직접 측정하기 어려운 길이나 거리를 구하기
한 예각과 한 변의 길이로 빗변의 길이 구하기 → 나무의 높이 구하기 → 절벽 사이의 거리 구하기 → 강의 폭 구하기
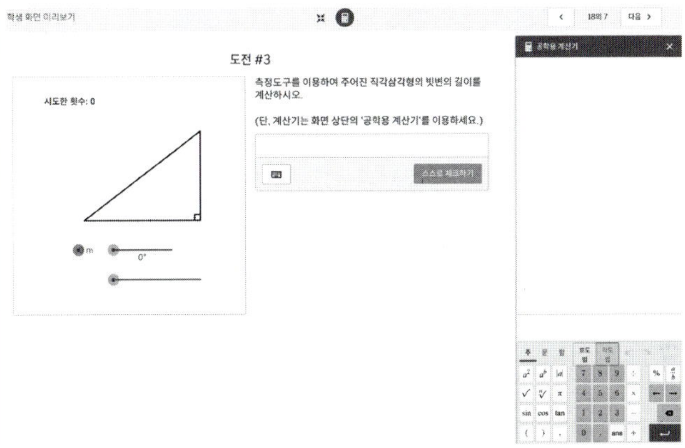

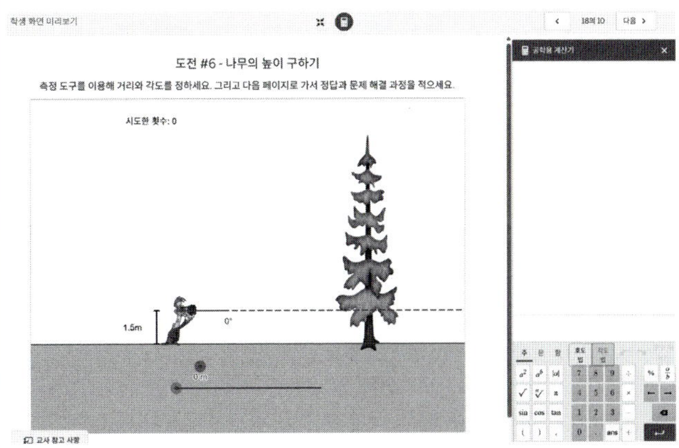
</td><td>㈋크롬북, 활동지

㈋데스모스 자료 출처
https://teacher.desmos.com/activitybuilder/custom/60bc32bb299d4b35e72ef6df?utm_campaign=share&utm_content=activity&lang=ko</td></tr>
</table>

		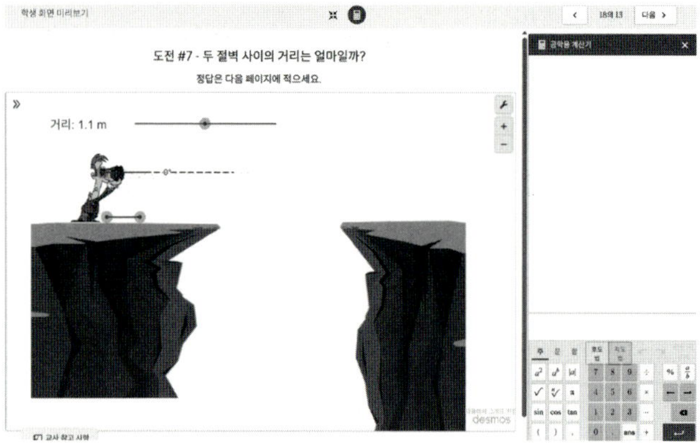 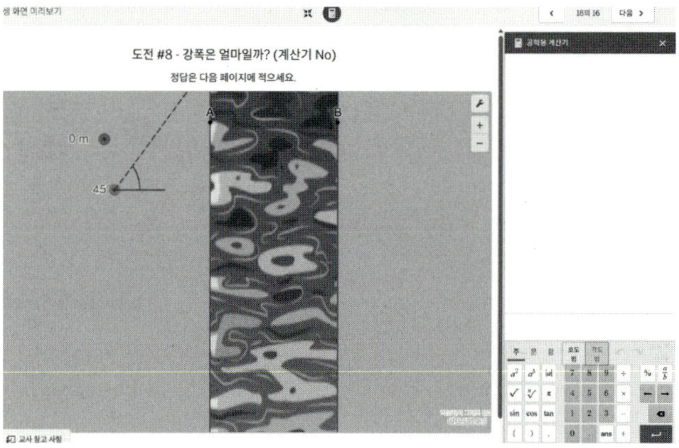 • 실질적으로 측정가능한 자료는 무엇인가? 그중 측정하기 어려운 길이(거리)를 측정하기 위해 필요한 정보는 무엇일까? 수집한 정보로 어떻게 구할 수 있을까? 내가 구한 것이 맞는지 확인할 수 있는가? –자신의 속도에 따라 과제를 해결해나가며, 모둠 내에서 서로 도와줄 수 있도록 한다. –자신이 설명할 과제를 문제카드에 적어서 미리 준비할 수 있다. [1번째 정리]	
		• 교사는 학생들의 학습현황을 실시간으로 확인하며 순회 지도한다. –전체적인 설명이 필요한 경우 [동기화]를 이용하여 한 화면으로 집중시킨 후 전체적인 설명 진행	유 교사 태블릿으로 학생들의 학습현황을 확인하면서 순회지도

	발표활동	◎n모둠에서 $n+1$(또는 $n+2$)모둠으로 각각 2명이 이동하여 '둘 가고 둘 남기' 활동을 한다. (자신의 언어로 친구에게 설명하기) 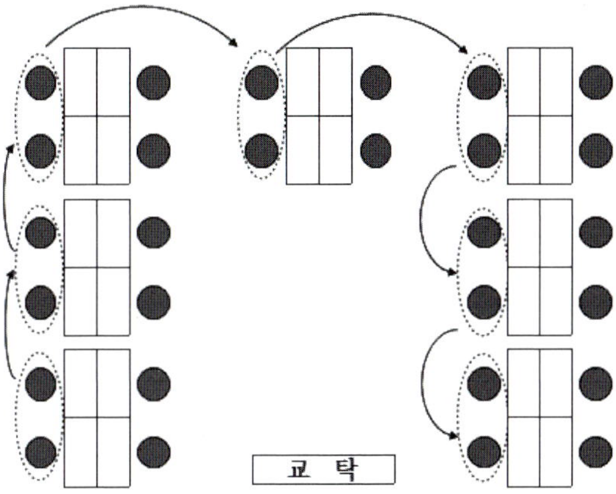 –모둠내에서 가장 많은 단계까지 해결한 학생 2명이 이동한다. –이동하지 않은 학생들이 먼저 자신의 풀이과정을 모둠 내 학생들에게 설명한다. [2번째 정리] –설명을 듣는 학생들은 설명하는 학생에게 질문 하거나 제안할 수 있고, 이해가 되었다면 설명한 친구의 문제카드에 서명을 한다. (동료 평가) –자신의 문제카드에 적힌 해결과정을 점검 및 정리한다. [3번째 정리]	유 ㄷ자 형의 모둠 배치로 학생들의 이동 동선과 교사 순회지도의 편의성을 고려함. 유 서로 다른 과제에 대해 설명하도록 함. –동료 평가 유 스스로 정리, 설명하면서 정리, 친구들의 피드백 후 보완하여 정리로 3단계로 정리하도록 함.
정리	학습정리	◎활동지의 학습정리 및 배움 일지 작성(자기 평가) ◎차시안내(수학사 관련 Jump 과제)	

※ '둘 가고 둘 남기 활동'에서 활용한 문제카드 및 배움 일지 속 학생들의 소감

1. 문제상황을 단순화하여 그림으로 나타내기 -측정한 자료 그림에 표시, 점에 A,B..표시	문제 번호	
	학번	
	이름	
	이해한 친구 서명	
2. 구하는 과정 설명하기	설명 (안보고2, 보고1)	
	이해도 (3,2,1)	
	합계	
	(교사확인)	

친구들이 문제에 대해 잘 설명해줘서 푸는 방법을 알게되었고 삼각비를 활용해서 길이를 구하는 문제를 잘풀지 못했는데 친구가 알려줘서 이제는 그래도 풀수있을거 같다

문제는 풀어 오답이 나왔다. 그래서 다시 문제를 보고 해설을 듣고 문제를 보니 정답을 알 수 있었다.

푸는게 어려웠는데 이 문제로 발표해보고 계속 풀어보니 잘 마무리 할 수 있었던 것 같습니다. 그래서 이제는 잘 모르는 문제도 계속 풀어보면서 잘 풀수 있도록 노력할 것 입니다!

참고 자료

교육부(2022). 수학과 교육과정. 교육부 고시 제2022-33호 [별책8].

김나연(2024). 수학적 모델링 활동에서 나타난 고등학생들의 수학적 사고 분석. 서울대학교 대학원 박사학위논문.

김인경(2012). 수학적 모델링과 수학화 및 문제해결 비교 분석, **한국수학사학회지**, 25(2), 71-95.

황선욱, 강병개, 윤갑진, 이광연, 장홍월, 정종식(2025). **중학교 수학 3 교과서**. 미래엔.

05

영어과

단원 안내

- 학년: 중학교 3학년
- 단원: Lesson 3 Laugh First and then Think
- 역량: 의사소통역량, 지식정보처리역량, 공동체역량

활용 모형

- 프로젝트 기반 학습(Project-Based Learning: PBL)
- 과제 중심 언어 학습(Task-Based Language Teaching: TBLT)

신규 및 저경력 교사를 위한 수업 가이드

- 영어과 핵심 역량, 성취 기준 분석 및 수업 적용 시 고려사항 안내
- 2022 개정 교육과정의 영어과 교수 · 학습 원리 적용
- 지도안 각 단계별 설계 시 유의점
- 평가 계획, 환류 계획 등

Ⅰ. 단원의 개관

1. 단원명: Lesson 3. Laugh First and then Think

2. 단원 설정 이유 및 목표

이 단원은 유머와 의사소통이라는 주제를 중심으로, 학생들이 일상생활 속에서 유머를 이해하고 표현할 수 있도록 돕는다. 본 차시는 '칭찬과 격려'를 주제로 하여, 학생들이 친구에게 주고 싶은 상장 문구를 작성하여 창의적인 상을 제작하면서 'not only A but also B, enough to~' 표현을 실제 맥락에서 활용해 보는 것을 목표로 한다.

3. 교육과정 분석

1) 영어과 역량 및 성취 기준 분석

영어과 핵심 역량	성취 기준	적용시 고려사항
영어의사소통역량	[9영02-03] 이 성취 기준은 학습자가 개인생활, 학교생활, 사회생활 등에서 흔히 접할 수 있는 친숙한 주제에 관해 사람, 사물, 위치나 장소, 방법이나 절차 등을 적절하게 설명하는 말이나 대화를 하거나 문장이나 문단으로 쓸 수 있는 것을 의미한다. 또한 그림, 사진, 도표 등 시각적 정보와 관련하여 특정 정보를 설명하는 말이나 대화를 하거나 문장이나 문단으로 쓸 수	▶ 말하기와 쓰기 능력을 균형 있게 향상하는 데 중점을 두어 지도한다. 또한 표현 영역의 말하기와 쓰기를 연계한 활동뿐만 아니라 듣고 말하기, 읽고 쓰기 등의 활동을 활용하여 이해 영역 활동과 표현 영역 활동이 자연스럽게 연결되도록 통합적으로 지도한다. ▶ 말하기 · 쓰기 활동의 과정 중에는 의미 전달에 지장을 주지 않는 한 교

	있는 것을 의미한다. [9영02-10] 이 성취 기준은 학습자가 실생활의 여러 말하기나 글쓰기 상황에서 '바꿔 말하기'또는 '고쳐 쓰기'와 같은 적절하고 다양한 전략을 활용하여 상황이나 목적에 맞게 효과적으로 말이나 대화를 하거나 문장이나 문단으로 쓸 수 있는 것을 의미한다.	사의 즉각적인 오류 수정을 자제하여 유창성을 높이도록 지도하며, 최종 결과물에 대해서는 유창성뿐만 아니라 정확성에도 중점을 두어 지도한다.

영어과 핵심 역량	성취 기준	적용시 고려사항
지식정보 처리역량	[9영01-03] 이 성취 기준은 학습자가 친숙한 주제에 관한 담화나 글을 듣거나 읽고 중심 내용을 정확히 파악하는 능력을 의미한다. 구체적 세부 정보에만 집중하는 것이 아니라 전체 내용을 구조적으로 이해하는 것을 포함한다.	▶다양한 듣기 · 읽기 자료를 제공하여 중심 내용을 파악하는 연습을 반복할 수 있도록 한다. ▶핵심 정보를 요약하거나 재구성하는 활동을 통해 중심 내용 이해를 심화할 수 있도록 지도한다.
공동체 역량	[9영02-11] 친숙한 주제에 관해 말하거나 쓸 때 상대방을 배려하는 태도를 보인다.	▶학생들이 다양한 상황에서 상대방을 존중하고 배려하는 표현을 자연스럽게 사용할 수 있도록 구체적 상황 예시를 제공한다. ▶피드백 활동(칭찬 댓글 달기, 긍정적 피드백 작성 등)을 통해 공동체 의식과 존중하는 태도를 실제로 실천할 기회를 마련한다.

2) 2022 개정 교육과정의 영어과 교수 · 학습 원리 적용

2022 개정 영어과 교육과정에서는 듣기, 말하기, 읽기, 쓰기의 네 가지 언어 기능 관점으로 교육 내용의 영역을 분류하던 기존 방식에서 탈피하여 언어의 사회적 목적 관점에 따라 '이해(reception)'와 '표현(production)'의 두 가지 영역을 설정하였다. 이해 영역에서는 담화와 글뿐만 아니라 이미지, 동영상 등이 다양하게 결

합된 방식으로 제공되는 영어 지식 정보를 처리하고 사용하는 능력을 기른다. 표현 영역에서는 다양한 매체를 통해 말, 글, 시청각 이미지 등을 활용하여 자신의 느낌, 생각, 의견 등을 전달하는 능력을 기른다. 이해 영역과 표현 영역은 독자적인 영역으로 기능하는 한편, 두 영역의 결합된 형태로 영어 사용자 간 상호 작용도 가능하게 한다. 상호 작용은 대화, 토론, 문자 교환 등 참여자 간의 다양한 소통 방식으로 이루어질 수 있다. 따라서 이 단원에서는 학생들이 이그노벨상 관련 글을 읽고, 중심 내용을 파악한 후 유머와 의사소통이라는 주제에 관한 정보를 찾아 설명하며, 학생들이 일상생활 속에서 엉뚱한 생각을 하며 자신의 생각을 말과 글로 표현하는 능력을 기르는데 중점을 둔다.

3) 단원 성취 기준

Lesson 3. Laugh First and then Think	[9영01-03] 친숙한 주제에 관한 담화나 글의 중심 내용을 파악한다. [9영02-03] 친숙한 주제에 관해 사실적 정보를 설명한다. [9영02-10] 적절한 전략을 활용하여 상황이나 목적에 맞게 말하거나 쓴다.

4) 단원 학습 목표

① 'not only A but also B, enough to~' 표현을 이해하고 말하기와 쓰기 활동에 적용할 수 있다.

② 미래의 나에게 주고 싶은 상장 문구 작성할 수 있다.

③ 친구들과 협력하여 창의적인 상장을 제작하고 발표할 수 있다. 긍정적인 자기 표현을 통해 자존감을 높일 수 있다.

Ⅱ. 단원 지도 계획

차시	활동 내용	학습 형태
1차시	Listen & Speak 활동-퀴즈프로그램 앱 활용	짝활동
2차시	Ig Nobel Prize에 대한 생각열기(브레인스토밍)	개별활동
3차시	3과 어휘탐구 및 typotionary 제작-클래스카드 앱 활용	개별활동
4차시	Ig Nobel Prize 관련 본문 탐구 -직소활동	모둠협력활동
5차시	Grammar points 탐구 ('enough to~' 용법 및 'not only~but also~' 구문)	개별활동 및 짝활동
6차시	친구에게 줄 상장 문구 작성하기	개별활동 및 모둠활동
7차시	상장 발표 및 수여식	개별활동

Ⅲ. 수업 안내

1. 수업 주제

친구에게 줄 상장 문구 작성하기

2. 수업 설계 의도

▶3단원은 기발하고 창의적인 발명품을 통해 과학적인 원리를 유쾌하게 전달하는 이그노벨상(Ig Nobel Prize) 시상식을 다룬다. 본 수업에서는 이그노벨상에 대한 글과 행사 내용을 학생들과 함께 살펴본 후, 핵심 문법 표현을 활용하여 친구의 장점

을 표현해 보는 활동으로 확장하였다.

수업은 교과 재구성을 통해 미술과 영어가 연계된 프로젝트로 구성하였다. 미술 시간에는 '친구에게 주고 싶은 상'을 주제로 상장을 디자인해 보며, 친구의 강점을 시각적으로 표현해 보는 활동을 하였다. 영어 시간에는 'enough to' 용법과 'not only A but also B' 구문을 활용하여 상장 속 문구를 글로 표현해보는 글쓰기 활동을 진행한다.

학생들은 guided writing을 통해 친구에게 주는 상장 문구를 작성하여 그 결과물을 온라인 협업 플랫폼에 게시하여 친구들과 공유함으로써 공동체 역량을 기르도록 한다. 친구의 장점을 읽고 긍정적인 피드백을 댓글로 달며, 서로의 자존감을 북돋우는 시간을 갖는다. 마지막으로 가상 시상식을 통해 서로가 작성한 상장을 수여하며 격려와 응원의 분위기를 조성하고자 한다.

이러한 과정을 통해 학생들은 문법 표현을 실제적인 문맥 속에서 활용해 보고, 자기 성찰과 표현의 기회를 가지며, 창의적 글쓰기와 시각적 표현을 연계한 통합적인 언어 사용 능력을 기를 수 있다.

유의점 영어 학습을 지원하는 각종 인공지능 기술 및 디지털 도구 등을 적극적으로 수업에 도입하여 디지털 및 인공지능 리터러시를 함양하고 개인의 영어 학습 성장에 도움이 되는 활용법을 지도한다.

3. 수업 모형

1) 프로젝트 기반 학습(Project-Based Learning, PBL)

프로젝트 기반 학습(Project-Based Learning, PBL)은 학습자가 실제적인 과제를 수행하는 과정에서 협력하고 문제를 해결해 나가는 수업 방법이다. 학생들이 배운 것을 새로운 상황에 적용해 보는 경험을 통해 비판적 사고, 원활한 의사소통 능력, 창의력을 키울 수 있다. 교사가 교육과정 재구성을 통해 프로젝트를 체계적으로 설정하고 학생 맞춤형 전략을 동반한다면 더 효과적이다.

2) 과제 중심 언어 학습(Task-Based Language Teaching, TBLT)

과제 중심 언어 학습(Task-Based Language Teaching, TBLT)은 실제적인 과제 수행을 통해 언어를 자연스럽게 사용하고 학습하는 수업 방법이다. 의미 전달에 초점을 맞추며, 과제를 수행하는 과정에서 학습자는 언어 구조와 표현을 실제 맥락 속에서 익힌다.

본 수업에서는 '친구에게 주는 상장 문구 작성' 과제를 통해 'enough to, not only A but also B' 구문을 활용하고, 의미 있는 언어 사용을 촉진하고자 한다.

출처: 프로젝트 기반 학습(Project-Based Learning: PBL)
–Thomas, J. W. (2000). *A review of research on project-based learning*. The Autodesk Foundation.
과제 중심 언어 학습(Task-Based Language Teaching: TBLT)
–Ellis, R. (2003). *Task-based language learning and teaching*. Oxford University Press.

4. 단원 평가 계획

1) 평가 계획

평가 영역	평가 방법	평가 도구	평가 내용
이해 (듣기, 읽기)	지필 평가	교과서 기반 듣기 · 읽기 지문	• 영어로 들은 내용을 이해하기 • 영어로 된 글을 읽고 내용을 파악하기 • 문맥 속 의미, 화자의 의도, 글의 목적까지 깊이 있게 파악하기
표현 (말하기, 쓰기)	수행 평가	상장 디자인 및 상장 문구 결과물	• 친구의 장점을 영어로 표현하여 상장 문구를 작성할 수 있는가? • 'enough to, not only A but also B' 등의 구문을 활용하여 격려하는 문장을 구성할 수 있는가? • 상황에 맞는 긍정적이고 자연스러운 표현을 사용할 수 있는가?

2) 환류 계획

영역	평가 결과	지도 방안
이해	도달	다양한 듣기 · 읽기 자료를 추가 제공하여 사고를 확장시키고, 심화 질문을 통해 비판적 사고력과 추론 능력을 강화한다.
	미도달	듣기 · 읽기 전략(예측하기, 주요 정보 찾기 등)을 소그룹별로 다시 지도하고, 짧고 쉬운 텍스트로 단계별 학습을 지원한다.
표현	도달	다양한 문법 표현이나 창의적 글쓰기 기법을 추가로 제시하여 표현력을 더욱 풍부하게 한다.
	미도달	Guided Writing과 모델 문장 제시를 통해 작문을 단계별로 지원하고, Peer Feedback(짝 평가)을 활용하여 자기 표현의 자신감을 높인다.

5. 본시 학습 흐름도

단계	학습 흐름	교수 · 학습 전략
도입 (5분)	인사	• 인사하기
	학습 동기 유발	• ppt에 제시된 다양한 종류의 상장 양식을 보여주며 어떤 종류의 상인지 추측하여 표현하기 예시) 오스카상, 아카데미상, 친절상, 웃음상 등
	학습 목표 제시	• 본시 학습 목표 확인하기 1. 친구의 장점을 영어로 표현할 수 있다. 2. 친구에게 줄 창의적인 상장 문구를 영어로 작성할 수 있다.
전개 (35분)	활동 마당 (모둠 활동)	**〈활동 1. 핵심 문법 활용하여 친구 장점 찾기 활동〉** • 핵심문법 'not only A but also B, 형+enough to~'를 활용하여 롤링페이퍼에 친구의 장점 두 가지 이상 쓰게 하기. • 모둠별로 의견 공유하며 옆 모둠과 바꾸어 활동하기
		〈활동 2. 창의적인 상장 문구 작성하기 활동〉 • 학급 친구에게 칭찬 내용을 포함한 상장 문구 작성하기 • 미술시간에 제작한 상장 템플릿에 상장 문구 넣어 작성하기 • 친구에게 줄 상장 문구를 친구들 앞에서 발표하기(종이 상장 또는 디지털 그리기 도구 활용한 상장 양식을 의미함)
	오늘의 수업 돌아보기 (전체 활동)	• 친구의 장점을 떠올리며, 상장 문구에 들어가는 핵심 문장 정리하기
정리 (5분)	학습 내용 정리	• 온라인 협업 플랫폼에 완성된 상장 사진을 캡쳐하여 올리기 • 가장 인상 깊은 상장 양식 및 내용 살펴보기(댓글 달기) • 상장 문구를 작성하면서 배운 점, 느낀 점, 실천할 점 의견 나누기 • 활동의 의의와 활동 결과물 정리하기
	차시 예고	• 차시 학습 내용(상장 시상식) 파악하기
	인사	• 인사하기

Ⅳ. 본시 교수·학습 과정안

수업일시		대상(장소)	3학년	수업교사	
단원명	Lesson 3. Laugh First and then Think			차시	6/7
성취 기준	[9영02-10] 적절한 전략을 활용하여 상황이나 목적에 맞게 말하거나 쓴다.				
학습목표	1. Students will be able to identify their friends' strengths. 2. Students will be able to write a creative award certificate message for their friends.				
수업모형	탐구 학습, 협동 학습				
핵심역량	☐ 자기관리 역량 ☐ 심미적감성 역량	☑ 지식정보처리 역량 ☑ 의사소통 역량		☑ 창의적사고 역량 ☑ 공동체 역량	
교수 · 학습자료	PPT자료, 학습 활동지, 크롬북				

단계 (시간)	학습과정 (학습내용)	교수 · 학습 활동		자료(▶), 유의점(★)
		교사 활동	학생 활동	
도입 (5′)	Greeting & Roll-call	• T says hello to students. • T checks the attendance. • T makes comfortable mood for the lesson.	• Ss respond with polite greeting • Ss recall and discuss key points from the last lesson.	▶PPT
	Review	• T encourages Ss to remind of their learning from the last class. (핵심 어법 사용하여 친구의 장점 세 가지 이상 말하기 지도)	• Ss remind T of their learning (핵심 구문 not only A but also B, B as well as A, 형/부+enough to~활용하여 모둠원들 칭찬)	
	Motivation	Sharing various types of awards		▶PPT
		• T presents images of different types of awards and asks students to guess today's topic. • T clearly explains the goals of the lesson.	• Ss talk about different types of awards they know. • Ss make predictions about today's lesson.	

	Learning objectives	• T clearly explains the objectives and the learning process for today's lesson • T shows Ss 'Class flow' today.	• Ss listen to the teacher's explanation. • Ss look at today's class flow carefully.	
		Today's Class Flow Finding out friends' good points → Making a creative award → Upload & Share → Reflection time		

도입 설계의 유의점	• 지난 시간 활동 질문을 할 때는 꼭 열린 질문을 하여 학생들의 생각이 확장될 수 있도록 해야 함. review의 부분이 너무 길면 자칫 배움에서 멀어질 수도 있기 때문에 바로 핵심 주제로 점프할 수 있도록 간단하게 핵심 질문 또는 퀴즈 형식으로 운영하면 더 효율적임. • 동기 유발의 경우 학생들의 흥미를 유발하기 위해 오늘 수업 주제와 관련된 짧은 영상, 시각적인 자료, 짧은 이야기 등 교사가 수업 내용에 맞게 선택하여 학생들이 배움에 바로 들어올 수 있도록 해야 함. • 학습목표를 안내할 때는 초성을 제시하여 핵심 단어를 유추해 볼 수 있도록 하거나, 중요 단어를 가리고 학생들이 함께 생각해 낼 수 있도록 하는 방법도 있음. • 학습 활동 순서를 도입 부문에서 제시하면 수업이 어떻게 진행될 것인지 학생들이 예측하며 활동에 참여할 수 있음.

단계 (시간)	학습과정 (학습내용)	교수 · 학습 활동		자료(▶) 및 유의점(★)
		교사 활동	학생 활동	
전개 (35′)	활동1 핵심문법 활용하여 친구의 장점 찾기	Learning grammar expressions: not only A but also B, enough to~		▶PPT, 학습 활동지
		• T explains the meaning and structure of both expressions using real-life examples. • T checks understanding with short practice questions.	• Ss listen to the teacher's explanation. • Ss try creating example sentences and ask questions if unclear.	★긍정적인 표현이 나올 수 있도록 자유로운 분위기 조성

		• T guides Ss to speak and write each seatmate's good points in the worksheet. ex)"You're kind enough to help my friends in the class." "You're good at not only sports but also music."	• Ss fill in their own opinions using key expressions in the worksheet. • Ss write about as many sentences as they can. • Ss write down their friends' strengths on a rolling paper and then pass it to the next group. Make sure to allow them to use any words or sentences they like.	★친구들의좋은 특성을찾아 롤링 페이퍼에 적을 수 있도록 안내 ★순회지도를 통해 어려움을 겪는 학생은 도와주고, 잘하는학생은 격려한다.
	활동2 창의적인 상장 문구 작성하기	**Expressing group members' strengths as award messages**		▶PPT, 학습 활동지, 크롬북
		• T introduces the Canva template and assign one slide to each group member. • T instructs students to write positive sentences about the teammate using target grammar expressions. • T lets Ss make a creative message on an award cer tificate respectively. • T gives a chance to read their writings on the template.	• Ss think about one of teammates' strengths and write meaningful sentences using 'not only A but also B and enough to~'. • Ss collaboratively design and decorate the award slide using Canva and present it to the class. • Ss volunteer and read their writings for the whole class.	★순회 지도를 하며 학습 상태를 파악한다. ★미술시간에 미리 제작해 보았던 상장 양식을 사용하도록 지도한다.

전개 설계의 유의점	• 학습과정에 활동명을 꼭 넣어 수업 활동의 특징을 예상할 수 있게 해야 함. • 글을 쓰기 전 브레인스토밍 활동으로 충분히 모둠 안에서 대화가 이루어질 수 있도록 교사는 학생들이 생각할 수 있는 시간을 주어야 함. • 학생들이 프로젝트를 수행할 때 교사가 제작한 샘플 또는 다른 학급에서 나온 결과물을 샘플로 제시하면 이해를 높일 수 있음.

<table>
<tr><th rowspan="2">단계
(시간)</th><th rowspan="2">학습과정
(학습내용)</th><th colspan="2">교수 · 학습 활동</th><th rowspan="2">사료(▶) 및
유의점(★)</th></tr>
<tr><th>교사 활동</th><th>학생 활동</th></tr>
<tr><td rowspan="3">정리
(5')</td><td>공유 및
성찰</td><td>• T makes Ss upload completed certificates and sharing reflections
• T gives Ss self reflection time.
• T guides students to take pictures of their final certificates and upload them to Padlet.</td><td>• Ss take a picture of their finished certificate and upload it.
• Ss present the message written on the certificate and respond to others' presentations.</td><td>★ 온라인 플랫폼에 업로드한 후 인상적인 상장에 댓글을 달도록 지도한다.</td></tr>
<tr><td>배움 일지
작성 및
피드백 제공</td><td>• T explains how to write a learning log. Ask students to review what they learned today and how they used it.

• What I learned:
• What I felt:
• What I will do:

• T gives some feedback about today's work</td><td>• Ss reflect on their learning and write a brief summary using today's expressions.

• Ss listen to the teacher carefully.</td><td>★ 모둠 안에서 배운점, 느낀점, 실천할 점을 이야기 나눌 수 있도록 한다.</td></tr>
<tr><td>차시 안내
및 마무리</td><td>• T announces for the next lesson.

Next Class: a mock award ceremony will be held.

• T says good bye.</td><td>• Ss look forward to the mock ceremony.

• Ss say good bye.</td><td>▶PPT</td></tr>
</table>

정리 설계의 유의점	• 오늘 활동한 내용에 대해 학생들이 정리해 볼 수 있는 시간이 필요함. • 수업 정리 단계로 오늘 수업에서 **배**운 점, **느**꼈던 점, **실**행할 점 등(배느실이라고도 함)을 꼭 적어 보게 하여 성찰의 시간을 가져 보는 것은 매우 중요함. • 교사의 피드백 및 학생 간 동료 피드백을 제공해야 함. • 차시 예고 시 구체적으로 내용을 제시할 필요가 있음.

V. 본시 교수·학습 자료

Words Practice	Lesson 3. Laugh First and Then Think.	소통과 협력 속에서 배움이 이루어진다!
3과 – after reading	3학년 반 번 이름	
수업 주제	친구에게 줄 상장 문구 작성하기	Date:

Brainstorming

* 내가 알고 있는 상의 종류를 말해 봅시다!

Step Up

1. What award do you want to receive in the future? and Why?
   (Talk with group members)

2. ‘enough to ~’ 용법 및 ‘not only ~ but also ~’
위의 어구를 사용하여, 자신이 패들렛에 올린 칭찬 문구를 모둠원들이 읽어 줍시다.

Jump Up

(Sample sentences)

You are kind enough to help my students in the class. You are good at not only teaching English but also learning English. (상 이름: Well Done Awesome ET Award)

1. ________ are ________ enough to ________________________________
   ____

2. 친구에게 줄 상장 문구 작성하기

(1.The Name of Award:)
This award is presented to (2.your name:)

Presented by (4.)

(5. Date:) (6. Signature:)

Learning Log	

참고 자료

교육부(2022). 영어과 교육과정. 교육부 고시 제2022-33호 [별책14].

정사열, 이성림, 홍숙한, 강윤희, 이현주, 성현영(2025), Middle School English 3. 천재교육.

Ellis, R. (2003). *Task-based language learning and teaching*. Oxford University Press.

Thomas, J. W. (2000). *A review of research on project-based learning*. The Autodesk Foundation.

06

정보과

단원 안내

- 학년: 고등학교 1～3학년
- 과목: 인공지능 기초(진로선택)
- 영역명: 인공지능 프로젝트
- 역량: 컴퓨팅 사고력, 인공지능 소양, 디지털 문화소양

활용 모형

- 프로젝트 기반 수업 모형

신규 및 저경력 교사를 위한 수업 가이드

- 2022 개정 교육과정의 정보과 '인공지능 기초' 과목 평가 계획 설계
- 인공지능 문제해결 프로젝트 수업의 설계 흐름 이해
- 인공지능 프로젝트 수업 실행을 위한 유의해야 할 수업 전략

1. 단원 개관

구분	내용
교육과정	2022 개정 정보과 교육과정
과목명	인공지능 기초
영역명	인공지능 프로젝트
성취 기준	[12인기04-01] 지속가능발전목표를 해결하기 위해 인공지능을 적용할 수 있는 방안을 탐색하고, 인공지능 프로젝트 활동에 적합한 주제를 도출한다. [12인기04-02] 인공지능 문제해결 과정에 기반하여 프로젝트 수행 계획을 구안한다. [12인기04-03] 인공지능 프로젝트를 수행하는 과정에서 협력적인 문제해결 자세를 바탕으로 인공지능 소프트웨어를 개발한다. [12인기04-04] 인공지능의 사회적 영향을 고려하여 인공지능 소프트웨어를 개발하고, 평가 결과를 반영하여 성능을 개선한다.

2. 2022 개정 정보과 교육과정 핵심역량

2022 개정 정보과 교육과정은 디지털 대전환 시대에 필요한 컴퓨팅 사고력, 디지털 문화 소양, 인공지능 소양을 바탕으로, 미래 사회의 다양한 문제를 창의적이고 논리적으로 해결할 수 있는 역량을 기르는 데 중점을 둔다. 정보 과목은 실생활과 다양한 학문적 맥락에서 문제를 추상화하고 효율적인 절차로 해결할 수 있는 능력을 통해 컴퓨팅 사고력을 함양하도록 돕는다.

- 컴퓨팅 사고력은 다양한 문제 상황을 분석하고, 해결 가능한 방식으로 구조화하며, 효율적인 알고리즘과 자동화 방식을 설계하는 데 필수적인 역량이다. 학생들은 문제 분해, 모델링, 알고리즘 설계, 프로그래밍 등의 활동을 통해 추상화 능력, 자동화 능력, 창의 · 융합 능력을 기르게 된다. 이러한 경험을 통해 학생들은 컴퓨팅 사고의 실질적 의미와 필요성을 체득하게 된다.
- 인공지능 소양은 학생들이 인공지능의 원리를 이해하고, 데이터를 기반으로

문제를 분석하며, 실질적인 해결책을 제시할 수 있는 능력을 기르는 데 중점을 둔다. 더불어, 인공지능 기술의 윤리적 측면과 사회적 책임에 대해 고민하도록 지도함으로써, 학생들이 인공지능 개발과 이용의 잠재적 영향을 비판적으로 사고하고 이를 책임감 있게 활용할 수 있도록 한다. 이 과정을 통해 학생들은 인공지능 문제해결력, 데이터 문해력, 인공지능 윤리의식을 함양하게 된다.

- 정보 수업 전반에서는 학생들이 기술을 이해하고 주도적으로 활용함으로써 책임 있는 디지털 시민으로 성장할 수 있도록 한다. 수업을 통해 학생들은 디지털 의사소통 및 협업 능력, 디지털 윤리의식, 디지털 기술 활용 능력을 고루 함양하며, 변화하는 디지털 사회에 능동적으로 대응하는 디지털 문화 소양을 기르게 된다.

<표 1> 2022 개정 정보과 교육과정 교과역량

컴퓨팅 사고력	디지털 문화 소양	인공지능 소양
추상화 능력 자동화 능력 창의・융합 능력	디지털 의사소통・협업 능력 디지털 윤리 의식 디지털 기술 활용 능력	인공지능 문제해결력 데이터 문해력 인공지능 윤리의식

3. '인공지능 기초' 과목의 '인공지능 프로젝트' 영역의 이해

고등학교 진로 선택 과목인 '인공지능 기초'는 인공지능의 발전에 따른 사회의 변화를 파악하고, 인공지능의 원리에 대한 이해를 바탕으로 인공지능을 다양한 분야의 문제를 창의적으로 해결하기 위한 핵심 도구로서 구현할 수 있으며, 인공지능의 윤리적 쟁점에 관한 올바른 가치관과 태도를 함양하는 데 중점을 둔다.

'인공지능 기초' 과목은 인공지능의 이해, 인공지능과 학습, 인공지능의 사회적 영향, 인공지능 프로젝트의 총 4개 영역으로 구성되어 있다. 그중 '인공지능 프로젝트' 영역은 마지막 영역으로, 인공지능이 다양한 분야와 융합하여 새로운 가치를 창출할 수 있다는 점을 인식하고, 인류가 직면해 있는 문제에 대해 인공지능을 활용하여 해결할 수 있는 능력과 태도를 기르는 것을 목표로 하고 있다.

지속가능발전목표를 해결하기 위해 인공지능을 적용할 수 있는 방안을 탐색하고, 인공지능 프로젝트 활동에 적합한 주제를 도출하고, 프로젝트를 수행하는 과정에서 인공지능 소프트웨어를 개발하고자 한다. 이 과정에서 인공지능 소프트웨어 완성도뿐 아니라 주제의 적절성, 문제해결 방식의 창의성 등 다각적인 측면을 골고루 반영하여 평가할 수 있도록 루브릭을 제작하도록 제시하고 있다. '인공지능 프로젝트' 영역의 내용체계는 다음과 같다.

<표 2> '인공지능 프로젝트' 영역의 내용체계

핵심 아이디어	• 인공지능은 다양한 분야와 융합하여 새로운 가치를 창출하는 데 도움을 준다. • 인공지능은 지속가능발전목표를 달성하는 데 도움을 준다.
구분	내용 요소
지식 · 이해	• 인공지능과 지속가능발전목표 • 인공지능 문제해결 절차
과정 · 기능	• 인공지능 프로젝트 주제 탐색하기 • 인공지능 프로젝트 수행 계획 구안하기 • 인공지능 소프트웨어 개발 및 평가 방법 설정하기
가치 · 태도	• 인류의 지속가능발전에서 인공지능의 중요성 및 가치를 판단하는 태도 • 인공지능 프로젝트를 수행하는 과정에서 협력적으로 문제를 해결하는 자세 • 프로젝트를 수행하는 과정에서 윤리 문제 등 사회적 영향 인식

성취 기준은 학생들의 각 교과목의 내용 요소를 학습한 결과 궁극적으로 할 수 있거나 할수 있기를 기대하는 도달점으로, 각 성취 기준에 도달한 정도를 성취 수준으로 나타낼 수 있다. '인공지능 프로젝트' 영역의 성취 기준과 성취 수준은 〈표 3〉과 같다.

<표 3> '인공지능 프로젝트' 영역의 성취 기준별 성취 수준

성취 기준		성취 수준
[12인기04-01] 지속가능발전목표를 해결하기 위해 인공지능을 적용할 수 있는 방안을 탐색하고, 인공지능 프로젝트 활동에 적합한 주제를 도출한다.	A	지속가능발전목표의 개념과 인공지능을 적용한 사례를 구체적으로 설명하고, 인공지능 프로젝트 활동에 적합한 다양한 주제를 탐색하며, 인류의 지속가능발전을 위한 인공지능의 중요성을 내면화할 수 있다.
	B	지속가능발전목표의 개념과 인공지능을 적용한 사례를 구체적으로 설명하고, 인공지능 프로젝트 활동에 적합한 주제를 탐색하며, 인류의 지속가능발전을 위한 인공지능의 중요성을 인식할 수 있다.
	C	지속가능발전목표의 개념을 설명하고, 인공지능 프로젝트 활동에 적합한 주제를 탐색하며, 인류의 지속가능발전을 위한 인공지능의 중요성을 인식할 수 있다.
	D	지속가능발전목표의 개념을 설명하고, 인공지능 프로젝트 활동에 부분적으로 적합한 주제를 탐색하며, 인류의 지속가능발전을 위한 인공지능의 중요성을 수용할 수 있다.
	E	지속가능발전목표의 개념을 인지하고, 인공지능 프로젝트 활동에 부분적으로 적합한 주제를 탐색하며, 인류의 지속가능발전을 위한 인공지능의 중요성을 수용할 수 있다.
[12인기04-02] 인공지능 문제해결 과정에 기반하여 프로젝트 수행 계획을 구안한다.	A	인공지능 문제해결 과정을 올바르게 설명하고, 인공지능 프로젝트 수행 계획을 구체적으로 수립할 수 있다.
	B	인공지능 문제해결 과정을 올바르게 설명하고, 인공지능 프로젝트 수행 계획을 수립할 수 있다.
	C	인공지능 문제해결 과정을 설명하고, 인공지능 프로젝트 수행 계획을 수립할 수 있다.
	D	인공지능 문제해결 과정을 설명하고, 인공지능 프로젝트 수행 계획을 부분적으로 수립할 수 있다.
	E	인공지능 문제해결 과정을 인지하고, 인공지능 프로젝트 수행 계획을 부분적으로 수립할 수 있다.
[12인기04-03] 인공지능 프로젝트를 수행하는 과정에서 협력적인 문제해결 자세를 바탕으로 인공지능 소프트웨어를 개발한다.	A	프로젝트 수행 계획에 의거하여 절차적으로 인공지능 소프트웨어를 개발하되, 그 과정에서 협력적으로 문제를 해결하는 자세의 중요성을 내면화할 수 있다.
	B	프로젝트 수행 계획에 의거하여 절차적으로 인공지능 소프트웨어를 개발하되, 그 과정에서 협력적으로 문제를 해결하는 자세의 중요성을 인식할 수 있다.
	C	프로젝트 수행 계획 중 일부에 의거하여 인공지능 소프트웨어를 개발하되, 그 과정에서 협력적으로 문제를 해결하는 자세의 중요성을 인식할 수 있다.
	D	프로젝트 수행 계획 중 일부에 의거하여 인공지능 소프트웨어를 개발하되, 그 과정에서 협력적으로 문제를 해결하는 자세의 중요성을 수용할 수 있다.

	E	인공지능 소프트웨어를 개발하되, 그 과정에서 협력적으로 문제를 해결하는 자세의 중요성을 수용할 수 있다.
[12인기04-04] 인공지능의 사회적 영향을 고려하여 인공지능 소프트웨어를 개발하고, 평가 결과를 반영하여 성능을 개선한다.	A	인공지능 소프트웨어를 개발하고 다양한 방식으로 평가하여 성능을 개선하며, 그 과정에서 인공지능의 사회적 영향을 내면화할 수 있다.
	B	인공지능 소프트웨어를 개발하고 다양한 방식으로 평가하여 성능을 개선하며, 그 과정에서 인공지능의 사회적 영향을 인식할 수 있다.
	C	인공지능 소프트웨어를 개발하고 평가하여 성능을 개선하며, 그 과정에서 인공지능의 사회적 영향을 인식할 수 있다.
	D	인공지능 소프트웨어를 개발하고 평가하여 성능을 개선하며, 그 과정에서 인공지능의 사회적 영향을 수용할 수 있다.
	E	인공지능 소프트웨어를 개발하고 평가하며, 그 과정에서 인공지능의 사회적 영향을 수용할 수 있다.

4. '인공지능 기초' 과목의 '인공지능 프로젝트' 영역 평가 계획 설계

1) '인공지능 프로젝트' 영역의 성취 기준 분석 및 평가 요소 추출

평가 계획의 평가 요소를 추출하기 위해 '인공지능 프로젝트' 영역의 성취 기준을 지식 · 이해, 과정 · 기능, 가치 · 태도로 분석하였다. 성취 기준 분석 결과를 기반으로 평가 요소를 추출하면 다음과 같다.

<표 4> '인공지능 프로젝트' 영역의 성취 기준 분석 및 평가 요소 추출

성취 기준	성취 기준 분석			평가 요소 추출
	지식 · 이해	과정 · 기능	가치 · 태도	
[12인기04-01] 지속가능발전목표를 해결하기 위해 인공지능을 적용할 수 있는 방안을 탐색하고, 인공지능 프로젝트 활동에 적합한 주제를 도출한다.	인공지능과 지속가능발전목표, 인공지능 적용 방안, 인공지능 프로젝트 주제	인공지능 프로젝트 주제 도출하기	지속가능발전 문제해결에 기여하려는 자세, 창의적 주제 발굴 태도	문제 정의하기

[12인기04-02] 인공지능 문제해결 과정에 기반하여 프로젝트 수행 계획을 구안한다.	인공지능 프로젝트 계획 요소	프로젝트 수행 계획 구안하기	체계적인 계획 수립 태도, 협업 준비 자세	데이터 수집하기, 데이터 전처리하기, 기계학습 모델 생성하기, 데이터 전처리 분석하기, 기계학습 모델 분석하기
[12인기04-03] 인공지능 프로젝트를 수행하는 과정에서 협력적인 문제해결 자세를 바탕으로 인공지능 소프트웨어를 개발한다.	인공지능 소프트웨어 개발 과정, 협업 방법	인공지능 소프트웨어 개발하기	협력적 문제해결 자세, 책임감 있는 개발 태도	
[12인기04-04] 인공지능의 사회적 영향을 고려하여 인공지능 소프트웨어를 개발하고, 평가 결과를 반영하여 성능을 개선한다.	인공지능의 사회적 영향, 성능 평가 및 개선 방법	인공지능 소프트웨어 평가 수행하기, 성능 개선하기	인공지능의 사회적 영향에 대한 비판적 인식, 책임감 있는 개발 태도	성능 평가 및 개선하기

2) '인공지능 프로젝트' 영역의 수행 평가 채점 기준 설계

추출한 평가 요소를 중심으로 평가 영역을 선정하고, 수행 평가 채점 기준을 〈표 5〉와 같이 설계하였다.

<표 5> '인공지능 프로젝트' 영역의 수행 평가 채점 기준 설계

평가 영역명	인공지능 기반 문제해결	영역만점	30점
수행과제	• 지속가능발전목표 수행을 위한 인공지능 해결가능한 문제를 정의하기 • 데이터 수집 및 전처리하기 • 문제해결에 적합한 모델 생성 및 평가하기		
교육과정 성취 기준	[12인기04-01] 지속가능발전목표를 해결하기 위해 인공지능을 적용할 수 있는 방안을 탐색하고, 인공지능 프로젝트 활동에 적합한 주제를 도출한다. [12인기04-02] 인공지능 문제해결 과정에 기반하여 프로젝트 수행 계획을 구안한다. [12인기04-03] 인공지능 프로젝트를 수행하는 과정에서 협력적인 문제해결 자세를 바탕으로 인공지능 소프트웨어를 개발한다. [12인기04-04] 인공지능의 사회적 영향을 고려하여 인공지능 소프트웨어를 개발하고, 평가 결과를 반영하여 성능을 개선한다.		

평가 요소	수행수준	배점
문제 정의하기 (서술 · 논술)	인공지능으로 해결가능한 문제를 명확하게 정의하였다.	5
	인공지능으로 해결가능한 문제를 정의하였으나 명확하게 제시하지 못하였다.	3
	인공지능으로 해결이 불가능한 문제를 정의하였다.	1
데이터 수집하기	인공지능 문제해결에 적합한 데이터를 수집하였다.	5
	제한적으로 적절한 데이터를 수집하였다.	3
	인공지능에 부적합한 데이터를 수집하였다.	1
데이터 전처리하기	모델 생성을 위한 데이터를 가공(결측치, 이상치, 특징, 타겟 선정 등)하고, 핵심 속성을 추출하였다.	5
	데이터 전처리를 부분적으로 수행하거나 핵심 속성 추출에 제한이 있다.	3
	데이터 전처리를 시도했으나 완성하지 못하였다.	1
기계학습 모델 생성 및 평가하기	문제해결에 적합한 인공지능 알고리즘을 선정해 모델을 생성하고, 모델 성능이 높다.	5
	문제해결에 적합한 인공지능 알고리즘을 선정해 모델을 생성하였으나, 모델 성능이 낮다.	3
	인공지능 모델 생성을 시도하였으나 완성하지 못하였다.	1
데이터 전처리 분석하기 (서술 · 논술)	데이터 가공(결측치, 이상치, 특징, 타겟 선정 등) 과정과 핵심 속성 추출 과정을 구체적으로 기술할 수 있다.	5
	데이터 가공 과정과 핵심 속성 추출 과정을 부분적으로 기술할 수 있다.	3
	데이터 가공 과정과 핵심 속성 추출 과정을 기술하지 못하였다.	1
기계학습 모델 분석하기 (서술 · 논술)	문제해결에 적합한 기계학습 알고리즘과 모델 구현 및 성능 평가 분석 결과를 명확하게 기술할 수 있다.	5
	문제해결에 적합한 기계학습 알고리즘이나 모델 구현, 성능 평가 분석 결과를 부분적으로 기술할 수 있다.	3
	기계학습 알고리즘이나 모델 구현 과정, 성능 평가 분석 결과를 기술하지 못하였다.	1

5. 지속가능발전목표 수행을 위한 인공지능 문제해결 프로젝트

1) 수업 목적

이 수업의 목적은 학생들이 사회가 직면한 복잡한 문제를 나의 문제로 인식하고, 주도적이고 책임감 있게 인공지능 기술로 문제를 해결하는 데 있다. 인공지능 기술을 배우는 데 그치지 않고, 그 기술을 통해 더 나은 세상을 만드는 데 기여할 수 있다는 감각과 태도를 기르게 하고자 한다.

학생들이 지속가능발전목표(SDGs)라는 전 지구적 문제를 탐구하고, 데이터와 인공지능을 활용해 해결 방안을 모색하는 과정을 통해, 문제를 정의하고 협업하며 끝까지 완수해 내는 삶의 역량을 갖추는 것을 목적으로 하고 있다. 나아가, 이 수업을 통해 학생들이 인공지능 기술을 학습하는 데 그치지 않고, 삶과 사회를 바꾸는 창의적 실천자로 성장하는 출발점을 마련해 주고자 한다.

2) 프로젝트 기반 수업 모형

'지속가능발전목표 수행을 위한 인공지능 문제해결 프로젝트' 수업은 프로젝트 기반 수업으로 설계되었다. 프로젝트 기반 수업은 학생이 실제적인 문제나 주제를 바탕으로 계획을 세우고, 탐색 · 해결 과정을 주도하며, 결과물을 산출하는 학습 방식이다.

단순한 지식 전달을 넘어, 학습자는 실제 문제해결을 통해 비판적 사고력, 창의성, 협업 능력, 자기 주도성을 종합적으로 기르게 된다.

이 수업은 학습자가 실제 문제해결 과정을 능동적으로 이끌어가며, 산출물 제작과 성찰 활동을 통해 지식 습득은 물론 역량과 태도까지 아우르는 통합적 성장을 추구하는 방식이다.

프로젝트 기반 수업 단계는 도입–탐색–계획 수립–수행 및 개발–공유 및 발표–성찰 및 평가의 흐름으로 구성되며, 학습자가 문제를 정의하고 해결책을 탐색 · 실행한 후, 그 결과를 공유하고 성찰하는 전 과정을 통해 주도적이고 협력적인 문제해결 역량을 기를 수 있도록 설계된 절차이다.

<표 6> 프로젝트 기반 수업 단계

단계	설명
도입	학습 주제에 대한 흥미를 유발하고, 실제 문제를 인식하도록 돕는다.
탐색	문제를 정의하고, 해결이 필요한 핵심 질문과 방향을 설정한다.
계획 수립	문제해결을 위한 절차, 역할 분담, 자료 수집 계획 등을 구체화한다.
수행 및 개발	계획에 따라 자료를 수집하고, 해결 방안을 탐색하거나 산출물을 제작한다.
공유 및 발표	문제해결 결과를 정리하여 공유하고, 발표를 통해 다른 의견을 수용한다.
성찰 및 평가	활동 전반에 대해 되돌아보고, 개선점과 배운 점을 정리한다.

3) 수업 설계 개요

이 수업은 정보 교과의 핵심 역량을 기반으로, 지속가능발전목표(SDGs)를 수행하기 위한 인공지능 문제해결 프로젝트를 수행하는 7차시 구성의 프로젝트 기반 수업이다. 학생들은 SDGs의 필요성을 이해하고, 인류가 직면한 문제를 정의하며, 인공지능 기술을 통해 해결 방안을 탐색하고 구체화하는 과정을 경험한다. 각 차시에는 데이터 수집, 전처리, 분석, 기계학습 모델 설계와 적용, 그리고 결과 공유 및 성찰까지의 일련의 활동이 포함되어 있다.

학생들은 실제적인 사회 문제를 주제로 삼아 스스로 문제를 정의하고, 데이터를 기반으로 분석과 설계를 진행하며, 산출물을 완성하고 성찰하는 전 과정을 주도적으로 수행하게 된다. 이를 통해 학습자는 단순한 지식 전달을 넘어, 실제 문제 해결 과정을 통해 비판적 사고력, 창의성, 협업 능력, 자기주도성을 종합적으로 함양할 수 있으며, 프로젝트 기반 학습이 지향하는 실천적 · 통합적 학습 경험을 충실히 구현할 수 있도록 설계되어 있다.

<표 7> '인공지능 프로젝트' 수업 설계 개요

성취 기준	단계	차시	교수 · 학습 내용		대표 활용 도구 및 산출물
[12인기04-01] [12인기04-02]	도입	1차시	지속가능발전 목표와 AI 활용 사례 탐색하기	• 지속가능발전목표(SDGs)의 필요성과 17가지 목표를 이해한다. • 지속가능발전목표 달성을 위한 인공지능 활용 사례를 탐색해 공유한다.	영상자료
	탐색	2차시	문제 정의하기 (본시 수업)	• 지속가능발전목표 중 하나를 선정하여, 핵심문제와 파생문제를 정의한다. • 파생 문제에 대한 인공지능 해결 방안에 대해 토의한다.	공유 플랫폼 (패들렛 등)
[12인기04-02] [12인기04-03]	계획 수립	3차시	데이터 수집하기	• 정의한 문제를 해결하기 위해 필요한 데이터를 수집한다.	데이터 수집 사이트
	수행 및 개발	4차시	데이터 전처리 및 분석	• 수집된 데이터의 결측치와 이상치 확인, 정규화 등의 데이터 전처리를 수행한다. • 탐색적 데이터 분석 및 핵심 속성을 추출한다.	파이썬(Python)
		5차시	모델 생성하기	• 훈련 데이터로 모델을 학습시키고 성능을 평가해 모델을 생성한다.	파이썬(Python)
[12인기04-04]	공유 및 발표	6차시	모델 활용하기	• 생성한 모델을 이용해 지속가능발전목표를 해결하는 아이디어를 해결한다.	프로젝트 보고서 프로젝트 결과물
	성찰 및 평가	7차시	갤러리 워크 및 성찰하기	• 프로젝트 결과물을 공유하고 상호 피드백을 수행하고 성찰한다.	프로젝트 보고서 프로젝트 결과물

4) 본시 교수 · 학습 지도안

‘인공지능 프로젝트’ 영역에서 설계한 총 7차시 수업 중 2차시인 ‘문제 정의하기’ 수업 설계는 다음과 같다.

과목명	인공지능 기초	영역명	인공지능 프로젝트	수업모형	프로젝트 수업모형
학교급/학년	고등학교 2학년	차시	2/7	수업형태	토의학습
성취 기준	[12인기04-01] 지속가능발전목표를 해결하기 위해 인공지능을 적용할 수 있는 방안을 탐색하고, 인공지능 프로젝트 활동에 적합한 주제를 도출한다.				
학습 목표	인공지능으로 해결가능한 지속가능발전목표 수행 문제를 정의할 수 있다.				
학습 자료	영상자료, 생성형 AI, 모둠활동지, 공유 플랫폼(패들렛 또는 퀴즈앤 보드)				

◎ 도입 단계 설계 및 유의사항

<table>
<tr><th>단계</th><th colspan="2">교수 · 학습 내용</th><th>시간</th><th>학습형태 및 자료</th></tr>
<tr><td rowspan="2">도입</td><td>수업준비 및 전시학습 확인</td><td>• 학습 환경 조성 및 출석 확인하기
• 지속가능발전목표(SDGs) 영상 시청 및 우리나라 지속가능발전목표 현황 안내하기
• 전시학습 확인 및 본시학습과의 관계 안내하기

<table><tr><th>전시학습</th><th></th><th>본시학습</th><th></th><th>차시학습</th></tr><tr><td>Ⅳ. 인공지능 프로젝트
(1) 지속가능 발전목표 이해하기</td><td>➡</td><td>Ⅳ. 인공지능 프로젝트
(2) 문제 정의하기</td><td>➡</td><td>Ⅳ. 인공지능 프로젝트
(3) 데이터 수집하기</td></tr><tr><td>지속가능발전목표 달성을 위한 인공지능 활용 사례를 탐색해 공유한다.</td><td></td><td>지속가능발전목표 수행을 위한 문제를 정의한다.</td><td></td><td>정의한 문제를 해결하기 위해 필요한 데이터를 수집한다.</td></tr></table></td><td rowspan="2">5′</td><td rowspan="2">교과서
슬라이드
영상자료</td></tr>
<tr><td>학습목표 안내</td><td>인공지능으로 해결가능한 지속가능발전목표 수행 문제를 정의할 수 있다.</td></tr>
</table>

유의사항
• 모둠별 협업이 원활하게 이루어질 수 있도록 좌석 배치와 역할 분담을 사전에 안내한다. • 지속가능발전목표와 연관된 영상을 제공하여 학생들이 전시학습을 자연스럽게 상기할 수 있도록 한다. • 전체 프로젝트 수업의 흐름 속에서 본시 수업의 위치와 목표를 명확히 안내한다. • 학습 목표를 제시하고 인공지능으로 해결가능한 지속가능발전목표를 수행할 수 있는 방향을 명확히 인지할 수 있도록 한다.

◎ 전개 단계 설계 및 유의사항

<table>
<tr><th>단계</th><th colspan="4">교수 · 학습 내용</th><th>시간</th><th>학습형태 및 자료</th></tr>
<tr><td rowspan="4">전개</td><td>본시 활동 안내</td><td colspan="3">문제 정의 과정에 대해 안내하기
핵심 문제 선정하기 → 파생 문제 만들기 → 인공지능 해결방안 탐색하기 → 문제 정의 정리하기</td><td rowspan="4">30′</td><td rowspan="4">교과서
슬라이드
생성형AI
모둠 활동지
태블릿
공유 플랫폼</td></tr>
<tr><td>활동 단계</td><td>교사 활동</td><td>학생 활동</td><td>탐구질문 예시</td></tr>
<tr><td>① 핵심 문제 선정하기</td><td>• 다양한 글로벌 문제 사례(이미지 자료)를 제시한다.
• ‘생성형 AI’ 도구를 안내하고 사용 방법을 시연한다.
• 핵심 문제에서 파생 문제로 확장 가능해야 함을 설명한다.</td><td>• 제시된 이미지 중 공감되는 글로벌 문제를 고른다.
• 모둠 내에서 토의하며 핵심 문제를 선정한다.</td><td>• 우리 삶과 가장 밀접한 문제는 무엇인가요?
• 어떤 문제가 인공지능으로 해결 가능할까요?</td></tr>
<tr><td>② 파생 문제 만들기</td><td>• 생성형 AI 도구를 사용해 파생 문제 생성을 유도한다.
• 핵심 문제와 파생 문제의 연결성을 안내하며 관찰 및 개입한다.</td><td>• 생성형 AI를 이용해 다양한 파생 문제를 제안한다.
• 모둠 내에서 적절한 파생 문제를 정리한다.</td><td>• 우리가 선택한 문제는 어떤 세부 문제(파생 문제)로 나눌 수 있을까요?
• 이 문제와 관련해 어떤 데이터를 수집하면 좋을까요?</td></tr>
</table>

	③ 인공지능 해결방안 탐색하기	• SDGs 목표와 관련지어 인공지능 적용 가능성을 지도한다. • 학생들이 해결 방안을 생각할 수 있도록 안내 발문을 제공한다.	• 파생 문제에 대한 인공지능 해결 방안을 브레인스토밍한다. • 인공지능 실행 가능성에 대해 '좋아요' 또는 수정 의견을 낸다.	• 우리 모둠의 파생 문제를 해결하기 위해 인공지능이 어떤 역할을 할 수 있을까요? • 제시한 해결 방안은 현실적으로 실행 가능할까요? 그 이유는?		
	④ 문제 정의 정리하기	• 모둠별로 핵심 문제–파생 문제–해결 방안을 종합하여 문제 정의 문장을 완성하도록 지도한다. • 정의된 문제를 공유하며 피드백 준비를 안내한다.	• 선정된 파생 문제와 인공지능 해결 방안을 바탕으로 문제 정의 문장을 작성한다. • 모둠별 공유 준비를 한다.	• 우리 모둠이 정의한 문제는 누구를 위한 것인가요?		

유의사항

- 태블릿, 공유 플랫폼 등 디지털 도구 활용이 가능하도록 기기 상태와 접속 방법을 사전에 점검한다.
- 예시 이미지, SDGs 아이콘 등 시각자료를 통해 문제 상황에 몰입할 수 있도록 학습 분위기를 조성한다.
- 생성형 AI의 제한 나이를 확인하고, 학부모 동의가 필요한 생성형 AI를 사용할 경우, 사전 동의를 받는다.
- 핵심 문제에서 파생 문제로 확장하는 과정을 명확히 안내하며, 다양한 관점에서 질문을 유도한다.
- 생성형 AI를 활용할 때, 기술 사용 자체가 목적이 되지 않도록 하며, 핵심 문제와 파생 문제 연결성에 초점을 둔다.
- 인공지능을 활용한 해결 방안을 구체적으로 고민할 수 있도록 사례 기반 발문을 제공한다.
- 모든 문제가 인공지능으로 해결가능하지 못하기 때문에 문제 정의 기준을 제시해 준다(구체성, 해결 가능성, 데이터 접근성 등).
- 모둠 간 공유와 상호 피드백 시간에는 핵심문제와 파생문제의 논리적 연결성에 대해 구체적인 피드백을 제공할 수 있도록 안내한다.
- 학생들이 해결 방안에 대해 모호하거나 비현실적인 아이디어를 제시할 경우, 공감을 표현하고, AI 실행 가능성을 되묻는 피드백 질문을 통해 사고를 확장시킨다.
- 수정된 문제 정의 내용에 대해 긍정적 강점을 언급하며, 자율적 성찰이 일어날 수 있도록 유도한다.

• 피드백 기준을 명확히 제시하여 학생의 사기 성찰을 유도한다.
 –문제의 범위가 구체적인가?
 –인공지능으로 해결할 수 있는 문제인가?
 –실제 데이터 수집이 가능한가?
 –지속가능발전목표와 연결되는가?

◎ 정리 단계 설계 및 유의사항

단계	교수 · 학습 내용				시간	학습형태 및 자료
정리	활동 단계	교사 활동	학생 활동	탐구질문 예시	15′	공유 플랫폼 슬라이드 성장 일지
	모둠간 공유 및 피드백하기	• 공유 플랫폼에 작성한 문제 정의 공유하도록 안내하기 • 피드백 관점을 제시하고 각 모둠이 1팀 이상에게 피드백하도록 지도하기 • 피드백 내용 중 깊이 있는 질문을 정리해 확장 발문하기	• 우리 모둠의 핵심 문제, 파생문제, AI 해결방안을 플랫폼에 업로드하기 • 다른 모둠의 문제 정의에 대해 피드백 제공하기 • 받은 피드백을 바탕으로 문제 정의 수정하기	• 이 문제는 왜 인공지능으로 해결 가능하다고 생각하나요? • 이 문제는 어떤 데이터를 활용할 수 있을까요? • 우리 모둠의 문제 정의에 어떤 점을 보완하면 좋을까요?		
	정리 및 차시예고	• 다음 차시 활동(데이터 수집하기)을 예고하고, 오늘 작성한 내용을 바탕으로 수집할 데이터 방향에 대한 힌트 제공하기 • 성장 일지에 오늘 활동에서 인상 깊었던 점이나 보완점 정리하도록 안내하기	• 오늘 작성한 문제 정의의 핵심 개념을 다시 정리하기 • 성장 일지에 개별 성찰 작성하기 • 다음 활동에 필요한 데이터를 생각해 보기	• 오늘 활동 중 어떤 점이 가장 흥미로웠나요? • 우리 모둠의 문제 정의는 어떤 점에서 개선되었나요?		

유의사항
• 공유 플랫폼의 사용방법과 게시기준을 사전에 안내한다. • 학생들이 피드백을 쉽게 쓸 수 있도록 간단한 예시나 틀을 제공한다. • 모둠 간 피드백이 원활이 이루어지도록 시간과 순서를 정해 준다. • 학생들이 작성한 핵심 문제, 파생 문제, AI 해결방안을 다른 모둠이 쉽게 이해할 수 있도록 명료하게 작성하도록 안내한다. • 모든 모둠이 최소 1개 이상의 다른 모둠에게 피드백하도록 지정한다. • 성찰과 연결되도록 '오늘 무엇을 새롭게 알게 되었는가?' 등의 질문을 제시한다. • 문제 정의와 명확성, 인공지능 실행 가능성, 지속가능발전목표(SDGs) 연계 등 구체적인 피드백 기준을 제공한다. • 긍정적인 피드백과 함께 보완정도를 제시할 수 있도록 균형 잡힌 피드백 구조(좋아요, 질문)를 안내한다. • 받은 피드백을 토대로 문제 정의를 수정하는 과정까지 안내하여 실제 반영하도록 지도한다.

6. 2022 개정 교육과정 정보과의 깊이 있는 학습을 위한 제언

정보 교과에서의 깊이 있는 학습은 여러 모습으로 드러난다. 학습자는 컴퓨팅 사고력, 인공지능 소양, 디지털 문화 소양과 같은 핵심 역량을 바탕으로 문제를 다각도로 탐색하며, 실제 해결책을 만들어 가는 과정을 경험한다. 이는 단순히 데이터를 분석하는 데서 멈추지 않고, 사회적 맥락 속에서 문제를 정의하고 알고리즘이나 인공지능 기술을 활용해 실행 가능한 방안을 모색하는 학습으로 나타난다.

예를 들어, '깨끗한 물과 위생(SDGs 목표)'을 주제로 수업을 설계할 수 있다. 학생들은 수질 데이터를 수집 · 분석하고, 결측치와 이상치를 처리하며 데이터 전처리의 필요성을 체득하였다. 이어서 수질 예측을 위한 기계학습 모델을 구현하며, 단순한 분석과 구현에 그치지 않고 "내가 배우는 인공지능이 지역 사회 문제 해결에 쓰일 수 있다."는 깨달음을 얻는 경험을 했다. 이는 깊이 있는 학습의 본질적 성과라 할 수 있다.

이와 같은 깊이 있는 학습은 다음과 같은 특징을 가진다.

- **문제의 주체화**: 학습자가 사회적, 개인적 문제를 나의 문제로 인식하고, 이를 정의하는 과정에서 학습 동기가 강화된다.
- **탐구와 실천의 연결**: 단순한 지식 학습을 넘어, 데이터를 다루고 모델을 설계하는 과정이 실제 문제 해결과 연결된다.
- **성찰과 전이**: 프로젝트 결과를 공유하고 성찰하면서 학습 내용을 다양한 맥락으로 확장·전이할 수 있다.

깊이 있는 학습을 설계할 때는 다음의 점을 고려할 필요가 있다.

- **구체적 질문 설계**: "이 문제는 인공지능으로 해결 가능한가?" "어떤 데이터가 필요할까?"와 같은 탐구 발문은 사고를 깊게 확장한다.
- **도구와 방법의 균형**: Orange, Python, 생성형 AI 등 다양한 도구는 학습을 풍부하게 하지만, 도구 활용 자체가 목적화되지 않도록 지도해야 한다.
- **윤리적 성찰의 통합**: 인공지능의 편향, 사회적 영향에 대한 논의는 기술 학습과 별개의 선택이 아니라, 프로젝트 학습 안에 통합되어야 한다.
- **피드백 구조 설계**: '좋아요–질문–제안' 방식의 균형 잡힌 피드백은 협력 학습을 질적으로 성장시킨다.

정보 교과에서의 깊이 있는 학습은 학습자가 기술을 소비하는 수동적 학습자를 넘어, '기술로 삶과 사회를 바꾸는 창의적 실천자'로 성장하는 출발점이 된다. 교사는 이 과정에서 단순한 지식 전달자가 아니라, '학습자의 탐구를 촉진하는 안내자(facilitator)'로서 역할을 수행하게 된다. 이는 미래 사회가 요구하는 책임 있는 디지털 시민과 문제 해결형 인재를 길러내는 데 중요한 밑거름이 될 것이다.

07

체육과

단원 안내

- 학년: 중학교 3학년
- 단원: 스포츠-기술형 스포츠-기록형 스포츠-양궁
- 총론역량: 협력적 소통 역량, 지식정보처리 역량, 창의적 사고 역량
- 교과역량: 움직임 수행 역량, 신체활동 문화 향유 역량

활용 모형

- 스포츠중계수업모형

신규 및 저경력 교사를 위한 수업 가이드

- 2022 개정 교육과정의 체육과 교수 · 학습 원리 적용
- LfPE 템플릿 적용 수업 설계
- 비구조적 문제해결 기반 평가 도구 개발 적용

Ⅰ. 단원의 개관

1. 단원명: 컬링

2. 컬링 수업 실천의 계기

체육수업에서 학생들의 운동능력의 차이는 학성 성취의 차이를 발생하는데 큰 영향을 준다. 이미 학생들이 좋아하고 선행 경험이 많은 축구, 농구 등의 구기운동은 그 차이가 더욱 크다. 더욱이 고등학교 혼성 학급에서는 더욱 그러하다. 다시 말해, 2022 개정 체육교육과정 역량 중에 하나인, 움직임 수행 역량의 학생별 기능 차이가 크다는 것이다. 그래서 교사들은 경기규칙도 변형해 보고 다양한 교육과정 재구성을 시도하지만, 농구수업이나 축구수업의 경기 승리팀은 원래 기능이 좋은 학생이 포함된 팀이 되는 경우가 빈번하게 발생하곤 한다. 그럼 학생들은 '체육은 원래 잘 하는 애들이 잘해!'라고 생각을 하게 되고, 체육수업은 그들만의 리그가 되고 수업의 활력은 떨어진다. 그렇다고 팀 경기를 안할 수는 없다. 왜냐하면 2022 개정교육과정 총론에서는 '협력적 소통 역량'을 핵심역량으로 제시하고 있기 때문이다.

2015년부터 PISA는 기존의 수업, 과학 검사 등에 더하여, 협력적 문제해결 검사를 시행해 오고 있다. 이는 우리 학생들에게 협력적 문제해결력이 함양해야 할 역량으로 인식되고 있기 때문이다. 팀 경기에서 선수들은 승리를 위해 항상 협의하고 전략을 세워 이를 실행한다. 팀 스포츠에서 협력적 문제해결은 내재된 본질이다. 그래서 체육 교사들은 수업 소재로 팀 스포츠를 빈번히 활용한다.

그렇다면, 팀 경기를 통해 학생들의 활기찬 소통을 유지하면서도 경기의 승패를 경기 전부터 예측하지 못하는 긴장감 있는 체육수업을 어떻게 하면 할 수 있을까? 이런 체육수업은 보다 학생들이 수업에 몰입하게 하는 선행 조건이 되지 않을까? 그래서 선택한 방법이 모두가 처음 해보는 스포츠 종목을 수업에 적극 도입하는 것이었다. 물론 체육교육의 본질을 잘 구현하는, 그리고 재미있으면서도 학생들의 관심이 있는 종목을 선택하는 것이 중요하다. 그래서 시도한 종목이 컬링이다.

알다시피 동계 종목인 컬링에서 우리나라 팀이 아시안게임, 올림픽, 세계선수권에서 메달을 획득했었고, 선수들도 언론의 큰 관심을 받았다. 학생들은 TV 중계를 보면서 우리나라 선수들을 응원하였으나 자세한 경기 규칙은 모르고 있었다. 따라서 컬링 수업을 위해서는 학생들에게 컬링 경기 규칙을 자세하게 지도하는 것이 필요하였고, 이를 위해 컬링 종목이 소개되어 있는 도서를 구입하여 컬링 경기 규칙 지도를 위한 학습지를 제작 · 활용하였다. 컬링이 남녀 신체 능력의 차이가 적게 반영되고 고난이도의 경기 전술 활용 종목인 것은 학생들이 체육수업에 몰입하는데 매우 긍정적이었으며 이는 수업 전 과정에서 경험되었기에 수업을 계획한 교사로서는 큰 보람이었다.

시중에는 세 가지 정도의 수업용 컬링이 소개되어 있었고, 이 중 하나를 선택하였다. 선택한 컬링은 해당 협회가 조직 · 운영되고 있었고, 정기적으로 컬링 수업 연수를 진행하였기에 해당 연수에 참여하여 컬링 이론 및 실기에 대해 배웠다. 그리고 외부 교과연구회에서 개최된 컬링 연수에도 참가하여 수업 실천 전문성을 높이고자 하였다. 그 후로 거꾸로 수업 기법을 적용한 스포츠중계수업모형 체육수업을 설계하고 이에 대한 구체적 준비를 하였다.

3. 교육과정 분석

1) 내용체계

내용 영역	스포츠
핵심 아이디어	• 스포츠는 인간이 제도화된 규범과 움직임 기술을 바탕으로 타인 및 주변 세계와 소통하며 바람직한 구성원으로 성장하는 데 이바지한다. • 스포츠는 인간이 환경과 상호작용하고 다양한 기술과 창의적인 전략을 발휘하며 한계를 극복하는 과정에서 발달한다. • 인간은 스포츠를 다양한 방식으로 체험함으로써 움직임의 즐거움을 느끼고 활동적인 삶의 태도를 배운다.
구분 / 범주	내용 요소
지식 · 이해	• 컬링의 역사와 특성 • 컬링 경기 기능과 수행 원리

	• 컬링 경기 방법과 전략 • 다양한 강제결합형 스포츠중계 방법
과정 · 기능	• 컬링의 역사와 다른 스포츠 종목과의 특성 비교하기 • 컬링의 수행 원리를 경기 기능에 적용하기 • 컬링 경기 방법과 전략을 경기에 활용하기 • 강제결합형 스포츠중계방법을 적용하여 중계하기
가치 · 태도	• 컬링 경기 수련에 대한 인내심 • 경기 기술 도전 및 적극적인 경기 태도 • 팀워크, 신뢰와 책임 • 페어플레이 • 즐거움 • 회복력

2) 성취 기준

성취 기준	[9체02-04] 기록형 스포츠의 역사와 특징을 탐색하고 비교한다. [9체02-05] 기록형 스포츠의 수행 원리를 적용하여 경기 기능을 수련하고 향상한다. [9체02-06] 기록형 스포츠의 경기 방법을 이해하고 경기 전략을 상황에 맞게 활용하여 안전하게 경기한다.
성취 기준 해설 및 적용시 고려사항	• [9체02-04]은 기록형 스포츠의 역사와 특성을 이해함으로써 유형별 스포츠를 분류하고 종목별 공통점과 차이점을 구분하기 위해 설정하였다. 유형별 스포츠 종목별로 유래와 변천 과정, 인물, 기록, 사건 등을 탐색하고, 경기 방법과 전략 등의 특성을 비교하고 분석하도록 한다. • [9체02-05]은 기록형 스포츠의 수행 원리를 적용하여 경기 기능을 효율적으로 수행하기 위해 설정하였다. 유형별 스포츠의 경기 기능을 단계적으로 연습하면서 안정적으로 경기 기능을 수행할 수 있도록 문제점을 발견하고 향상하도록 한다. • [9체02-06]은 기록형 스포츠의 경기 방법을 이해하고, 상대 선수와 팀의 경기 능력, 시설 및 용 · 기구, 기후 조건 등을 파악하여 경기 상황에 맞게 경기 전략을 활용하기 위해 설정하였다. 기록형 스포츠 경기를 수행하며 기록 향상에 중점을 두고, 경기 과정에서 질주나 착지 중 낙상, 특정 근육의 집중적인 사용 등으로 인한 운동 손상 없이 안전하게 경기하며 사고 발생 시 신속하게 대처하도록 한다.

- 중학교 1~3학년군 스포츠 영역에서는 초등학교에서 학습한 스포츠의 기본 지식과 기능, 태도를 바탕으로 기술형 스포츠 유형별로 역사와 특성, 경기 기능과 수행 원리, 경기 방법과 전략 수준으로 심화하여 학습하도록 한다. 특히 스포츠 활동 과정에서 타인 및 공동체와의 상호작용을 통해 민주 시민 의식과 생태적 가치를 실천하고, 자기 주도적인 학습을 통해 움직임 및 기본 기능을 스포츠 유형별 경기 기능으로 발전시키며 일상생활에서 스포츠 활동을 꾸준히 실천할 수 있도록 교수 · 학습을 운영한다.
- 기술형 스포츠에서는 자신과 타인의 수준을 파악하여 체계적으로 목표를 계획하고 성취할 수 있도록 자기 주도적인 학습과 개인 또는 모둠별로 수준별, 맞춤형 교수 · 학습이 이루어지도록 한다. 전략형 스포츠에서는 팀의 공동 목표를 구성원과 협업하며 달성하기 위하여 협력 학습이 이루어지도록 한다. 생태형 스포츠에서는 지속가능한 환경을 위한 스포츠 활동을 위해 지역사회 스포츠 자원을 활용한 실생활 실천 중심의 학습을 강조하고 안전에 유의한다.
- 기술형 스포츠에서는 목표 설정과 단계적 성장 과정을 종합적으로 평가하며, 체력, 신체 특성 등의 개인차와 수준을 고려하여 평가한다. 전략형 스포츠에서는 개인 및 팀의 경기 수행 능력을 실제 경기를 통해 평가하고, 공동체 활동에 필요한 바람직한 태도를 평가한다. 생태형 스포츠에서는 다양한 환경 특성에 적응하고 유연하게 대처할 수 있는 능력을 평가한다.
- 중학교 1~3학년군 스포츠 영역 지식에 관한 이해력은 지필 검사뿐만 아니라 감상 및 분석 보고서, 포트폴리오 등을 활용하여 실생활과 연계된 이해력을 평가하고, 스포츠 경기 수행 능력은 개인별 경기 기능 검사와 함께 팀의 경기 수행 능력 검사 등을 활용하여 과정을 중시하는 평가가 이루어지도록 한다. 영역별 가치 · 태도 체크리스트나 개인 일지를 통해 스포츠의 가치를 내면화하고 성찰할 수 있도록 평가한다. 특히 디지털 도구를 활용하여 학습자의 학습 과정과 결과를 누적하여 기록함으로써 신체활동 역량을 종합적으로 평가한다.

4. 단원 평가 계획

체육교과에 백워드교육모형 기반 수업 실천을 위해 계발한 LfPE(이태구, 이한주, 2015) 템플릿을 활용하여 〈표 1〉과 같이 단원에 대한 전체 얼개를 수립하였다. 본 템플릿의 핵심은 평가 방법을 먼저 수립하는 것과 실제 수업에서의 수업 실제성을 높이는 것이었다. 그래서 컬링 제원 포스터 및 모둠별 국가명을 설정하고 수업에 임하도록 하여 정말 국가대표임을 인식하고 경기에 임하도록 하였다.

평가는 이해단계를 위한 영상 평가가 준비되었다. 영상 평가는 컬링경기에 대한 규칙부터 경기상황에 대한 분석을 영상을 보고 평가하는 방식으로 인지적 평가 방법으로는 기존보다 실제성이 높은 평가 방식이었다([그림 1] 참조).

수행단계 평가는 개인별 기초 투구 평가와 리그전 경기 결과 평가로 이루어졌다. 개인별 투구 평가는 8m 거리에서 6개의 스톤중에 5개 이상이 인(in)하는 것을 목표로 2회의 평가가 이루어 졌고, 같은 거리에서 4개의 모둠이 리그전 경기를 하여 해당 결과가 평가에 반영되었다.

중계단계 평가는 강제결합형 스포츠중계 실행을 위한 루브릭이 계발되었다. 루브릭의 평가 요소는 준비성, 연기성, 결합소재, 종목반영, 효과적 중계의 총 5개였다(〈표 2〉 참조). 스포츠중계를 하는 과정은 그 본질상 비구조적 문제해결 과정이며, 자유도가 높은 과제이다. 따라서 스포츠중계 활동은 학생들의 창의적이고 개성적인 중계가 산출될 수 있는 특성을 지닌 활동이라고 할 수 있다. 특히 이번 중계는 강제결합형으로 진행되었다. 강제결합법은 창의작 사고계발 기법으로 한 주제에 전혀 무관한 다른 주제를 결합하여 사고의 창의성과 다양성을 기하는 사고기법이다. 본 수업에서는 컬링 중계 영상에 사투리, 남북한 동시중계 등 다양한 결합주제를 학생들이 고안하여 중계활동을 실시하였다. 강제결합형이라고 명명한 것은 결합 주제를 학생들이 선태하도록 하였기 때문이었다. 학생들은 강제결합형 스포츠모의중계를 테마중계라고 불렀다. 중계단계 평가로 수업 성찰 보고서는 모든 활동이 마친 후 개별적으로 작성하여 제출하게 하였다. 성찰 보고서는 학생들이 중계활동의 전과정을 성찰하도록 문항을 구성하였다(〈표 3〉 참조).

<표 1> 컬링 수업을 위한 LfPE

단계	명칭	내용	유의점
1	단원핵심 역량진술	움직임 수행 역량, 협력적 의사소통 역량	교육과정 철학 반영
2	핵심적인 활동진술	◎ 수행과제 ◎ ① G(목표): 리그전 컬링 경기에 참여하여 승리를 하는 것이다. ② R(역할): 당신은 우리나라를 대표해 올림픽에 출전한 선수이다. ③ A(청중): 당신의 청중은 올림픽 컬링 단체전 경기를 보러 온 관중이다. ④ S(상황): 관중들은 열광적으로 응원을 하고 있고, 상대의 컬링 실력은 우수하다. ⑤ P(수행): 열광적인 관중들 속에서와 상대의 컬링 실력이 우수한 상황에서 자신의 심리적 상태를 평온하게 하고 집중하여 투구를 하며, 같은 팀 선수들을 격려 · 응원하고 투구에 대해 조언하면서 컬링 단체전 경기를 수행하는 것이다. ⑥ S(기준): 협력적 의사소통 역량을 발휘하여 단체전 경기에서 승리하는 것이다.	수행시 실제 시합상황과 유사하게 준비 · 운영, 실제감 높임
3	평가 방법 선정	① 컬링 영상 평가, 개인 성찰 보고서 ② 컬링 개인 투구/경기 결과 ③ 강제결합형-스포츠모의중계	개인/모둠 평가의 조화, 절대 평가/상대 평가의 조화
4	교수 · 학습 단원계획 선정	-학습활동(Learning Activity) ① 이해단계: 다양한 영상 시청 및 규칙 설명 https://www.youtube.com/watch?v=cBlL0qw2__4 https://www.youtube.com/watch?v=uBSO3nrUSSs ② 수행단계: 기초기술-응용기술-공수전략-모의경기-리그전 경기 진행 ③ 중계단계: 평가용 영상 · 대본지 배부, 리허설, 강제결합형-스츠모의중계 발표	이해-수행-중계의 교수 · 학습 단계 실천 거꾸로수업 기법 적용

<table>
<tr><th colspan="4">영상 평가 및 시험지 내용</th></tr>
<tr><td rowspan="4">문항 1</td><td>화면 1</td><td>화면 2</td><td>화면 3</td></tr>
<tr><td>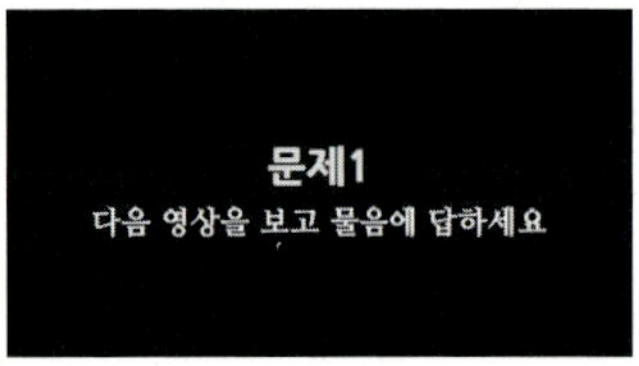</td><td></td><td>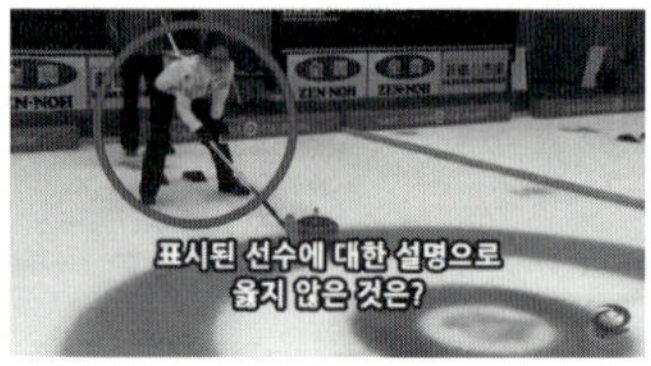</td></tr>
<tr><td colspan="3">화면 4: 문항 제시 화면</td></tr>
<tr><td colspan="3">1. 본 영상에서 원으로 표시된 선수에 대한 설명으로 가장 옳지 않은 것은?
① 팀의 주장이다. ② 페블을 없애는 스위핑을 한다.
③ 팀에서 맨 마지막에 투구한다. ④ 일반적으로 팀에서 실력이 가장 좋다.
⑤ 리드(Lead)에게 스톤의 방향을 코치한다.</td></tr>
<tr><td rowspan="4">문항 2</td><td>화면 1</td><td>화면 2</td><td>화면 3</td></tr>
<tr><td>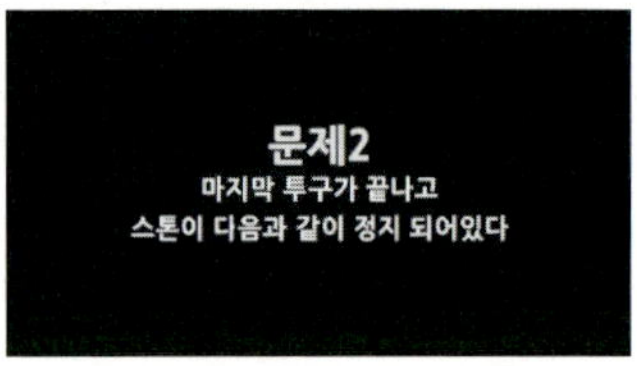</td><td></td><td></td></tr>
<tr><td colspan="3">화면 4: 문항 제시 화면</td></tr>
<tr><td colspan="3">2. 해당경기의 점수는?
① 빨강스톤 4 : 3 노랑스톤 ② 빨강스톤 1 : 3 노랑스톤
③ 빨강스톤 3 : 5 노랑스톤 ④ 빨강스톤 1 : 2 노랑스톤
⑤ 빨강스톤 0 : 2 노랑스톤</td></tr>
<tr><td rowspan="4">문항 3</td><td>화면 1</td><td>화면 2</td><td>화면 3</td></tr>
<tr><td>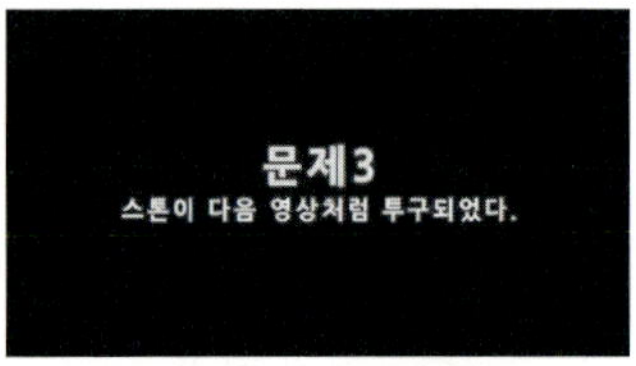</td><td></td><td>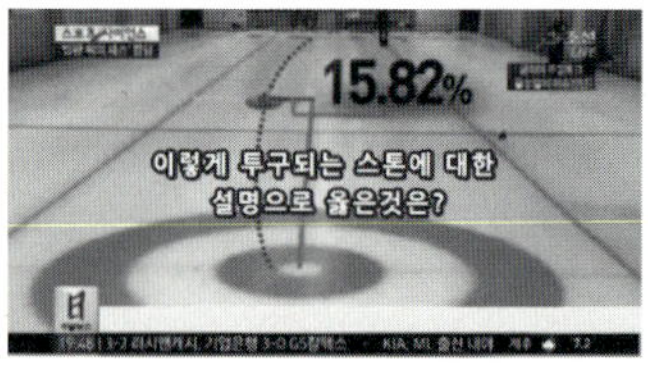</td></tr>
<tr><td colspan="3">화면 4: 문항 제시 화면</td></tr>
<tr><td colspan="3">3. 이렇게 투구되는 스톤에 대한 설명으로 가장 옳은 것은?
① 브룸과 관련이 있다. ② 수비전술과 관련이 있다.
③ 호그라인과 관련이 있다. ④ 스킵의 기술과 관련이 있다.
⑤ 스톤의 손잡이 모양과 관련이 있다.</td></tr>
</table>

[그림 1] 영상 평가 문항

<표 2> 강제결합형 스포츠중계 평가를 위한 루브릭

요소	평가 기준	배점
준비성	스포츠중계에 어울리는 무대, 의상, 소품을 전혀 준비하지 않았고, 아나운서와 해설자의 역할도 반영하지 않았다.	0
	스포츠중계에 어울리는 무대, 의상, 소품 중 일부만을 준비하거나 아나운서와 해설자의 역할을 부분적으로 반영하였다.	1
	스포츠중계에 어울리는 무대, 의상, 소품 중 일부만을 준비하고, 아나운서와 해설자의 역할도 부분적으로 반영하였다.	2
	스포츠중계에 어울리는 무대, 의상, 소품 중 적절히 준비하였고, 아나운서와 해설자의 역할도 충분히 반영하였다.	3
연기성	중계자들의 표정, 액션과 대화를 주고받는 것이 모두 자연스럽지 않고, 중계대화가 중계화면과 60%미만(3분 미만)으로 일치한다.	0
	중계자들의 표정, 액션과 대화를 주고받는 것이 3개 이상 부자연스럽거나, 중계대화가 중계화면과 60%미만(3분 미만)으로 일치한다.	1
	중계자들의 표정, 액션과 대화를 주고받는 것이 2개 이하로 부자연스럽거나, 중계대화가 중계화면과 60%이상(3분 이상), 80%(4분)미만으로 일치한다.	2
	중계자들의 표정, 액션과 대화를 주고받는 것이 모두가 자연스럽고, 중계대화가 중계화면과 80%이상(4분 이상)으로 일치한다.	3
결합 소재	중계에 결합소재가 전혀 연결되지 않았다.	0
	중계에 결합소재가 1~3개 연결되어 있다.	1
	중계에 결합소재가 4~6개 연결되어 있다.	2
	중계에 결합소재가 7개 이상 연결되어 있다.	3
종목 반영	규정, 규칙, 경기기술 및 경기 운영법을 모두 적절히 활용하여 중계하지 못했다.	0
	규정, 규칙, 경기기술 및 경기 운영법 중 1개만을 활용하여 중계했다.	1
	규정, 규칙, 경기기술 및 경기 운영법 중 2~3개만을 활용하여 중계했다.	2
	규정, 규칙, 경기기술 및 경기 운영법 모두 적절히 활용하여 중계했다.	3
효과적 중계	중계언어의 속도와 리듬이 적절하지 않고, 재미있지 않으며, 중계화면에 효과를 주지 않았다.	0
	중계언어의 적절한 속도, 적절한 리듬, 재미있는 중계방송, 중계화면에 효과 중 한두 가지만 실천하였다.	1
	중계언어의 적절한 속도, 적절한 리듬, 재미있는 중계방송, 중계화면에 효과 중 세 가지만 실천하였다.	2
	중계언어의 적절한 속도, 적절한 리듬, 재미있는 중계방송, 중계화면에 효과를 모두 적절히 실천하였다.	3

<표 3> 수업 성찰 보고서 질문 문항

문제해결단계		제시 문항
1	문제표상	주어진 과제에서 자신이 해결해야 하는 최종과제는 무엇인가요?
2	해결책 탐색	스포츠중계방송을 수행하기 위해 현재 내가 알고 있는 것은 무엇이고, 앞으로 더 알아야 할 것은 어떤 것이 있나요?
		스포츠중계방송 수행을 위해 더 알아야 할 것을 어디에서, 어떤 방법, 어떤 기준을 활용해서 찾을 수 있을까요? 그리고 결과적으로 어떤 것들을 선택했나요?
3	해결책 선정	내가 또는 우리 모둠이 찾은 새로운 정보를 스포츠중계방송에서 활용하기 위해서 어떤 과정, 어떤 방법을 사용하였나요?
		스포츠중계활동을 위한 대본 초안을 작성 할 때 새로운 정보를 어느 부분에, 어떤 이유로 활용하였나요?
4	점검 및 평가 과정	우리 모둠에서 작성된 스포츠중계활동 대본으로 리허설을 해 본 결과, 어떤 부분이 어떤 이유로 인해서 수정되거나 변경되었어야 했나요? 또 어떻게 수정 또는 변경되었나요?
		지금까지 스포츠중계활동 영상을 만들기 위해 어떤 과정을 거쳤는지 적어 보세요. 비슷한 과제를 다시 하게 된다면 어떤 점을 보완해야 할까요?

5. 단원 수업 계획 및 실천

고등학교 1학년 혼성 학급에서 실천된 본 수업의 학습활동은 이해–수행–중계의 학습단계로 운영하는 스포츠중계수업모형을 적용하고 그 내용은 온오프라인에서 수업이 구조적으로 진행되는 거꾸로수업 기법을 적용하였다. 〈표 4〉는 온오프라인의 전체 차시 계획이다.

수업은 전체 18차시였으며, 1차시 오프라인 수업이 진행되면, 학생들은 그 후 온라인 1–1 수업을 수강하였다. 다음 오프라인 수업에서는 온라인 수업 이해 여부를 확인하는 퀴즈가 진행되기도 하였고, 이해가 부족한 학생들을 위해서는 미니강의가 진행되었다. 컬링 투구 기술은 기초 투구 방법부터 공수 전술용 투구까지 배우면서 실제 선수들과 같은 공격과 방어를 하는 수준까지 학습하였다. 학생들은 리그 경기를 위해 투구 순서와 앞뒤 선수의 스톤 위치를 고려한 투구 기술과 전략까지 학습하면서 영상에서 확인한 실제 컬링 경기를 구현하였다.

이해단계를 위해서는 KBS 예능 프로그램인 '아육대 컬링 경기'와 TV조선 '스포츠 사이언스'의 '빙판 위의 체스' 영상들을 온라인 수업에서 활용하였다. 전년도에 선배들이 실천했던 스포츠중계 영상들을 수업에서 활용하였다. 예시 영상들을 통해 학생들은 강제결합형 스포츠모의중계방법을 직관적으로 이해할 수 있었다. 학생들이 스포츠중계를 위한 준비 상황을 파악할 수 있도록 사전 체크리스트가 제공되었고, 단원 초반에 평가 기준이 제시되어 학생들이 학습 과정에서 초점을 두어야 할 활동이 무엇인지 파악하도록 하였다. 단원 마지막에 사용할 동료 평가 문항도 개발 · 제공되었는데, 앞에서 언급한 평가 기준과 같은 효과가 있었다. 실제 학생들이 중계할 영상으로는 2014년 아시아-태평양 국제컬링대회의 결승전인 한국팀과 중국팀의 시합 장면을 확보하여 소리를 제거하고 4분 분량의 스포츠중계 과제 영상으로 편집 · 활용하였다. 오프라인용으로 개발된 교수 · 학습 도구들은 총 19개였으며, 교실 안 수업을 위해서는 리그전 경기를 위해 대진표를 제작 · 활용하였다.

수행단계에서는 교내 실내 탁구장에 컬링경기장을 만들었다. 이곳에서 개인 기술 연습 및 리그전 경기가 실천되었으며, 교내 선생님들을 대상으로 공개수업도 실시하였다. 학생들은 리그전 경기를 통해 상대의 스톤을 하우스에서 쳐내기도 하고, 팀의 스톤을 방어하기 위해 하우스 앞에서 블로킹을 하는 등 다양한 공격과 방어 기술을 선보이며 경기에 몰입하였다. 설문조사 결과 강제결합형-스포츠모의중계 주제는 사투리중계, 편들기중계, 어설픈 외국인중계, 남북한 동시중계가 선정되었으며, 각 학급에서 제비뽑기를 통해 강제결합 할 주제가 정해졌다. 학생들은 남북한 동시중계를 위해 한복을 준비하여 중계에 임하기도 하였으며, 사투리중계에서는 충청도, 전라도, 경상도 등 전국 각지의 사투리를 사용하여 중계를 실천하였다. [그림 2]는 제주도 사투리 중계를 한 모둠의 사례인데, 학생들은 인터넷에서 제주도 사투리 방언을 조사하여 사전을 만들었고, 이를 기반으로 중계 대본을 작성하였다. 리허설을 하는 과정에서는 단순하지만, 소품으로 귤을 사용하면서 실제성을 높이고자 하였으며, 이러한 모든 과정은 자신들의 발산적 창의성을 선보이는 과정이었다. 학생들은 자신들의 핸드폰으로 스포츠중계활동을 촬영하여 모둠별 밴드에 제출하였는데, 이 과정에서 자신들이 촬영한 영상을 편집하여 효과를 입히고 제출한 학생들도 있었다. 학생들이 제출한 스포츠중계영상은 마지막 차시인 동료 평가 시간에 처음으로 공개되었는데, 이때 학생들은 평가 중간마다 학생들의 창의적인 아이디어와 연기에 놀라며, 박장대소하기도 하였다.

<표 4> 거꾸로수업 적용 컬링 단원 차시계획

단계	차시	오프라인 수업	차시	온라인 수업
(사전 작업)-구글클래스룸 구성, 모둠 구성 방법 소개, 컬링 소개 영상 업로드				
이해	1	컬림 및 단원계획, 모둠구성, 강제결합형 스포츠중계 방법 소개	1-1	컬링 이해 뉴스 영상, 스포츠중계수업 발표 영상
	2	미니 강의(컬링 제원, 규칙 등)	2-1	컬링 경기(아시아 챔피언십 컬링 결승) 및 규칙 설명 영상, 아육대 컬링 영상
수행	3	퀴즈1, 기초 투구 연습1	3-1	아육대 컬링 영상
	4	응용 투구 연습2	4-1	스포츠과학 뉴스영상(빙판위의 체스)
	5	퀴즈2, 공수 전술용 투구 연습3	5-1	강제결합형 스포츠중계 사례영상1
	6	개인 기초 평가1, 퀴즈3	6-1	강제결합형 스포츠중계 사례영상2
	7	미니강의, 기초 투구 연습 강제결합형 스포츠중계수업 아이디어 협의 및 제출	7-1	강제결합형 스포츠중계 사례영상3
	8	모의 컬링 리그 1	8-1	-
	9	모의 컬링 리그 2	9-1	강제결합형 스포츠중계수업 아이디어 보고서 확인 및 제출, 스포츠중계 평가 루브릭 확인
	10	모의 컬링 리그 3	10-1	스포츠중계 평가 루브릭 확인
	11	모의 컬링 리그 성찰 및 반성 강제결합형 스포츠중계수업 계획서 제출 및 역할 배분	11-1	리그 경기 개인 성찰 보고서 작성 및 제출
	12	제2 컬링 리그 1	12-1	중계를 위한 체크리스트 확인 및 준비
	13	제2 컬링 리그 2	13-1	대본 구성 및 리허설 준비
	14	제2 컬링 리그 2	14-1	모둠별 리허설 준비
중계	15	제1차 전체 리허설 및 피드백	15-1	모둠별 리허설 준비
	16	모둠별 리허설	16-1	모둠별 리허설 촬영
	17	제작: 강제결합형 컬링 스포츠중계 영상	16-1	모둠별 중계 영상 촬영 및 제출 개별 보고서 제출
	18	동료 평가: 강제결합형 컬링 스포츠중계영상	18-1	영상 평가 및 모둠별 제출 중계 영상 동료 평가

모둠별 밴드 / 빙판 위의 컬링 / 이해단계-모둠협의

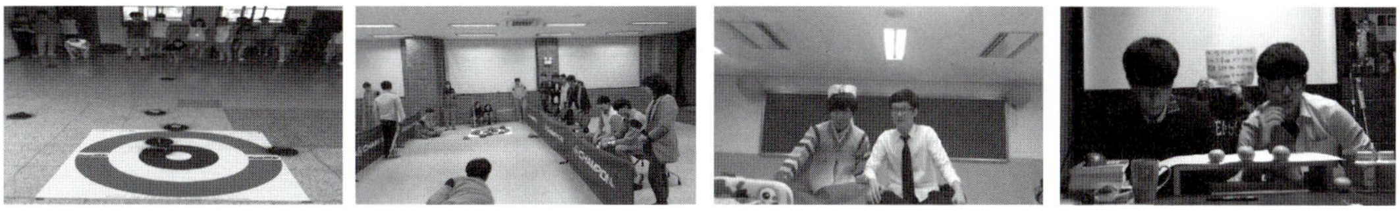

수행단계-컬링 리그전 / 중계단계-강제결합형 스포츠중계

[그림 2] 컬링 단원 수업

6. 학생들 반응

단원 수업 종료 후, 조사된 수업소감은 이해-수행-중계 수업 단계별 구분할 수 있었다. 단계별 대표적인 학생 반응은 다음과 같으며, 반응마다 교육적 의미를 추출해서 제시하였다.

이해단계	추출 의미
컬링이 얼음판에서 한다는 것은 올림픽 때 중계를 봐서 알았지만, 구체적인 경기 방법은 잘 몰랐다. 학습지와 선생님의 설명으로 점수를 계산하고 전략, 전술도 알게 되어 좋았다.	인지적 이해 확장
사실 컬링에는 별 관심이 없었다. 그런데 이론 수업을 하면서 컬링이 재미있을 것 같았다. 그런데 해보니 정말 재미있었다.	관심, 흥미
수행단계	
리그전에서 컬링이라는 운동이 나 하나가 던진 스톤이 팀의 승패에 많은 영향을 주는 스포츠라는 것을 깨달았고 그래서 협동이 중요하다는 것을 알게 되었다.	협력적 소통 및 문제해결
특히 팀워크를 중요시하는 스포츠인 만큼 조장의 리더십과 모둠원의 팀워크가 잘 맞아야 했는데 너무 잘 맞았다. 그래서 1등도 했고, 사이가 별로 좋지 않던 친구와도 많이 좋아졌다.	팀워크
체육 경기들을 개인적으로 굉장히 싫어했는데 컬링은 그다지 싫지 않았다. 간혹 몇몇의 아이들은 컬링과 같은 협동 활동에서 못하는 아이들을 비아냥거리거나, 대놓고 무시하는데 그런 아이들이 한 명도 없었을 뿐만 아니라 상대를 배려해 주어 제대로 된 협동 플레이를 배운 것 같다는 느낌이 강하게 드는 수업이었다.	배려

리그전 경기는 모둠을 짜서 모둠별로 했기 때문에 모둠에 피해가 가지 않게 하도록 하다 보니 더 열심히 하게 되고, 또 모둠별로 조금씩 작전을 짜게 하다 보니 재미있고, 협동심을 길러 주어 전에 했던 트러스트 폴보다 더 신뢰감을 쌓게 되는 것 같다.	신뢰
중계단계	
나는 스포츠중계를 중학교 3학년 때 해보았는데, 그 당시에는 준비 없이 대본만 짜고 아이들 앞에서 중계를 했기 때문에 별로 재미도 없었고, 하기 싫었다. 그래서 이번에도 별로 하고 싶지는 않았는데, 아이들끼리 회의하고 소품에 관한 이야기를 하고 준비를 해 나가면서 뭔가 되고 있구나라는 생각에 더 열심히 하고 중계를 재미있게 찍었던 것 같다.	재미, 몰입
처음 컬링 스포츠중계를 한다는 평가 방식을 들었을 때, 한번도 그런 것을 해본 적도 없고 또 영상을 찍는다는 점이 낯설고 민망하기도 해서 막막했다. 하지만 4개의 주제 중 뽑기로 하나를 선택한 것이 광범위한 범위가 아닌 제한된 범위 내에서 중계 모습을 구상할 수 있어서 더욱 효율적이고 창의적으로 영상을 찍지 않았나 싶었다.	강제결합 방법 선정의 만족
테마중계 때, 우리 모둠은 사투리 테마를 했었는데 다른 모둠들과는 같게 하고 싶지 않아 제주도 방언을 선택했었다. 대본을 짜면서 너무 어려워서 포기하고 딴 사투리를 쓸 뻔했지만, 네이버에서 검색을 통해 사전을 찾아 끝내 제주도 버전을 완성시켰다.	지식정보 처리
테마스포츠중계를 준비하는 과정에서 저는 대본 작성이었는데, 처음에는 '사투리'의 묘미를 어떻게 재미있게 표현할까 고민을 하였지만 주위 친구들의 도움(현준이가 경상도 사투리를 매우 잘했음)으로 해결 할 수 있었고, 모둠원들과 촬영을 진행할 때, 대본 중 부족한 부분을 그 자리에서 수정하며 진행하였다. 또 촬영이 끝난 후 영상 편집도 진행하면서 실제 중계를 진행하는 듯한 느낌도 받아 즐거웠다.	협력적 문제 해결
내가 학교를 다니면서 컬링 수업을 체육시간에 배운 적은 처음이었다. 컬링이 어떤 스포츠인지는 어렸을 때 중계방송을 통해 접해 봤기에 약간 알고 있었지만, 어떻게 경기를 하며, 점수를 매기는 지와 같은 세세한 것을 공부한 것은 처음이었다. …… 컬링 수업은 사실상 우리가 성인이 되어서도 경험하기 힘든 스포츠 중 하나이기에 언젠가 성인이 되어서 체육과목에 대한 학창 시절을 추억할 때, 쉽게 잊을 수 없을 소중한 경험이 될 것 같다.	재미, 신기
이론 수업을 통해서 사전에 컬링에 대한 규칙이나 지식을 알고 나서 리그에 참가하니 더 집중하여 참여할 수 있었고, 몰입감이 있었다. 또 이때 쌓은 지식이 스포츠중계를 할 때 대본을 작성할 때 도움이 되었다. …… 직접 리그경기를 해보아서 그런지 중계 대본을 쓸 때 더 수월하게 쓸 수 있었다.	수업 운영 방식의 만족
스포츠중계는 2주에 걸쳐 만드는 것이어서 더 생각할 시간도 있었던 것 같다. 그리고 모둠원끼리 역할 분담도 해가면서 한 사람 쪽으로만 몰려서 불만이 생기는 일은 없었던 것 같다.	책임

7. 수업 성찰

본 수업뿐만 아니라 다년간 스포츠중계수업모형 체육수업을 실천하면서 생각하는 성찰 지점은 다음과 같다.

첫째, 이해–수행–중계의 각 단계마다 수준 높은 수업이 실행되어야 한다. 해당 종목의 깊이 있고 폭넓은 이해는 수준 높은 수행의 필요조건이다. 이해단계에서 핵심 아이디어 및 성취 기준에서 언급하고 있는 다양한 기술과 창의적인 전략이 설명되었다면, 이는 수행단계에서 유의미한 교수·학습으로 연결되어야 한다. 그리고 다시 이런 수행단계의 교수·학습은 질 높은 중계활동의 기초가 된다. 이해와 수행단계의 교수·학습이 단순해지면 중계의 수준도 단순해진다.

둘째, 보다 긴 기간의 수업 운영 등 체육수업 실천 방법의 변화가 필요하다. 한 학기에 3개 이상 종목을 지도하는 기존에 통용되는 체육수업 방식으로는 학생들은 높은 수준의 스포츠 종목 이해 및 실천 능력 함양은 불가하다. 적어도 필자는 그렇다. 2022 개정 교육과정에서 제시하는 깊이 있는 학습 구현을 염두할 때, 짧은 학습 기간으로 본 글의 학생들 반응처럼 교육적 의미들이 추출될 수 있는 학생들의 고백이 도출될 수 있을지 의문이다. 점점 체육수업을 블록 수업 형태로 운영하는 교사들이 많아지고 있는 것도 긍정적인 시도라고 생각한다.

셋째, 학생들이 스포츠중계를 실천하기 위해서는 일정 수준의 디지털 역량을 가지고 있어야 한다. 본 수업을 실천할 시기에는 지금보다는 학생들의 디지털 역량이 보다 보편적이지 않았기에 학생들 영상 제출품에 편집 수준에서 차이도 보다 컸었다고 판단된다. 따라서 이를 실행하고자 계획하는 선생님들께는 온라인 사전 교육 등의 방법으로 본 수업에서 필요한 기본적인 디지털 역량 교육을 실시하는 것도 제안해 본다. 간단하게는 유튜브에 활용할 만한 실력 있는 대가들의 도구 활용법 강의들이 즐비하다.

필자뿐만 아니라 주변의 많은 선생님들이 스포츠중계수업모형을 적용한 체육수업을 실천하고 있는 것을 알고 있다. 이에 따라 실천 방법도 진화하고 있다. 단원 초기에 중계활동을 하여 수행단계의 질적인 수준을 높이려고 시도한 교사도 있었고, 중계활동을 학교 대회로 승격시켜 운영한 교사도 있었다.

최근에 필자는 미술, 국어, 정보 교사들과 협업하여 다양한 생성형 AI 도구들을 활용한 강제결합형 스포츠모의중계 수업을 실천하였다(안현이, 이현진, 안명희, 이태구, 2023). 융합수업 형태로 실천된 본 수업에서는 학생들은 강제결합할 주제를 정하여 생성형 AI 도구로 아바타를 만들고, 대본 및 시나리오를 만들며 강제결합형 스포츠모의중계를 실행하였다. 이런 수업은 2022 개정 교육과정에서 융합교육과정 실천 방법으로 제시되는 학교 자율 시간에 활용할 수 있는 체육교과의 대안이 될 수 있을 것이다.

참고 자료

안현이, 이현진, 안명희, 이태구(2023). 학생 PD와 AI PD가 함께 만드는 창의적 영상 제작 프로젝트. 한국과학창의재단 제5회 AISW 수업 우수사례 공모전 발표자료집. 339-348.

이태구, 이한주(2015). 백워드 교육모형을 활용한 협력적 문제해결력 함양 양궁단원 체육수업. **체육과학연구**, 26(4), 917-934.

부록

[부록 1]

2022 개정 교육과정에 따른 교과별 수업 및 평가 방법의 예시

	예시1 수업 방법	예시2 평가 방법
국어	개별화 학습, 프로젝트 기반 수업, 토의·토론 및 협동 수업, 오디오매체 연계 수업, 문제해결학습, 탐구학습, 한 권 이상 도서 읽기	관찰법, 녹화기록법, 자기 평가, 성찰 일지, 포트폴리오, 논술형 평가, 자기 평가, 통합평가, 진단 평가, 성찰 평가, 성찰 보고서
도덕	가치탐구, 개별학습, 프로젝트학습, 논술학습, 역할놀이학습, 봉사학습, 갈등사례분석, 내러티브학습	논술, 구술 발표, 토의·토론, 프로젝트, 포트폴리오
사회	협동학습, 탐구학습, 문제기반학습, 토의·토론학습, 프로젝트학습, 사회적사례분석, 거꾸로 학습, 블렌디드 러닝, 모의실험, 비유일상적	논술, 구술 발표, 토의·토론, 프로젝트, 실험·실습, 포트폴리오, 탐구 보고서
역사	사료학습, 교수매체학습, 협동학습, 토의·토론학습, 프로젝트 학습, 박물관 학습, 블렌디드 러닝, 도시문화답사, 비교학습	논술, 구술 발표, 토의·토론, 프로젝트, 포트폴리오, 보고서 평가
수학	설명식 교수, 토의·토론 학습, 협력 학습, 탐구 학습, 프로젝트 학습, 수학적 모델링, 놀이 및 게임 학습	서·논술형, 프로젝트 평가, 포트폴리오 평가, 관찰/면담/구술 평가, 자기 평가, 동료 평가
과학	실험, 탐구, 관찰, 자료분석, 모형제작, 토의, 과제연구, 프로젝트학습	관찰 평가, 형성 평가, 성찰 일지, 프로젝트 평가, 실험보고서, 탐구보고서
기술·가정	조사, 탐구, 체험학습, 실험·실습학습, 놀이체험 중심 학습, 실천적 문제 중심 학습, 메이커 중심 학습, 봉사기반 학습	연구보고서, 실험 실습 보고서, 학습노트, 포트폴리오, 시연 및 실습, 토의·토론
체육	개별학습, 파트너 연습, 스테이션 학습, 기초·응용·경기 기능연습, 상황연습, 리드-업 게임, 변형게임, 스크리미지(전술연습게임), 게임, 역할 수행, 비디오 자기분석, 활동-지도-활동, 모형적용학습(이해 중심 게임수업모형, 스포츠교육모형, 스포츠중계수업모형, 하나로수업모형 등	기능 평가, 체력검사(PAPS), 지필 평가, 논술형 평가, 영상 평가, 활동 일지, 역할극, 체크리스트, 포트폴리오, 소감문, 토의·토론 발표, 활동 보고서, 관찰기록지

	예시1 수업 방법	예시2 평가 방법
음악	강의 수업, 활동 중심 학습, 발견학습, 스토리텔링 기반학습, 역할 놀이 학습, 거꾸로 학습, 이러닝, 스마트 러닝, 모의 수업, 민요지도 융합학습	실기, 실음 지필, 보고서, 대회, 온라인 평가(디지털 기반)
미술	실기수업, 감상수업, 협력학습	프로젝트 포트플리오, 실기평가, 감상문, 연구보고서
영어	의사소통 중심 수업, 문제 중심 학습, 과업 중심 학습, 프로젝트 학습, 협력학습, 토의토론학습, 디지털 기반 학생 개별화 영어 수업, 거꾸로 학습, 게임활용학습, 역할극 등	논술, 구술 발표, 토의·토론, 프로젝트, 포트폴리오
정보	문제해결학습, 프로젝트기반학습, 디자인기반학습, 짝 프로그래밍, 탐구학습, 토의·토론학습	논술, 구술 발표, 토의·토론, 프로젝트, 포트폴리오
한문	강의법, 토의·토론법, 프로젝트학습, 협동학습, 활동·발견 학습, 실기 체험 학습, 매체 연계 학습, 디지털 도구 및 앱을 활용한 수업	진단평가, 자기평가, 토론·면담, 구술평가, 프로젝트 평가, 포트폴리오
진로	체험 중심 진로 학습, 멘토링 학습, 프로젝트 학습, 협업 학습, 문제해결 중심 학습, 토의·토론학습, 진로 포트폴리오 작성	형성 평가, 자기 평가, 동료 평가, 포트폴리오 평가, 프로젝트 평가, 노작 평가

자료: 경기도교육청(2024), p. 9 수정.

[부록 2]

ICALT 도구(관찰자용)

영역	수업하는 교사는 ……		①	②	③	④
안전하고 고무적인 수업 분위기	1	학생의 말과 행동을 존중한다.				
	2	분위기를 편안하게 유지한다.				
	3	학생의 자신감을 증진시킨다.				
	4	상호 존중을 증진한다.				
효율적 수업 운영	5	수업이 질서 있게 진행되도록 노력한다.				
	6	학생이 적절한 방식으로 활동하고 있는지 확인한다.				
	7	효과적으로 수업을 관리한다.				
	8	수업 시간을 효율적으로 사용한다.				
명료하고 구조화된 수업 내용	9	수업 내용을 명료하게 제시하고 설명한다.				
	10	학생에게 피드백을 제공한다.				
	11	모든 학생이 수업에 참여하게 한다.				
	12	설명 단계에서 학생이 학습내용을 이해하는지 확인한다.				
	13	학생이 최선을 다하도록 격려한다.				
	14	잘 구조화된 방식으로 가르친다.				
집중적이고 활발한 수업	15	학습자료 사용과 과제해결 방법을 자세히 설명한다.				
	16	학생의 능동적인 참여를 자극하는 학습 활동과 과제 양식을 제공한다.				
	17	미진한 학생이 자신감을 갖도록 격려한다.				
	18	해결 방법을 학생 스스로 생각하도록 격려한다.				
	19	학생이 반성적으로 생각하도록 자극을 주는 질문을 한다.				
	20	학생이 생각한 것을 말할 수 있도록 한다.				
	21	학생과 상호작용을 하는 수업을 한다.				
	22	수업의 도입에서 학습 목표를 명시한다.				
개별화 학습지도	23	학습 목표 도달 여부를 확인한다.				
	24	미진한 학생을 위한 별도의 학습과 지도 시간을 제공한다.				
	25	개인차를 고려하여, 수업방식을 적절하게 조절한다.				
	26	개인차를 고려하여, 수업 내용을 적절하게 조절한다.				

영역		수업하는 교사는 ……	①	②	③	④
교수 · 학습 전략	27	복잡한 문제를 단순화하는 방법을 학생에게 가르친다.				
	28	의도한 활동을 활용하도록 자극한다.				
	29	학습 성과를 확인하도록 학생에게 가르친다.				
	30	배운 것을 적용하도록 자극한다.				
	31	학생이 비판적으로 생각하도록 북돋아 준다.				
	32	학생에게 실행 전략을 성찰하게 한다.				
학습자 참여	33	수업에 충실히 참여한다.				
	34	흥미를 보인다.				
	35	능동적인 수업태도를 갖는다.				

※ ① 매우 약하다 ② 약한 편이다 ③ 강한 편이다 ④ 매우 강하다

※ 연구에 의해 과학적으로 개발되고 국제적으로 검증된 ICALT 도구를 사용하기 위해서는 사전에 관찰훈련이 원칙적으로 요구됨.

자료: 천세영 외(2020), pp. 323–332에서 발췌하여 정리함.

[부록 3]

ICALT 도구(수업 교사용)

	이 반 수업에 대한 나의 느낌은……	①	②	③	④
1	학생들과 쉽게 친해진다.				
2	학생들과 보내는 시간을 즐기고 있다.				
3	학생들과 친해지기 어렵다.				
4	학생들을 가르치는 일이 별로 달갑지 않다.				
5	학생들의 사정을 잘 안다.				
6	학생들을 잘 안다.				
7	학생들에 대해서는 별로 이해하지 못한다.				
8	학생들의 학교 밖 생활에 대해서는 잘 모른다.				
9	학생들과 시간을 같이 보낸다.				
10	학생들과 이야기를 나눈다.				
11	학생들이 최선을 다하지 못할 때 도와줄 시간을 낼 수 있다.				
12	학생들은 내가 도움이 된다고 믿어 준다.				
13	나는 가끔 학생들이 필요할 때 도움이 못될 때가 있는 것 같다.				
14	학생들이 필요로 할 때마다 내가 늘 도와주지는 못하는 것 같다.				
15	학생들을 꾸짖을 때 왜 그런지 항상 설명한다.				
16	보통의 경우 허락하지 않는 일도 이 반 학생들에게는 허용한다.				
17	학생들을 한결같은 방법으로 대하기가 쉽지 않다.				
18	학생들을 돌볼 시간을 갖기가 늘 어렵다.				
19	학생들에게 내가 기대하는 바에 대해 이야기한다.				
20	수업시간에 학생들에게 기대하는 바를 명확히 하려고 노력한다.				
21	학생들이 지키는 규칙을 바꾸기도 한다.				
22	가끔 나는 이 반 학생들에게 기대를 갖고 있지 않다고 느낀다.				
23	학생들이 수업 자료를 이해하지 못할 때, 나는 다른 방법을 쓴다.				
24	학생들이 이해하지 못한 것이 있을 때, 나는 여러 가지 방법으로 설명한다.				
25	학생들이 언제 내 수업을 잘 따라오지 못하였는지 말하기 어렵다.				
26	학생들이 언제 새 수업 자료를 볼 준비가 되었는지 모르겠다.				

	이 반 수업에 대한 나의 느낌은……	①	②	③	④
27	학생들에게 문제를 푸는 여러 방법을 보여 준다.				
28	학생들이 언제 도움이 필요한지 말하기 어렵다.				
29	학생들에게 이해할 수 있는 방법으로 가르치기가 쉽지 않다.				
30	학생들에게 숙제와 관련하여 많은 방법을 알려 준다.				
31	일반적으로 학생들에게 최소한의 방법만 알려 준다.				
32	학생들에게 너무 많은 방법을 알려 주지 않는 것이 좋다.				
33	학교 공부를 단계별로 지도해야 한다.				
34	숙제와 관련하여 나는 학생들에게 항상 해야 할 일을 말하고 있다.				
35	학교 공부와 관련하여 학생들에게 단계별로 말을 해 준다.				
36	학생들에게 학교 공부에 관한 많은 것들을 스스로 결정하게 한다.				
37	학생들이 자기 멋대로 하게 할 수 없다.				
38	학생들이 학교 공부와 관련하여 너무 많은 것을 결정하게 내버려둘 수는 없다.				
39	우리가 학교에서 왜 배워야하는지 설명한다.				
40	학교 공부가 어떻게 도움이 되는지에 대해 생각하도록 격려한다.				
41	학생들에게 학교가 왜 중요한지를 설명하기가 어렵다.				

	이 반 학생들은……	①	②	③	④
1	최선을 다하려고 노력한다.				
2	할 수 있는 데까지 열심히 한다.				
3	수업 중 토론에 참여한다.				
4	집중한다.				
5	매우 주의 깊게 듣는다.				
6	기분이 좋다.				
7	무언가를 할 때 흥미를 느낀다.				
8	재미있어 한다.				
9	새로운 것을 배우는 것을 즐거워한다.				
10	우리가 무엇인가를 할 때, 학생들은 적극적으로 참여한다.				

	이 반 학생들과 관련하여……	①	②	③	④
1	항상 학생들의 말을 주의 깊게 듣는다.				
2	학생들에 대한 나의 판단에 확신을 갖는다.				
3	내 수업의 수준에 대해서 나는 늘 자각하고 있다.				
4	곤란을 겪는 학생을 도와준다.				
5	학생의 질문 중 모르는 것이 있음을 인정한다.				

※ ① 전혀 그렇지 않다 ② 그렇지 않다 ③ 그렇다 ④ 매우 그렇다

자료: 천세영 외(2020), pp. 339-340.

[부록 4]

ICALT 도구(수업 참여 학생용)

	수업에서 나의 선생님께서는……	①	②	③	④
1	내가 모르면 나를 도와주신다.				
2	다른 학생들이 나를 존중하게 한다.				
3	내가 시간을 잘 사용하고 있는지 확인하신다.				
4	평가를 위해 내가 공부할 필요가 있는 것을 알려 주신다.				
5	지난 수업시간에 배운 것을 반복해 주신다.				
6	내가 생각해 보아야 할 문제를 질문하신다.				
7	내가 질문을 하면 대답해 주신다.				
8	내가 이미 알고 있는 것을 살펴서 가르치신다.				
9	내가 다른 학생들을 존중하게 한다.				
10	내가 어떻게 해야 하는지를 설명해 주신다.				
11	내가 무엇을 해야 할지를 깨닫도록 해주신다.				
12	내게 모든 것을 분명하게 설명해주신다.				
13	내가 딴 짓을 하지 않고 공부하도록 이끌어 주신다.				
14	수업의 목표가 무엇인지를 명확하게 말씀해 주신다.				
15	재미있게 말씀하신다.				
16	학습할 내용을 내가 어떻게 공부할 것인지 물어보신다.				
17	나의 해결방법을 검토할 수 있게 가르치신다.				
18	내가 생각할 수 있게 격려하신다.				
19	내 답이 괜찮은지 그렇지 않은지 이유를 명확히 알려 주신다.				
20	숙제, 과제의 해결 또는 제출 기한을 명확하게 알려 주신다.				
21	수업준비를 잘해 오신다.				
22	나를 존중해 주신다.				
23	내가 반 친구들과 협력하도록 자극을 주신다.				
24	내가 주의를 집중하는지 확인하신다.				
25	이해하기 쉬운 예를 들어 주신다.				
26	내가 이미 알고 있는 것과 연결하여 주신다.				
27	분명한 규칙을 적용하신다.				
28	수업내용을 내가 요약할 수 있도록 도와주신다.				
29	내가 어떻게 학습해야 하는지를 말씀해 주신다.				

30	어려운 과제에 대해 내가 자신감을 갖도록 하신다.				
31	내가 생각할 수 있도록 자극과 동기를 부여하신다.				
32	내가 숙제, 과제를 어떻게 해결했는지 선생님에게 설명하게 하신다.				
33	나에게 관심을 가지신다.				
34	수업목표를 알려주신다.				
35	내가 수업한 내용을 잘 이해했는지 확인하신다.				
36	나에게 동기를 부여하신다.				
37	내가 겪는 어려움을 알고 계신다.				
38	내가 다른 학생들에게 수업내용을 설명하도록 하신다.				
39	내가 최선을 다하는지 확인하신다.				
40	나를 수업에 참여시킨다.				
41	내가 이해를 잘 못하면 도와주신다.				

	이 수업에서 나는……	①	②	③	④
1	잘하기 위해 최선을 다한다.				
2	내가 할 수 있는 데까지 열심히 한다.				
3	수업 중 토론에 참여한다.				
4	집중한다.				
5	매우 주의 깊게 듣는다.				
6	기분이 좋다.				
7	우리가 무언가를 할 때 흥미를 느낀다.				
8	재미가 있다.				
9	새로운 것을 배우는 것이 즐겁다.				
10	우리가 무엇인가를 할 때 나도 참여한다.				
11	항상 선생님의 말씀을 주의 깊게 듣는다.				
12	선생님에 대한 나의 판단은 확실하다.				
13	나의 학습 수준에 대해서 나 스스로 잘 안다.				
14	곤란을 겪는 선생님과 친구들을 도와준다.				
15	내가 알아야 하는 것을 모르면 모른다고 인정한다.				

※ '수업에서 나의 선생님께서는……' ① 전혀 그렇지 않다 ② 그렇지 않다 ③ 그렇다 ④ 자주 그렇다

※ '이 수업에서 나는……' ① 전혀 아니다 ② 아니다 ③ 그렇다 ④ 매우 그렇다

자료: 천세영 외(2020), pp. 342–344.

[부록 5]

수업참관록(교사용)

<table>
<tr><th colspan="2">영역</th><th>내용</th></tr>
<tr><td rowspan="14">관찰</td><td rowspan="3">수업
설계</td><td>학습 목표가 명시적이고 구체적인가?</td></tr>
<tr><td>학습 목표를 달성하기에 적절한가?</td></tr>
<tr><td>수업 주제에 적합한 교수 · 학습모형인가?</td></tr>
<tr><td rowspan="5">교사
활동</td><td>학습 동기를 적절하게 자극하는가?</td></tr>
<tr><td>교수 언어, 음성, 발문이 적절한가?</td></tr>
<tr><td>학생과의 상호작용이 활발한가?</td></tr>
<tr><td>효율적인 수업인가?</td></tr>
<tr><td>명료화되고 구조화된 수업인가?</td></tr>
<tr><td rowspan="4">학생
활동</td><td>안정된 분위기에서 능동적으로 참여하는가?</td></tr>
<tr><td>학생들 간 상호작용과 협력이 활발한가?</td></tr>
<tr><td>개인차를 고려한 학습 조직과 활동이 이루어지는가?</td></tr>
<tr><td>학습 목표에 도달하는가?</td></tr>
<tr><td colspan="2">성찰</td><td>수업 의도와 수업 고민은?</td></tr>
<tr><td colspan="2">나눔</td><td>• 수업에 참관한 소감은?
• 교사와 학생과의 관계 혹은 의사소통은?
• 수업에서 인상적인 장면은?
• 눈에 띄는 가르침과 배움의 상황이나 의미를 느낀 지점은?
• 수업의 어떤 부분을 다르게 적용하고 싶은 아이디어는?
• 수업의 성장과 성찰을 돕는 생각을 전하거나 질문을 한다면?</td></tr>
</table>

자료: 정일화 외(2024), pp. 167-168의 〈표 7-3〉, 〈표 7-4〉를 통합하여 정리함.

[부록 6]

수업참관록(교사용) 2

영역	관찰 내용	사실 중심으로 기술
도입 (주제)	배울 내용에 대한 궁금증을 유발하는가?	
	학습 목표 혹은 주제가 명확히 제시되는가?	
	어떤 교수 · 학습 자료가 제공되는가?	
전개 (활동)	학습자의 협동적 활동을 촉진하는가?	
	필요시 주의를 집중시켜 전체나 모둠을 대상으로 되돌리기나 연결하는가?	
	학습자의 표현 활동은 충분히 이루어지는가?	
정리 (공유)	제시된 학습 목표에 따라 수업이 진행되는가?	
	배운 내용의 공유 및 정리는 잘 이루어지는가?	
	차시 예고가 있는가?	
학생 관찰	학습의 맥락을 이해하나?	
	어떻게 협동적으로 배우나?	
	어디에서 배우고, 어디에서 주춤거리나?	
	어느 지점에서 배움이 도약하나?	
교사 관찰	학생 개별에게 관심을 두나?	
	협동적인 배움을 촉진하는가?	
	언어적 및 비언어적 행동은 어떤가?	
성찰	• 수업을 통해 배운 점은? • 수업에서 흥미로운 점이나 특별한 점은? • 수업에서 궁금한 점은? • 이 수업을 내가 한다면 해 보고 싶은 아이디어는? • 그 밖에 떠오르는 것은?	

[부록 7]

수업참관록(교사용) 3

수업 교사의 수업 목표 및 중점 관찰 요구 사항

구분	관찰	비고
존중 및 신뢰 관계	교사–학생–학생의 관계의 형성은 어떠한가?	
	교사–학생–학생의 상호작용은 어떠한가?	
	교사–학생–학생의 협력적 소통은 어떠한가?	
학습자 주도성	학습 내용이 학생들의 흥미와 호기심을 유발하는가?	
	학생들은 적극적인 태도로 참여하는가?	
	학생들은 스스로 문제를 발견하고 해결하고자 하는가?	
사고력 및 표현력	학생들은 자신의 생각을 적극 표현하는가?	
	학생들은 교실 내 발언을 적극 경청하고 확장하는가?	
	학생들은 학습의 결과를 자신의 말과 글로 표현하는가?	
	학습 활동이나 자료가 학생들의 사고를 자극하는가?	
성장	학생들에게 의미 있는 학습이 일어나는가?	
	학습 내용이 학생들의 삶으로 이어지는가?	
	학생들은 학습 목표에 도달하는가?	
	학생들은 개인차를 고려한 지원을 받아 학습을 하는가?	
	학생들이 학습한 내용과 과정에 대해 성찰하는가?	
교수 · 학습 활동의 장점은?		
확장이나 변화를 주고 싶은 주제의 제안은?		
종합 의견 및 배우거나 느낀 점은?		

[부록 8]

수업참관록(학부모용)

구분	참관 내용	
스스로	학습자의 수업 태도는 바릅니까?	
	학습자는 학습에 흥미를 가지고 참여합니까?	
	학습자는 궁금증과 의견을 표현합니까?	
더불어	학습자는 다른 의견을 경청합니까?	
	학습자는 다른 의견을 존중합니까?	
	학습자는 친구와 협력을 잘합니까?	
수업 참관 후 전하고 싶은 이야기		
학생에게		
선생님께		

[부록 9] 수업에 '코칭' 적용하기

: 초임 및 저경력 교사를 위한 실천 가이드

1. 코칭의 철학적 원리와 교육적 개념

코칭의 철학적 원리는 다음과 같다. 첫째, 모든 사람에게는 무한한 가능성이 있다. 둘째, 해답은 타인이 아닌 '내 안'에 있다. 셋째, 질문은 변화를 이끄는 도구이다. 수업에서의 코칭은 질문과 경청을 통해 스스로 답을 찾고 성장할 수 있도록 돕는 관계 중심의 접근법으로, '가르침'을 넘어서 학생의 '성장'을 지향하여 학생의 자율성, 자기 성찰, 문제해결력의 향상을 목표로 한다. 수업 설계 때, 교사는 평가자보다는 학생이 갈등이나 문제 상황을 인식하고 해결해 나가도록 '동행하는 질문자'의 역할을 수행하는 데 초점을 맞춘다.

2. 사례 중심의 설명으로 적용하기

1) 수업의 얼개

<table>
<tr><td>단원명</td><td colspan="2">중학교 2학년 Lesson 7. Life in Space</td></tr>
<tr><td>학습 목표</td><td colspan="2">• 다양한 관점 질문을 통해 갈등 상황을 분석한다.
• 관점 질문이 생각과 감정 변화에 어떤 영향을 주었는지 설명한다.</td></tr>
<tr><td>도입 (7′)</td><td colspan="2">• 인사 및 관점 복습 퀴즈
• 학습 목표와 수업 흐름 안내
[개념 질문 예시] "렌즈란 무엇인가요?", "우리는 왜 렌즈를 사용할까요?"</td></tr>
<tr><td rowspan="3">전개 (33′)</td><td>Card Game (15′)</td><td>모둠별 갈등 카드와 관점 카드 세트를 활용
각자 질문에 답하고, 가장 유익했던 질문과 이유를 나눔</td></tr>
<tr><td>LLL (10′)</td><td>학생이 자신의 실제 갈등을 적고 관점 질문에 답함
감정과 생각의 변화 정리
[성찰 질문 예시] "이 활동을 하며 나에 대해 새롭게 알게 된 것은?"</td></tr>
<tr><td>Share & Better (8′)</td><td>모둠 내 공유 및 전체 피드백</td></tr>
<tr><td>정리 (5′)</td><td colspan="2">학습 일지 작성 유도: 한 단어 또는 한 문장이든 부담 없이 작성 가능
[성찰 질문 예시] "오늘 활동을 통해 배운 점은?"</td></tr>
</table>

2) 핵심 활동의 구성

활동명	형태	주요 코칭 요소	설명
Card Game	모둠 활동	관점 질문 선택과 피드백	갈등 상황을 읽고, 다양한 관점 질문 중 선택하여 답함. 서로의 응답을 공유하며 유익했던 질문과 이유를 정리
LLL(Linking Learning with Life)	개별 활동	자기 성찰 및 적용	자신의 실제 갈등을 작성하고 관점 질문을 통해 생각과 감정의 변화 기술
Share & Better	모둠 활동	공유와 통찰	앞의 활동에서의 변화 경험을 모둠원과 나누고, 에듀테크를 통해 전체 공유 및 집단 성찰 진행

3) 관점 질문의 예시

관점	세부 렌즈	질문 예시
거리	비행기, 우주선	비행기를 타고 올라가서 이 상황을 보면 어떤 것이 보이나요?
시간	10년 후, 과거	10년 후의 나는 이 갈등을 어떻게 바라볼까요?
장소	무인도, 전쟁국	전쟁 중인 나라에 산다면 이 갈등은 어떻게 보일까요?
사람	상대방, 미래의 나	상대방의 입장에서 이 상황을 보면 어떤 감정이 들까요?
학생의 참여를 유도하기		• 이 질문이 왜 도움이 되었나요? • 당신의 생각이 어떻게 바뀌었나요? • 지금의 나와 바뀐 나, 어떤 점이 다르죠?

4) 유의할 점

코칭은 거창한 것이 아니라 질문 하나로 수업의 방향과 학생의 마음을 바꾸는 실천이다. 처음 적용할 때는 갈등 상황에서의 질문 하나, 워크시트 한 장 같은 쉬운 것을 시도하고 차츰 난이도를 단계적으로 높여 가면 곧 익숙해진다. 다음은 적용 때 유의점이다.

- **학생 간 신뢰 형성이 중요하다.** 질문 중심의 수업은 '안전한 분위기'가 핵심이며, 모둠 내 경청과 지지하고, 비난하지 않도록 강조가 필요하다.
- **질문은 구체적이어야 한다.** "왜?"보다는 "만약 ~라면?" "이 상황을 ~에서 보면?"식의 구조화된 질문이 효과적이다. 갈등 카드나 질문 카드를 미리 제작해서 활용하면 좋다.
- **평가보다 '발견'에 초점을 맞춘다.** 결과물의 정확성보다 생각의 확장과 변화에 주목한다. "내가 몰랐던 나를 알게 되었어요."라는 반응을 이끌어 내는 것에 목표를 둔다.

- **학습자의 특성을 고려한다.** 학생이 발표에 부담을 느끼면 학습 일지 등으로 표현하게 유도한다.
- **교사는 조력자의 역할임을 유념한다.** 판단하지 않고 질문을 통해 학생의 생각을 끌어내는 역할을 한다. "왜 그렇게 생각했는지 더 이야기해 줄 수 있을까?"와 같은 유도 질문을 활용한다.

참고문헌

강주현(2023). 초등 예비교사의 음악과 마이크로티칭 경험 및 자기평가, 동료평가에 대한 인식 탐구. **미래음악교육연구**, 8(2), 25-48.

강창숙(2014). 예비교사의 사회과 수업실습에서 나타난 언어상호작용의 관찰과 분석. **사회과교육연구**, 21(3), 67-83.

경상북도교육청연구원(2023). 2024학년도 삶의 힘을 키우는 학교 교육과정 도움자료. 교-819-23-12.

고주환, 이상일(2021). 국어과 예비 교사의 수업 시연에 나타난 문제 양상 고찰 -도입·마무리 단계를 중심으로-. **국어교육연구**, 47, 1-33.

교육부(2022). 초·중등학교 교육과정 총론. 교육부 고시 제2022-33호. [별책 1].

교육부, 한국교육과정평가원(2017). 과정을 중시하는 수행평가 어떻게 할까요? [중등] 연구자료 ORM 2017-19-2.

김도기, 강명자, 김경희, 김상민, 김효정, 박용석, 송일민, 조영숙, 홍미경(2016). **수업컨설팅: 좋은 수업의 조건 5G**. 학지사.

김재건, 이홍숙(2008). 체제적 관점에서의 수업이론 변화과정에 관한 분석연구. **글로벌경영학회지**, 5(1), 1-39.

김진아(2023). 중등 예비교사의 좋은 수업에 대한 인식: 의미연결망 분석을 중심으로. **학습자중심교과교육연구**, 23(17), 269-283.

론 클락 스토리(2006). **The Ron Clark Story**. Randa Haines 감독, Matthew 출연. 미국.

민혜리, 심미자, 윤희정(2012). **한국형 수업컨설팅**. 학이시습.

민혜리(2011). 수업촬영으로 내 강의 성찰하기. **2차 멘토-멘티 오프라인 세미나 자료집**. 한국교원학술정보원. 한국교총.

박희진(2024). 초등교사가 인식한 좋은 수업의 개념. **한국초등교육**, 35(1), 201-218.

백소영, 김도현, 이경언(2014). 수업 시연에 나타나는 예비 수학교사의 발문 유형과 특성 분석. **교사교육연구, 53**(3), 400-415.

브라우닝 버전(1951). **The Browing Version**. Mike Figgis 감독, Albert Finney 출연. 영국.

송상호(1998). ARCS 모델에 대한 비판적 고찰: 가정, 특징, 그리고 이론적 쟁점들. **교육공학연구, 14**(3), 155-176.

스탠드 앤 딜리버(1988). **Stand and Deliver**. Ramón 감독, Edward James Olmos 출연. 미국.

양홍(2014). 중국 중학교 교사의 효과적인 수업행동 실태. **2014 국제수업행동분석 세미나 자료집**. 충남대학교.

우지현, 김미리, 김길선(2024). 기업교육의 강의 설계 가이드라인 제안 및 효과: 가네의 학습이론 및 게이미피케이션을 바탕으로. **경영교육연구, 39**(1), 105-137.

이경희(2004). **교육실습의 이론과 실제**. 양서원.

이미숙(2014). 교원의 학교교육과정 편성·운영 역량에 관한 교육 전문가의 인식 분석. **교육 과정연구, 32**(4), 195-215.

이상균(2014). 초등학교 과학과 교수·학습 과정에 따른 발문 유형 분석. **대한지구과학교육학회지, 7**(2), 276-285.

정은이(2020). 대학생의 좋은 수업에 대한 교수자와 학습자의 인식. **교육방법연구, 22**(3), 25-44.

정일화(2020). **새내기 교사론**. 한국학술정보.

정일화(2025). **가르치는 길**. 학지사.

정일화, 김현식, 이수용, 서미라, 송미나, 나용인, 한국유초중등수석교사회(2024). **핵심 교직실무**. 학지사.

조규진, 김도기, 김명수(2011). 좋은 수업의 조건 탐색: 5G를 중심으로. **초등교육연구, 24**(4), 325-350.

조미영, 장지영, 유정숙, 김성원, 이현주(2010). 교수 학습 목적 및 과정에 따른 발문 유형 분석. **학습자중심교과교육연구, 10**(2), 407-428.

주삼환(2006). **장학연구**. 한국학술정보.

주삼환(2009). **장학의 이론과 실제 Ⅰ 이론편**. 한국학술정보.

주삼환, 신붕섭, 이석열, 정일화, 김용남(2023). **교육행정 및 교육경영(6판)**. 학지사.

주소정, 유수연(2023). '좋은' 독일어 수업을 위한 교수·학습계획안 작성 원리에 대한 연구. **외국어로서의 독일어(DaF in Korea), 52**(0), 91-116.

천세영, 이옥화, 정일화, 김득준, 장순선, 방인자, 이재홍, 권현범, 김종수, 이경민, 김지은, 전미애(2020). **수업분석과 수업코칭**. 학지사.

켈러(Keller, J. M.), 송상호(1999). **매력적인 수업설계**. 교육과학사.

편은영, 박미정, 채정현(2009). Keller의 동기유발 전략을 적용한 중학교 가정 '영양과 식사' 단원 교수·학습 과정안 개발. **한국가정과교육학회지, 21**(4), 159-173.

한경혜(2004). 수학교육에서의 '기본개념'과 수학사의 접목: 평균값의 예를 통해서 본 수업 모형. **한국수학사학회지, 17**(3), 73-92.

Banner, J. M., & Cannon, H. C. (2003). **훌륭한 교사는 이렇게 가르친다** (*The Elements of Teaching*). (이창신 역). 풀빛. (원저는 1997년에 출판).

Beacher, L. (2011). Collaborative video inquiry in MA TESOL coursework: Working together to improve ourselves. *ELTED, 14*, 1-7.

Blosser, P. (1987). **효율적인 교사의 발문기법** (*Handbook of effective questioning techniques*). (송용의 역). 배영사. (원저는 1973년에 출판).

Borich, G. D. (2011). *Effective teaching methods: Research-based practice* (8th ed). Pearson.

Dick, W., Carey, L., & Carey, J. O. (2022). *The systematic design of instruction* (9th ed.). Pearson/Allyn and Bacon.

Erickson, H. L., Lanning, L. A., & French, R. (2019). **개념 기반 교육과정 및 수업** (*Concept-based curriculum and instruction for the thinking classroom*). (온정덕, 윤지영 역). 학지사. (원저는 2017년에 출판).

Flanders, N. A. (1970). *Analyzing teaching behavior*. Reading/Addison Wesley.

Fuller, F. F. (1969). Concern of teachers: A developmental conceptualization. *America Educational Research Journal, 6*(2), 207-226.

Fuller, F. F., & Bown, O. H. (1975). *Becoming a teacher*. National Society for the

Study of Education, pp. 25–52.

Gagné, R. M., Briggs, L. J., & Wager, W. W. (1990). *Principles of instruction design*. Holt Rinehard, and Winston.

Glaser, R. (1962). Psychology and Instructional Technology. In Glaser, R. (ed.). *Training Research and Education*: University of Pittsburgh Press.

Isecke, H. (2016). **백워드 설계와 수업 전문성** (*Backwards Planning-Building Enduring Understanding Through Instructional Design*). (강현석, 이지은, 정수경 역). 학지사. (원저는 2011년에 출판).

Jensen, E. (1997). *Completing the puzzle: The brain-compatible approach to learning*. Turning Point.

Keller, J. M. (1987). Development and use of the ARCS model of instructional design. *Journal of instructional development, 10*(3), 2–10.

Kramarski, B., & Dudai, V. (2009). Group-metacognitive support for online inquiry in mathematics with differential self-questioning. *Journal of Educational Computing Research, 40*(4), 377–404.

Kronowitz, E. L. (2009). **성공하는 교사의 첫걸음** (*The Teacher's Guide to Success: Teaching Effectively in Today's Classrooms*). (고재천, 권동택, 김은주, 박상완, 박영만, 이정 선, 정혜영 역). 시그마프레스. (원저는 2008년에 출판).

Marzano, R. J., Frontier, T., & Livingston, D. (2015). **수업장학: 수업예술과 수업과학을 위한 지원** (*Effective supervision: Supporting the art and science of teaching*). (주삼환, 황인수 역). 학지사. (원저는 2011년에 출판).

Marzano, R. J., Pickering, D., & Pollock, J. E. (2001). **학업성취 향상 수업전략** (*Classroom instruction that works: Research-based strategies for increasing student achievement*). (주삼환, 정일화 역). 시그마프레스.

Maulana, R., Helms-Lorenz, M., & Van de Grift, W. (2014). Development and evaluation of a ques tionnaire measuring preservice teachers' teaching behavior: A Rasch moelling approach. School Effectiveness and School Improvement. Advance online publication.

Meyer, H. (2011). **좋은 수업이란 무엇인가** (*Was ist guter Unterricht?*). (손승남, 정창호 역). 삼우반. (원저는 2004년에 출판).

Ofsted (2018). Six models of lesson observation: an international perspective. Reference no: 180022. Ofsted. https://assets.publishing.service.gov.uk/media/5afee5bbe5274a50732a61be/Six_models_of_lesson_observation.pdf

Reiser, R. A., & Dick, W. (1995). **체제적 수업 설계** (*Instructional Planning: A Guide for Teachers*). (양영선 역). 교육과학사.

Shulman, L. S. (1992). Toward a pedagogy of cases. InJ. H. Shulman(Ed.), *Case methods in teacher education* (pp. 72−92). Teacher College Press.

Sousa, D. (1995). *How to brain learns*. National Association of Secondary School Principles.

Tileston, D. W. (2007). **좋은 수업의 실제: 10가지 전략** (*Ten best teaching practices: How brain research, learning styles, and standards define teaching competencies*). (성용구, 임청환, 정종진 역). 시그마프레스. (원저는 2005년에 출판).

University of Groningen (2017). Manual observation instrument 'ICALT': for use in support of a lesson observation. Department of Teacher Education.

University of Groningen (2018). ICALT Training supplement.

Van de Grift, W. (2007). Quality of teaching in four European countries: a review of the literature and application of an assessment instrument. *Educational Research, 49*(2), 127−152.

Van de Grift, W., Helms-Lorenz, M., & Maulana, R. (2014). Teaching skills of student teachers: Calibration of an evaluation instrument and its value in predicting student academic engagement. *Studies in Educational Evaluation, 43*, 150−159.

Wiggins, G., & McTighe, J. (1998). What is backward design. *Understanding by design, 1*, 7−19.

https://cultofpedagogy.com

https://luminouslearning.com

https://ncic.re.kr

https://stas.moe.go.kr

https://teacherspayteachers.com

찾아보기

인명

내용

저자 소개

정일화 (Jeong, Ilhwa) fiatdoctorjohn@gmail.com
교육학 박사 / 전) 충남고등학교 수석교사
세종교육백년대계 대표

강미선 (Kang, Miseon) kangjy123@hanmail.net
대전 둔산중학교 수석교사
대전서부교육지원청 교실수업개선지원단

강승태 (Kang, Seungtae) kst11109637@gmail.com
서울 경희여자중학교 수석교사
서울특별시교육청 수업평가나눔교사단

김선녀 (Kim, Sunnyeo) sn2536@naver.com
경기 설봉중학교 수석교사
경기도교육청 국어과 탐구수업공동체지원단

김신혜 (Kim, Shinhye) rorosh777@gmail.com
부산 오륙도중학교 수석교사
부산광역시교육청 과학교사 모임(MSG) 대표

김종혜 (Kim, Jonghye) elener@naver.com
이학 박사 / 경기 비룡중학교 수석교사
경기도 정보과 탐구수업공동체지원단

박선옥 (Park, Seonok) ggoggomy@gmail.com
전남 광양용강중학교 수석교사
한국교육과정평가원 중앙평가지원단

윤인선 (Yun, Inseon) myyys79@gmail.com
영어교육학 박사 수료 / 대전 신계중학교 수석교사
(사)수업디자인연구소 대전지역대표

이태구 (Lee, Taekoo) taekoolee@hanmail.net
체육학 박사 / 경기 철산중학교 수석교사
AI융합학교체육연구회 회장

지윤경 (Ji, Yunkyoung) ii-ij@hanmail.net
대전 괴정중학교 수석교사
San Francisco State University M.A. TESOL

진숙희 (JIn, Sookhee) sookheejin@gmail.com
대전 신탄중앙중학교 수석교사
Duke University TESOL

설계하GO! 실천하GO! 수업하GO!

수석교사가 콕 짚어 주는

중등 수업 설계

이론과 실행

Designing and Managing Instrution
in Secondary Schools: From Theory to Practice

2025년 11월 5일 1판 1쇄 인쇄
2025년 11월 10일 1판 1쇄 발행

지은이 • 정일화 · 강미선 · 강승태 · 김선녀 · 김신혜 · 김종혜
박선옥 · 윤인선 · 이태구 · 지윤경 · 진숙희

펴낸이 • 김진환
펴낸곳 • (주) 학지사
04031 서울특별시 마포구 양화로 15길 20 마인드윌드빌딩 4층
대 표 전 화 • 02)330-5114 팩스 • 02)324-2345
등 록 번 호 • 제313-2006-000265호

홈 페 이 지 • http://www.hakjisa.co.kr
인스타그램 • https://www.instagram.com/hakjisabook

ISBN 978-89-997-3569-1 93370

정가 18,000원